꿈꾸는
형이상학

꿈꾸는 형이상학

윤구병 글

보리

기쁨을 주는 형이상학을 꿈꾸며

겪은 대로, 느낀 대로, 머리에 떠오르는 대로, 거르지 않고 일기장 여기저기에 적어 놓았던 글들이 짜깁기되어 한 권의 책으로 묶여 나왔다. 여기에 실린 글은 크게 보아 삶에 대한 명상이다. 죽음에 대한 몽상이라고 해도 좋다. 나에게는 같은 말로 여겨지니까.

나는 이날 이때껏 철들어 보지 못한 아이 같다. 내 둘레에는 온통 모를 것, 모르는 것투성이여서 어디에나 코를 디밀고 아무나 붙들고 '왜'냐고 묻는다. 요즈음에는 사람 붙들고 물으면 짜증스러워할까 봐 흐르는 물에게 스쳐 가는 바람에게 떨어지는 나뭇잎에게 까만 하늘에게 묻고 또 묻는다. 나는 꿈만 먹고 사는 게으르디게으른 늙은이, 잠이 많아 꿈도 많은, 한 발을 저승에 내딛고 있는 '형이상학자'(?)일지도 모르겠다.

'있음, 없음, 임, 아님, 함, 됨, 것, 돈다'처럼 이 책이 파고든 낱말 꾸러미는 몇 마디 안 된다. 가장 작은 것, '수'로 따지면 0에 닿을락

말락 한 것, 있으나 마나 한 것, 티끌의 티끌 같은 것, 물리학자들이 머리 써서 만들어 내고 '실험'을 통해서 '검증'까지 해냈다는 이른바 '쿼크' 같은 것에서 우리 머리로 생각하기에 가장 크다는 '우주'에 이르기까지 흔히 쓰는 우리 말로 그려 내고자 했다. 그래서 '형이상학'은 나 같은 게으름뱅이에게 딱 알맞은 학문이다. 더디더디 머리 굴려도 되니까.

올해 들어 코로나바이러스19가 온 세상을 바꾸어 놓고 있다. 바이러스에 대한 내 관심은 꽤 오래되었으나 이에 대해서 아는 바는 그리 많지 않다. 한 줌의 흙에 현재 살고 있는 인류에 버금가는 수만 큼이나 많은 미생물들이 살고 있다는 것, 숨 쉬지 않아도 먹지 않아도 살 수 있어서 이들 사이에 먹이사슬이 이루어지지 않는다는 것, 절대온도에 가까운 추위 속에서도 용암처럼 뜨거운 물에서도 살아남는다는 것, 그리고 평균수명이 200만 년이 넘는다는 것, 저에게 쓸모없는 정보는 아낌없이 내주고 제 삶에 쓸모 있는 정보는 가리지 않고 받아들인다는 것, 이 유전정보의 전파 속도가 놀랍게 빨라서 둘레에 있는 생명체들에 스며들어 순식간에 닮은 꼴로 바꾸어 낸다는 것…… 이 모두는 들은 풍월이다. 어느 결에 우리 나라는 이 바이러스에 대한 대처 능력이 가장 뛰어난 나라로 발돋움했다. 자연과 사람 살림에도 같은 힘을 쏟았으면 좋겠다는 바람이 생긴다.

우리는 모두 자연의 아이로 태어나고 자란다. 태어나 첫울음과 함께 숨통을 틔우고 처음 들이마시는 숨도 자연이 주는 바람이고, 어머니의 젖을 이루는 물도 자연에서 생기는 것이고, 몸을 덥혀 주는 햇살, 발을 디디는 땅도 모두 자연의 선물이다. 자연에서 벗어나

살 수 있는 생명체는 없다. 숨결, 바람결, 살결 모두 자연에서 거저 받은 것이다. 그래서 사람들의 가장 큰 스승은 자연이고, 사람은 죽는 날까지 자연으로부터 배우게 된다.

자연 속에서 자라던 사람들, 지금도 자연에 기대 사는 사람들은 자연의 고마움을 잘 안다. 그리고 자연의 질서가 삶의 질서라는 것을 깨닫는다. 그러나 도시에서 사는 사람들은 사람 사이의 질서가 더 앞선다고 믿는다. 그럴 수밖에 없다. 도시에서는 사람 사이의 거래, 오고 감, 주고받음이 삶의 알맹이를 채우기 때문이다. 하늘을 보고 땅을 보고 가로수를 보고, 집 잃은 개나 고양이를 보면서도 그것이 '자연'임을 알아차리기 쉽지 않다. '도시 생활'과 '인공의 질서'에 순응해서 살도록 길드는 이 현상이 이른바 근대화라고 하는 산업혁명이 일어난 뒤 지난 200년 넘게 심화되어, 이 소용돌이 속에서 사회 변화는 가속되었다.

이런 삶이 얼마나 오래 갈까? 인류에게 미래가 있을까? 머리싸움에서는 인공지능에게 지고 노동에서는 다른 살아 있는 생명체의 몸놀림보다 뒤처져 있는, '사람'이라는 이 머리통만 큰 생명체의 앞날은 어떻게 될까? 코로나바이러스19가 나에게, 우리에게 던지는 크나큰 물음이다.

왜 가르치는가? 살리려고 가르친다. 왜 배우는가? 살려고 배운다. 그런데 꼬박 열다섯 해 동안 대학에서 이른바 교수 노릇을 하면서 나는 살리는 교육을 하지 못했다. 내 가슴에는 아직도 세월호의 아픈 상처가 주홍글씨처럼 새겨져 있다. 그 배를 탔던 사람들이, 특히 떼죽음을 한 학생들이 차라리 본능에만 기댔다면, 정답은 하나

꿈꾸는 형이상학

뿐이라는 엉터리 교육을 받지 않았더라면, 기울어 가는 배에서도 어떡하든 살아남을 수 있었으리라. 나도 정답은 하나라고 가르쳐 온 무리 가운데 하나였다. 비록 뒤늦게 선생 노릇을 그만두고 농사 짓는 일에 매달렸다고는 하나 '교육 살인'에 가담한 발자취가 지워지지는 않는다.

돈 되는 기술, 능력, 학위만 좇도록 만드는 교육은 생각 없이 살도록, 생각할 시간조차 꿈꾸지 못하도록 부추기고 있다. 꿈꿀 수 없으면 한 사람의 삶도 세상도 제자리를 맴돌기 십상이다. 철학은 올바른 가치관으로 더 나은 세상을 꿈꾸면서 사람답게 살 수 있도록 길을 비추는 등대 같은 것이다. 물질 만능 시대에 휘둘려 갈피를 못 잡는 이들에게 자존감을 잃지 않도록 지탱해 주는 버팀목이 되기도 한다. 형이상학은 그 철학의 가장 밑바탕이 되는 주춧돌이자 뼈대이다.

이 책의 주된 내용은 과학의 탈을 쓴 미신, 과학의 신화에서 벗어나 형이상학을 징검다리로 상상력의 나래를 한껏 펼치자는 것이다. 아울러 그동안 다른 나라의 것을 마냥 받아들이는 데 급급하던 '흉내 철학'에서 벗어나 우리 말과 글을 살려 제대로 된 우리 철학을 하자는 고민을 담았다. 삶에서 움트는 진정한 철학으로 생각의 칸막이가 열릴 때 더 나은 세상을 함께 꿈꿀 수 있다고 믿기 때문이다.

진리는 강요할 수 있거나 갇혀 있는 것이 아니다. 철학 특히 형이상학은 '검증'과 '반증' 절차를 거치지 않아도 된다. 있을 때에 있을 데에 있을 것만 있고, 없을 때에 없을 데에 없을 것이 없는 '이론'. 그 안에 사랑과 미래에 대한 꿈을 가득 담은 가장 바탕이 되는 몇 마디 말이 '오선지' 노릇을 해야 하고, 그 위에 가락이 흘러야 한다. 우리는 그 가락이 흐르는 크고 작은 결에 몸을 실을 수 있어야 한다. 나는 《꿈꾸는 형이상학》이 읽는 이들에게 기쁨을 주기 바란다.

여기저기 흩어진 천 조각을 알뜰히 모아 조각보를 만들 듯이 이 책을 편집한 이는 조혜원 씨다. 길 떠날 때가 머지않은데, 이 좋은 선물을 안겨 준 편집자에게 고맙고 또 고마운 마음을 전한다.

2020년 8월

윤구병

차례

책머리에

1장
꿈꾸는 형이상학

2장
우리 말 속에 담긴 철학

꿈꾸는 형이상학

5장
살아 있는 힘

부록

일러두기

1 이 책에는 사라지거나 숨어 있는 우리 말을 되살려 새로운 낱말을 빚어낸 곳이 많습니다. 또 학계에서 주로 쓰는 학문용어를 쉬운 입말로 바꾸어 뜻매김을 새로 하기도 했습니다. 국어사전에서 쉽게 찾을 수 없거나, 사전에 나오는 뜻과 다르게 쓰인 낱말들은 처음 나올 때 묶음표 안에 그 뜻풀이를 담았습니다.

   ㄱ 새로운 낱말을 빚어낸 곳
   보기) 뒷삶알(유전자), 뭇산이(생명체), 별누리(우주), 산힘(생명력), 아제(미래), 얼새김(기억)

   ㄴ 학문용어를 우리 말로 바꾼 곳
   보기) 결(파동), 마디(응집력), 때데한몸(시공연속체), 있음(존재), 톨(입자), 큰펑(빅뱅), 함(능동)

2 부록에 '우리 말 철학 꾸러미'를 담아서 책 속에 나오는 새롭고 낯선 말들을 한눈에 살필 수 있도록 했습니다.

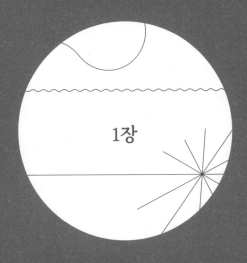

1장

꿈꾸는 형이상학

저 아래로 저 아래로,
어두운 한 점이 밝은 한 점으로
모으고 펼치는 바로 거기로, 0으로,
시간도 공간도 없는 그 원점으로
내 꿈이 끌리는 듯 내 꿈을 끌어가는 곳
유식한 까만 머물 말로 형이상학.

가장 작은 것
가장 큰 것

형이상학이 좋은 점은 머릿속이 연구실이자 실험실이라는 것이다. 가장 작은 것도 가장 큰 것도 가려낼 수 있는 '의식'이 자리한 곳, 광학현미경이나 전자현미경보다 성능이 좋고 허블 망원경보다 더 멀리 온 우주를 헤아려 볼 수 있는 사람의 머리. 사랑으로 펼쳐지고 생각으로 뭉치는 흐름과 꼴을 한꺼번에 움켜쥘 수 있는, 그 '무엇'이 자리 잡은 이 머리통을 굴리는 데에는 돈이 들지 않는다. 입 다물고 있으면 에너지의 낭비도 없고 글로 쓰지 않으면 잉크나 종이도 아낄 수 있다. 적어도 남에게 기대거나 다른 이에게 피해를 주지 않아도 된다.

형이상학이 파고들 낱말들은 그리 많지 않다. '있음, 없음, 임, 아님(안임), 함, 됨, 것, 돈다'와 여기에 딸린 말들까지 보태면 모두 여남은 개로 이루어진 말 꾸러미를 살피는 게 형이상학이 하는 일일 것이다. 이것은 동양에서나 서양에서나 크게 다름이 없다. 이 낱말들은 모두 사람의 머릿속에서 맴도는 것이므로 '사람이 머리로 생각하는 가장 작은 것, 또는 가장 큰 것'으로 뭉뚱그릴 수 있겠다.

'없을 것'은 없애고, '있을 것'을 있게 하려는 애씀이 부질없음을 안 이들은 '과학 이전' 또는 '과학 이후'를 꿈꾼다. 사람들은 이것을 형이상학(形而上學)으로 부르면서 뜬구름 잡는 이야기로 헐뜯거나, 하나 마나 한 소리로 콧방귀 뀌거나, 넋 나간 소리로 비웃거나, 그럴 듯한 말로 귀담아듣기도 한다.

형이상학은 그리스에서만 싹튼 게 아니다. 또 옛날이야기만도 아니다. 가장 작은 것에서부터 가장 큰 것에 이르기까지 모두를 아우르는 앎에 목마른 사람은 언제 어디에나 있기 마련이다. 어찌 보면 부처도, 공자도, 노자도, 장자도, 소크라테스도, 마호메트도, 예수도, 플라톤도, 아리스토텔레스도 그렇고 이슬람, 불교, 유교, 도교, 그리스도교, 그 밖의 여러 종교의 스승들도 죄다 형이상학 이론을 가슴에 품고 있거나 내세운 사람들이었다. 내가 보기에는 현대 물리학이나 생명과학 이론들도 형이상학에 바탕을 둔 가설을 밑에 깔고 있다. 수학도 마찬가지다. 그렇지 않은 척할 뿐이다.

과학적 진리라고 스스로 내세우는 이론들에는 그 밑바닥에 헛소리(가설)를 깔고 있다. 물리학에서 내세우는 열역학 제1의 법칙, 제2의 법칙도 예외는 아니다. 19세기의 '위대한 과학적 진리'인 다윈, 마르크스, 프로이트의 학설이나 실용주의 같은 이론도 마찬가지다. 나는 이 가설들이 인류와 생명체에 끼친 영향을 중화시킬 새로운 이야기를 펼쳐 보고 싶다.

파동(wave)을 '결'로, 입자(particle)를 '톨'로, 입자 가운데 더 깨뜨릴 수 없는 가장 작은 것(미립자 따위)을 '티'로 부르자. 제 풀에 움직이는 생명 입자들을 '산티'나 '산톨'로, 재빨리 움직여(빛의 빠르기 두 제곱만큼) 힘(에너지)으로 탈바꿈하는 몸(질량)의 움직임을 '퍼짐'으로, 힘이 한데 모여 결과 톨로 바뀌는 응집력을 '마디'로 부르자.

응집력 가운데 모든 힘을 끌어당겨 하나로 뭉치게 하는 힘 가운데 힘을 '눌힘'(누리힘의 준말, 온 누리를 하나로 모으는 힘)으로, 이 눌힘이 하나 되어 시간도 공간도 삼켜서 '몸 없는 몸'이 나뉘어 빔(원자론자들이 말하는 공간)과 톨로 바뀌는 것을 '큰평'으로 부르자. 큰평은 학자들이 쓰는 빅뱅(Bigbang)[1]과 같은 뜻으로 보아도 된다. 또 뭉침으로 드러나기도 하고 퍼짐으로 드러나기도 하는 이 힘이 남에게서 나오지 않고 저 스스로 솟는다고 보아 그것을 '산결'(생명의 파동)이라고 부르자.

이 밖에도 사람을 비롯한 온갖 생명체를 '산이'나 '뭇산이'로, 양과 음을 '빛'과 '그늘'로 바꾸는 것처럼 우리 삶에서 우러난 쉬운 말로 우주와 자연 그리고 사람 사이에서 펼쳐지는 일들을 새롭게 풀이할 수 있다.

이른바 우주론, 물리학, 수학, 과학, 생물학, 인간학, 윤리학, 철학 들로 불리는 여러 이론들을 이 새로운 말들로 이제까지와는 달리 뭉뚱그리거나 풀어 헤치는 길을 만들어 갈 수 있을 것이다.

---

1   약 150억 년 전 초기 우주가 매우 높은 온도와 밀도에서 대폭발을 일으켜 지금의 우주가 탄생했다는 이론이다. 이에 따르면 대폭발 뒤에 온도가 점차 낮아지면서 물질이 만들어졌고, 지금도 우주는 계속 팽창하고 있다고 한다.

심장은
불의 강이다

　　　　　　　　　내 몸 안에 있는 염통(심장)이라
는 샘에서 붉은 톨과 그 밖의 톨들이 섞인 물이 몸 구석구석까지 결
을 이루어 퍼져 나가고, 실핏줄 끝자락에서 다시 결을 이루어 염통
으로 모여들면서 몸 안을 적신다. 바람이 들숨 날숨 목숨으로 드나
들면서 햇살 받아 땅이 키워 낸 것들을 태워 몸을 덥히고, 피로 바뀐
물을 고루 잘 돌게 한다. 그 피가 손발과 몸을 놀리게 하고, 머리도
적셔서 잘 굴러가도록 만들어 나를 살린다. 물과 바람, 흙과 햇살이
없으면 나는 살길이 없다. 나만 그리고 사람만 그런가? 아니다. 우
리가 아는 뭇산이들이 다 그렇다.

　　크게 보면 우주도, 작게 보면 톨의 톨로 드러나는 아원자도 이
어지고 굽이치고 맴도는 결로 이루어져 있다. 그 사이에 높낮이가
생기고, 부풀고 움츠러드는 움직임이 드러난다. 모두가 모습을 바
꾸면서 살아 움직인다. 두 번 다시 같은 꼴로 드러나지 않아, 두 짬
다시 한결같지 않아, 어디에도 머물지 않아 무엇인지도 모를 흐름
도 마찬가지다.

　　'심장은 불의 강이다.' 너무 시처럼 들리려나? 조금 바꾸어 말
해 보자. '심장은 불의 가람이다.' 한자어 강(江)의 옛 우리 말 '가람'
을 눈으로 그려 본다. 갈라진 물줄기들이 한데로 모인다. 불타는 아
지랑이, 불타는 구름, 불타는 안개가 젖어 방울을 이루고 모여 흐른
다. 그 가늘디가는 흐름들이 이어지고 또 이어져 시내를 이루고, 그
시내들이 한데 모여 피 웅덩이를 이룬다. 불의 강, 불 가람은 이렇게

　　　　　　　　　　　　　　　　　　　　　　　꿈꾸는 형이상학

해서 생겨난다.

처음에 불 웅덩이가 있고 그 자리에 골이 생겨서 이 골 저 골로 불이 결을 이루어 저 밑으로 흘러내린 게 아니다. 다시 말해서 화산(불뫼)에서 불덩이가 솟아올라 용암(녹은 바위)이 끈적이면서 아래로 아래로 내리뻗은 게 아니라, 보이지 않는 불꽃들이 하나둘 모이고 엉겨서 드디어 피바다이자 불의 강인 심장을 빚어냈다고 보자. 감기고 또 감기는 결들이 마지막에는 '있음'과 '없음'이 하나로 뭉치는, 그래서 꼴도 크기도 없는 '결톨' 또는 '톨결'로 맞붙어, 터지기 바로 앞선 '몸맘' 또는 '맘몸' 하나가 되는 걸 머릿속에 그려 보자.

높낮이로 널뛰는 흐름결이 빠르게 좁아지고 또 좁아져 이랑과 고랑 높은 곳과 낮은 곳, 꼭대기와 밑창이 맞닿을 때 그 뜨겁고 뜨거워져 견딜 수 없는, 걷잡을 수 없는 이 서로 다른 두 길을 치닫는 힘. 위로 오르는 힘과 내리막으로 달리는 힘은 섞이고 엉켜서 소용돌이치다가 드디어 불꽃으로 피어난다. 그 불꽃의 자식들이자 불꽃을 이루는, 티끌 가운데 가장 작은 티끌인 불티가 드러난다. 그게 우리 눈에는 불똥으로 보인다.

마을의 오래된 당산나무를 넘어뜨리고, 두레박으로 물 길어 올리는 작은 샘마다 깊숙이 스며 물방울이 불길로 타오르게 하는 저 번갯불. 오르내리며 몸을 꼬고 허리를 뒤트는 두 줄기 흐름. 눈 깜짝할 사이에 저마다 솟아올라 빽빽한 숲을 잿더미로 만들고, 새까맣게 타 버린 그 잿더미 속에서 싹으로 돋아나는 저 푸른 불꽃. 우리가 '불타는 입술, 가슴에서 불길이 솟구친다, 뜨거운 눈길, 사랑에 불이 붙는다' 같은 말을 쓰는 것은 불이 지닌 도드라진 때깔에서 비롯함이다. 불은 옛 그리스나 중국이나 이 땅에서도 오래전부터 생명의 원천으로 우리 마음에 자리 잡고 있기 때문이다.

옛사람들은 크고 작은 여러 삶터에서 여름이면 모깃불을 피워놓고 마당에 누워 별들을 올려다보며, 밤하늘을 가로지르는 불티와 제자리에서 꼼틀거리는 작은 불 심지들을 바라보았다. 겨울에는 불꽃이 피어오르고 불똥이 튀는 아궁이에 솔잎이나 나무들이 타오르는 것을 보면서 꿈의 나래를 펼쳤다. 불은 우리에게 얼마나 먼가, 얼마나 가까운가. 살아 숨 쉬는 불, 결을 이루어 흐르는 불길, 톨로 솟아오르는 불티…….

봄은 불꽃이 하얗게, 빨갛게, 파랗게 피어오르는 철이다. 그 불꽃이 이우는 자리에 송알송알 맺히는, 안으로 젖어드는 열매들. 그 열매들이 부풀면서 함께 부푸는 아이들의 꿈, 꿈의 아이들. 바람 부는 언덕 저쪽으로, 안으로, 밖으로 흐르는 붉고 푸른 강물.

왜 마음을 적시는 이런 생각의 흐름은 과학이 아닌가, 철학이 아닌가. 눈에 보이지 않으니까? 되풀이되거나 이어지지 않으니까? 그러나 이런저런 철학이나 과학 나부랭이가 어느 날 어느 때 돌림병처럼 돌다가 가뭇없이 아니면 시나브로 스러지더라도, 이 한낮의 꿈은 사람이 이 땅에 머물러 살기로 한 저 먼 옛날부터 이어져 내려왔고 앞으로도 사람 탈을 쓰고, 사람 허물을 벗지 않을 때까지는 그치지 않고 거침없이 이어져 갈 것이다.

꿈꾸는 형이상학

꿈은 얼마나 낯선가!

우리 역사의 관점에서 볼 때 '결'이 '톨'을 빚어내고, 그 톨 안에 '산힘'(생명력)이 꿈틀거려 살아 있는 것들을 만들어 내는 긴 역사 과정이 있었다. 어떤 사람들은 이 힘을 신에 돌리기도 하고 또 다른 사람들은 우연으로 여기기도 했다. 어쨌거나 사람 머리로서는 붙들 수 없는 힘이다. 이 힘은 '함'(능동)과 '됨'(수동)으로 갈라서는데, 그 힘으로 뭉치고 갈라지는 톨들의 움직임은 물질의 모습으로 잠들어 있던 힘들을 깨워 내 삶의 작은이들이 스스로 움직이게 했다.

스스로 움직이는 이 '산이'들은 서로 맞서며, 힘을 모으며 몸집을 늘려 갔다. 제 몸만 나누던 때를 벗어나 서로 다른 것이 모여 한 몸을 이루면서 짝을 짓기 시작했다. 이 짝짓기는 이성교배(암수가 반씩 유전자를 제공해서 새로운 생명체를 낳는 일)에 따르는 어미 아비와는 다른 돌연변이를 낳았고 드디어 사람을 이 땅별(지구) 위에 나타나게 했다.

사람들은 저이들이 이 우주에서 가장 바람직한 '산이'라고 여겼다. 그러나 사람은 삶과 살림을 떠맡을 우주의 주인이 되기에는 턱없이 모자랐다. '연쇄 살해'의 충동이 사람의 가슴과 머리에 가득해졌다. 그것이 인류의 역사를 끌고 가는 힘으로 꾸며지기도 했다. 마침내는 사람은 스스로뿐만 아니라 뭇산이를 죽음과 죽임의 구렁텅이에 빠뜨리는 못된 짓을 일삼기에 이르렀다. 사람은 산힘을 살리는 힘으로 바꿀 재간이 없음이 밝혀졌다. 어쩌면 사람을 뛰어넘는 새로운 산이들이 나타나지 않으면 산누리(생명의 세계)는 사라져 버릴지도 모른다.

사람이 없어지면 우주의 역사는 새로운 전기를 맞을지도 모르겠다. 내가 사람의 모습으로 땅별에 머물 짬은 오늘밖에 없을지 모른다. 사람들 사이에 새 희망을 불어넣을 틈이 없을지도 모르겠다. 그래도 가없다. 별누리(우주)의 참모습, 좋은 모습, 아름다운 모습을 보여 줄 길은 없을까.

상상력에 대해서 생각한다. 어떤 힘이 산이, 또는 산톨이나 산결에 스며들어 결의 흐름을 바꾼다. 어떤 산이는 결의 흐름이 느려지거나 빨라지지만 크게 휘둘리지 않는다. 산이들은 살아온 때의 길이에 따라 이 힘에 저마다 다르게 맞서거나 만난다. 그러면서 꿈의 결들이 달라진다. 꿈의 씨앗이 움터 뿌리와 잎으로, 가지와 꽃과 열매로 꿈을 펼쳐 내기도 하고 검버섯으로 드러내기도 한다. 또 어떤 것들은 알에서 애벌레로, 애벌레에서 번데기로, 번데기에서 날개로 꿈의 나래를 펼치기도 한다.

애벌레에서 번데기로 바뀌는 동안 잠이 찾아든다. 누에가 실을 뽑아 제 몸을 칭칭 얽고 그 안에서 긴 잠을 이룰 때까지 사이사이 드는 잠은 누에를 기르는 사람들 사이에 널리 알려져 있다. 잠은 얼마나 놀라운가. 그리고 그 잠 속에서 깨어나는 꿈은 또 그 결이 얼마나 눈부신가. 번데기는 딱딱한 허물 안에서 그 사이에 몸에 스며든 물의 결들을 마지막까지 모으고 모아 제 모습을 바꾸는 꿈을 꾼다. 그 메마르고 버석거리는 껍질 안에서 날개 달고 하늘을 나는 꿈을 꾼다. 그 꿈이 허물을 벗고 드디어 날개를 펼친다. 온몸으로 꿈을 현실로 바꾸어 낸다.

그 어떤 힘이 사람의 가슴과 머리에 스밀 때는 또 어떤 일들이 일어나는가. 귀로 스며들어 소리 꿈을 심어 주면, 그 꿈을 오래 꾸는 사람은 그 소리를 목소리로 바꾸어 입 밖에 내서 많은 이들의 가슴을 울리기도 하고, 여러 악기 소리로 옮겨서 다른 사람의 귀에 새로운 꿈을 안겨 주기도 한다. 눈으로 스며들어 빛 꿈을 심어 주면 그 꿈을 빛과 그늘, 온갖 아롱진 빛깔의 그림으로 그려 내기도 하고 코로, 혀로 스며들어 여러 냄새로 이런저런 맛으로 삶을 즐기게도 한다. 또 어떤 이들의 머릿속으로 젖어 들어가 말로, 글로 꿈을 빚어 시나 소설로 희곡이나 시나리오로 내보이게 하기도 하고, 0에서 1에 이르는 수나 톨과 결로 드러나는 현상으로 이른바 수학이나 물리학의 마당을 열기도 한다.

그리고 가끔은 있음과 없음을 가닥으로 삼아 형이상학이나 존재론의 조각보를 기우는 나 같은 개똥철학자의 꿈을 빚어내기도 한다. '있음'에서 '있는 것'으로 '있을 것'으로, '없음'에서 '없는 것'으로 '없을 것'으로 실마리를 풀어 가고 끝없이 자아내는, 그 두 가닥 실을 꼬아 가장 큰 것으로 펼쳐 내고, 가장 작은 것으로 뭉치는 내 바느질 솜씨에 힘을 보태는 그 힘은 어디에서 오는가.

꿈은 얼마나 낯선가! 꿈을 실어 나르는 힘은 어디서 오는가? 깨어 있을 때 의식의 집중도가 아무리 크더라도 꿈속에 펼쳐지는 그 많은 일들과 그 일들이 벌어지는 때의 흐름과 자리를 그렇게 빨리 마련할 수는 없다. 어찌 보면 꿈속에서는 우리 몸을 이루는 모든 톨들이 (그것이 세포 알알 속에 감겨 있든, 피톨로 뭉쳐 있든 가리지 않고) 결로 풀려나 꿈결을 이루면서 새 세상을 빚어내는 데 힘을 모으는 듯하다.

꿈의 집은 머릿속에서만 지어지는 건 아닌 듯하다. 온몸이 꿈을 꾼다. 온 누리가 꿈에 힘을 싣는다. 이 꿈이, 낯선 꿈들이 돌연변이의 원인이 아닐까? 톨에서 풀려나는 힘의 결들이 만나고 모여 이'것' 저'것'으로 불리는 그림들을 그리고, 그것들을 움직이게 만들고, 켜들을 빚어내는 게 아닐까? 조약돌의 꿈, 들풀의 꿈, 자작나무의 꿈, 멍게나 해파리나 따개비의 꿈, 풍뎅이나 나방이의 꿈들이 서로 스미고 모이고 갈래가 져서 잠든 톨, 깨어 있는 톨, 깨어나는 톨에 힘을 실어 한뉘(우주)에 있는 모든 것들을 빚어내고 바꾸는 게 아닐까? 꿈이 실린 바람결, 물결, 빛결, 살결……. 온갖 결들이 우리가 머릿속에 그리는 어떤 그림보다 빠르게, 빛보다 더 빠르게 퍼져 나갔고 지금도 온 누리를 꽈리처럼 비눗방울처럼 부풀게 하고 있는 건 아닐까? 그래서 몇백, 몇만 광년에 떨어져 있었다는 또는 있다는 빛 알갱이들이 모인, 공(0)으로 비고 하나(1)로 꽉 찬 꿈의 세계를 꿈결처럼 펼치고 있는 것이나 아닐까?

꿈꾸는 형이상학

흐르면서 언뜻언뜻 모습을 바꾸는 것들은 얼마나 아름다운가. '있을 것이 있을 데에 있을 때에 있고, 없을 것이 없을 데에 없을 때에 없는 모습'을 우리가 아름다움이라고 부른다면, 모든 삶은 그 흐름으로서 아름다운 것이다. 작은 것을 아름답게 만드는 힘은 작디작은 결들의 어울림에 있다. 상선약수(上善若水), 좋음의 등마루에는 이치를 따지거나 드러내는 붙박이 된 무엇이 있는 게 아니라 흐름이 있다.

모든 흐름은 아래로 길을 낸다. 빛살을 타고 흐르는 아지랑이가 있다면, 해가 우리 눈에는 위에 있어 보이지만 그 비탈이 아래로 기울어 있기 때문이다. 저 아래로 저 아래로, 어두운 한 점이 밝은 한 점으로 모으고 펼치는 바로 거기로, 0으로, 시간도 공간도 없는 그 원점으로, 내 꿈이 끌리는 듯 내 꿈을 끌어가는 곳, 유식한(아주 교양 있는) 까만 먹물 말로 형이상학.

아름다움을 그리는 꿈을 담은 형이상학, '꿈꾸는 형이상학'을 동화처럼 그려 보고 싶다. 어린아이 같은 내 마음 한구석에 간직된 두 가지 이야기를 꺼내 본다.

크기가 없는 잇스미와 업스미

때도 없고 데도 없는, 처음도 없고 끝도 없는 이제, 여기에 하얀 '박이'와 까만 '검이'가 있었다. 박이는 '잇스미'라고, 검이는 '업스미'라는 이름을 지녔으나 잇스미도 업스미도 크기가 없었다. 뒷사람들 가운데 어떤 이는 잇스미를 알이라고 부르기도 하고 얼이라고 부르기도 했다. 또 어떤 이는 업스미를 방울이라고도 하고 빔이라고도 했다.

크기 없는 박이와 검이는 한 몸을 이루었는데 검이가 박이를 폭 감싸고 있어서 이 잇스미와 업스미, 알이(얼이)와 방울이(빔이)는 온통 깜깜해 눈이 왕방울만큼 큰, 오로지 눈으로만 이루어진 우주마왕도 이 둘을 찾을 길이 없었다. 박이는 검이가 끝없이 옥죄는 바람에 뜨거워지고 또 뜨거워져서 펑 하고 터져 버렸다. 그러자 검이는 그 빛살들을 받아들이려고 비우고 또 비우고, 늘어나고 또 늘어나서 크디큰 방울이 되었다.

박이도 검이도 크기가 없고 꼴도 없어서 아무 눈에도 띄지 않았지만 힘 덩어리로 뭉쳐 있었다. 한데 뭉쳐 있던 힘은 둘로 갈라져 박이의 힘은 '하미'(함)가 되었고, 검이의 힘은 '되미'(됨)가 되었다. (어떤 사람은 이 이름들을 '하기'와 '되기'로 바꾸어 부르기도 했다.)

하미가 힘을 쓰면 되미는 그 힘을 받아서 하는 대로 되었다. 굳이 꼴로 나타내자면 검이는 방울꼴이어서 그리고 박이의 씨앗들이 간질이는 대로 이리저리 몸을 뒤틀어서 그 바람에 넋이 빠진 빛살들을 이리 비틀고 저리 꼬아서 어떤 것들은 소용돌이치게 하고, 또 어떤 것들은 꽈배기처럼 꼬이게 만들기도 했다.

박이의 새끼들은 검이의 늘어나는 살갗이 넓어짐에 따라 이리저리 흩어져 차츰 힘을 잃고 식어 갔다. 어쩌다 소용돌이 속에서, 또 꽈배기로 엉켜서 다시 모이고 뭉친 것들은 힘을 되찾아 별 무리와 구름이 되어 여기저기서 반짝였으나 하미의 힘이 미치지 못하는 데에서는 되미도 그냥 검이의 본디 모습 그대로 남아 있을 수밖에 없었다.

하미의 힘은 흩어졌으나 되미의 힘은 결로 이어져 있어서 흩어질 줄을 몰랐다. 하미의 힘이 닿는 대로 받아들이고 또 받아들이면서 방울꼴로 부풀어 올랐던 되미는 그 힘이 줄어드는 것을 느끼고 안타까워서 제 몸을 줄일 길을 찾아야 했다.

잇스미의 새끼들은 모두 뭉치면 잇스미가 본디 지니고 있던 힘을 되찾을 수 있다고 여겨 다시 뭉칠 길을 찾아 헤매다가 업스미가

꿈꾸는 형이상학

이루고 있는 방울의 한가운데가 바로 그 뭉칠 자리임을 알아채고 다시 뭉칠 때를 기다리고 있었고, 되미도 하미가 하는 대로 그 힘을 받아 이 꼴 저 꼴을 이루다가, 그래서 큰 방울 안에 제 모습을 본떠서 작은 빛 방울들을 빚어내다가 옛날이 그리워서 크기 없는 제 몸 한가운데에 힘을 모으기로 마음먹었다. 그래서 하미의 힘을 하나도 남김없이 다 받아들이기로 했다.

아직은 검이의 반쪽 방울 가운데 뚫린 흰 구멍을 가온(중심)이라 여기는 이도 있고, 박이의 반쪽 방울 가운데 뚫린 검은 구멍을 가온이라 여겨 여러 가온이 있다고 보는 이도 있고, 검이가 감싸고 있는 빈구석 곳곳에 헤아릴 수 없이 많은 가온이 있다고 여기는 이도 있으나, 그것은 모두 하미와 되미가 빚어 놓은 그물 안의 빈터들일 뿐이고, 아직은 하미와 되미의 힘이 남김없이 끝까지 이르러서 두 힘이 모두 스러지지도 않았고, 앞으로도 그럴 일이 없으니, 박이도 검이도 얼빠지거나 넋을 놓지 않았기 때문이다. 다시 말해서 언제(어느 때) 어디서든 잠들어 있거나 숨죽이고 있거나 하더라도 검이와 박이가 어우러져 이루는 힘은 함이 되었건 됨이 되었건 살아 있는 힘, 곧 산힘이기 때문이다.

까망이와 하양이

맨 처음에 크기도 꼴도 없는 '하양이'라는 힘 뭉치가 있었다. 마찬가지로 크기도 꼴도 없는 '까망이'라는 힘 뭉치도 있었다. 하양이와 까망이가 틈새 없이 맞닿아 두 힘이 서로 다른 결을 이루면서 태극도형처럼 하나는 '함'으로, 하나는 '됨'으로 휘어진 결 무늬를 이루기 시작했다.

태극도형

　까망이는 하양이가 힘을 쓰면 그 힘을 하나도 내치지 않고 모두 받아들이고 빨아들였다. 그래서 하양이는 하기만 하고 까망이는 되기만 한다는 생각을 사람들 사이에(아주 나중 나중에 어떤 산톨들이 뭉쳐 사람 꼴을 빚어냈을 때) 불러일으키게 되었다. 사람들은 하양이가 쓴 힘을 '순수능동성', 까망이가 빨아들이는 힘을 '순수수동성'이라는 아주 '교양'있고 '유식'한 이름으로 불렀다.

　하얀 힘은 주기만 하고, 하얀 힘끼리 만나면 서로 부딪치기만 한다고 해서 스스로 움직이는(능동적인) 힘이라 틀 짓고, 까만 힘은 받기만 하고 까만 힘끼리 만나도 서로 스며들 뿐 부딪치지 않는다고 해서 모든 움직임을 받아들이고 빨아들이는(수동적인) 힘이라고 틀 지었다. 이 힘들은 나중에 그늘끄는힘(전자기력), 센힘(강력), 여린힘(약력), 무건힘(중력) 따위로 불리기도 했다.

　이 가운데 그늘끄는힘과 무건힘은 까망이가 쓰는 힘이고 센힘과 여린힘은 하양이가 쓰는 힘이라고 나누는 사람들도 있었다. 잘난 체 앞장서는 사람들이 그런 딱지를 붙이고 누구도 알 수 없는 숫자와 그림을 칠판에 잔뜩 그려 놓고 거기에 '='(같음표)를 잔뜩 덧붙이자 스스로 후지다고 여기는 사람들은 '그래, 같으면 맞고 다르면

꿈꾸는 형이상학

틀린 거지' 하고 고개를 주억거렸다.

하양이와 까망이가 같으면서도 다르고 다르면서도 같은 한 어미 배 속에서 태어났다는 것을 아는 사람은 아주 드물었다. 한 어미는 이 둘을 하나로 묶는 더 큰 힘을 지니고 있었고 오늘까지도 살아 있다. 틈새(시간과 공간) 없이 방울꼴을 하고 머물지도 움직이지도 않고 있는 이 한 어미는 모든 것을 여의고 있어서 어떤 사람들은 이이를 '공'이나 '무'라고 부르기도 하고, 어떤 이는 '온뉘 가온'(우주의 중심)이라고 여기기도 했다. 또 어떤 이는 온뉘를 포근하고 둥글게 감싸는 아기보(자궁)로 생각하기도 했다.

그러나 뭇산이들 가운데 한 어미를 그리려는 생각을 한 산톨들은 거의 없었다. 그러려고 해 봐야 그럴 수도 없었다. (텅 비어 있고, 크기도 모습도 여의었는데 누가 그걸 그려 낼 수 있겠는가. 가끔 동그라미를 크게 그려 그이의 모습을 나타내려 하거나 까만 점을 하나 찍고 '이 점에는 크기가 없지만' 하고 토를 다는 사람이 있기는 했다.)

얼과 넋

눈, 귀, 코, 혀, 살갗을 거쳐서 얼에 주어진 것들이 머릿속에 톨로 어려 있다가(그 '어림'이 얼이 된다) 넋을 머금은 피의 결(흐름)이 머리를 이리저리 굽이치며 적시면, 그 넋의 흐름 속에 감추어져 있는 피톨에 스며 뒤섞이고 엉겨서 새로 짜일 적에 꾸며진(꾼) 것이 바로 '꿈'이다. 모두 지난 적에서 꾸어(빌려) 온 것이다.

풀은 푸르고, 불은 붉고, 땅은 누르고, 해는 희거나 검고, 물은 맑다. 불길과 물결은 바람에 휘말려 한데 섞이고 뭉쳐 '다'(달, 흙, 딸, 닮음, 닿음)를 이루는데 이 네 가지 큰 힘, 지수화풍(地水火風)의 움직임 속에서 풀이 피어난다.

풀은 삶의 나타남이다. 풀도 푸르고, 산도 들도 푸르고, 물도 푸르고, 하늘도 푸르다. 이렇게 삶은 가장 작은 것에서부터 가장 큰 것에 이르기까지 푸르름으로 드러난다.

풀이 나고 피는 모습이 프시케(생명)이고 피시스(자연)이며 숨쉬는 들숨 날숨(목숨)이다. 풀이 움 돋는 것, 나는 것을 '나옴'(나+함), '나돋음'(나+됨)이라고 할 때 '나'는 '나옴'에서 생기고 '남'은 '나돋음'에서 생긴다. '함' 쪽에서 보면 '나'이고 '됨' 쪽에서 보면 '남'이다. 나와 남은 엇바뀌기도 하고 모여서 우리가 되기도 한다. 모두가 산톨이자 삶결이다.

모든 말은 얼마나 비슷한가. 불과 바람이 한 몸 되어 숨결을 이룬다. 거꾸로 물이 결을 바꾸어 크고 작게 굽이침으로써 바람과 불이 바람결, 바람길, 불결, 불길처럼 '결'과 '길'로 나뉜다고 해도 된다. (물의 원소 기호 H_2O에서 H는 바람으로 O는 불로 보아도 된다.) 함과 됨은 나도 돌고 남도 돌게 하는, 그래서 바람을 일으키는, 결로 굽이치는 크고 작은 움직임이다.

부풀고 오므라드는 또는 부풀게 '되'고 오므라지게 '하'는 힘. 거기에서 가르고 갈라지는 '낱'으로서의 톨과 잇고 이어지는 실낱들이 짜는 크고 작은 그물(인드라망). 이 짧은 말의 실타래를 늘이고 늘여서 신화와 종교와 철학 이론으로 펼칠 수도 있고, 짧게 짧게 끊고 이어 수로 헤아리고 매듭을 지을 수도 있고, '옴'이나 '훔' 같은 주문으로 줄일 수도 있다.

불이 물리 현상만을 가리키지 않고 생명현상도 같이 나타내는 말이라는 걸 알고 있던 옛사람들은 수컷의 좆을 '불'이라고 불렀다. 그 불 밑에 불알이 담긴 주머니가 있고 불을 둘러싼 도톰한 곳, 봉긋 솟은 언저리는 불두덩이다. 그리고 거기서 돋아난 거웃은 '불꽃'이다. 여기서 불씨가 쏟아져 나와 암컷의 '봇'(밭)에 들어가 자라면 거기서 아기가 태어난다. 바람은 숨으로 목구멍을 드나들며 목숨이 되고 염통에서 몸 안을 도는 피를 불과 함께 만든다.

우리 옛 어른들에게 '넋'은 가슴(염통)에 깃드는 것으로 여겨졌다. 이 넋은 피를 따라 손끝 발끝까지 퍼진다. ('이 몸이 죽고 죽어 일백 번 고쳐 죽어…… 넋이라도 있고 없고, 임 향한 일편단심……'으로 이어지는 정몽주의 시조에서, 그리고 사람이 죽으면 그 사람이 입던 옷을 지붕에 올려놓는 옛 장례 풍속에서, 목에서 웅얼웅얼 새어 나오는 넋두리에서 넋이 자리 잡고 있는 곳이 염통이라는 것을 짐작할 수 있다.)

이와는 달리 '얼'은 머리에 자리 잡고 있다. 머리통 앞쪽에 눈, 코, 입, 귀, 혀가 있는 곳을 '얼골'(얼굴)이라고 부르는데 이 낯(얼굴)은 얼이 사는 골(마을)이다. 얼은 눈, 코, 입, 귀, 혀를 통해서 '빠지고', 넋은 숨이 끊어지면서 '나간다'(빠지기도 한다). 넋이 나가고 숨이 끊어지면 피가 식고 불도 없어진다.

스토아학파 철학자인 크리시포스가 소크라테스 이전 철학자인 헤라클레이토스와 아낙시메네스, 그리고 엠페도클레스와 아리스토텔레스의 이론에서 영감을 얻고, 그리스 초기의 의학과 생리학 이론을 끌어들여 원자론을 생명현상에까지 넓히는 과정에서 불과 바람이 '몸'(이 말로 크리시포스는 흙, 물, 바위와 같은 물체뿐만 아니라 생명체 같은 유기체까지 아울렀다)을 이룬다고 보았다. 그리고 바람과 불이 하나가 되어 이루어진 '숨'(프네우마)을 물질과 생명의 구성원리로 보았다. '몸'은 아원자에서 우주까지 숨이 이루는 결이자 톨이라고 볼 수 있다. 이를테면 물리학자들이 전자로 여기는 톨은 우주와 마찬가지로 '프네우마(pneuma)'로 이루어져 있다.

여기에서 생각을 넓혀 보자. 전자(그늘씨)나 양자(볕씨, 볕톨)나 중성자(민톨), 그리고 지구나 별이나 하늘(우주)까지 그 어느 것이나 겉으로 보기에는 단단한 알맹이로 이루어진 듯이 보일 수 있다. 하지만 속을 들여다보면 두 힘(불과 바람이라고 해도 좋고, 음양이라고 해도 좋고, +, -라고 해도 좋고, 어떤 이름으로 불러도 좋다)이 그 안에서 서로 겯고 도는 흐름으로 볼 수 있다. 다시 말하자면 그 어떤 것도 고체가 아니다. 그 안에 맞서기도 하고 만나기도 하는 힘이 움직이기 때문이다. 이 힘은 '스스로 도는 힘'으로 볼 수 있는데 행성이나 우주 그리고 전자, 양자, 중성자의 자전도 여기에 포함된다. 스스로 움직이면서(자전) 함께 도는(공전) 이 힘들이 결을 이루고, 크고 작은 톨들로 뭉친 결들의 움직임이 잔물결을 일으키면서 틈새를 채운다. 자전하면서 공전하는 힘들의 소용돌이가 하늘에 가득하다. 저마다 들숨 날숨 하는 목숨을 지니고 있다.

우리 나라에서는 우주를 '하늘'이라고 불렀는데 그 안에는 여러 뜻이 하나로 뭉쳐 있다. 한알, 한얼, 한울, 한올도 같은 말에서 가지를 쳤다. 큰 알이 한알이고, 큰 얼이 한얼이고, 큰 울이 한울이고, 큰

올 또는 오라기가 한올이다. 이 말들에 담긴 뜻을 좀 더 들여다보자.

1. 두 가닥으로 꼬인 힘이 밀치고 당기면서 한올을 이룬다. (이 것이 티끌 한 오라기일 수도 있고, 한알일 수도 있고, 한얼, 한울일 수도 있다.)

2. 한올은 '티올'일 수도 있고 '하늘'일 수도 있다.

3. 크기에 아랑곳없이 모든 올은 하나로 이어진다.

4. 올은 풀리기도 하고 뭉치기도 한다.

5. 올의 가닥은 '불'이라고 '바람'이라고 '흙'이라고 '물'이라고 불릴 수도 있으나 '하나'로 이루어져 있지 않다. ('빛'도 마찬가지다.)

6. 이어지는 올이 가늘면 힘이 적고 굵으면 힘이 크다.

7. '톨' 꼴을 이룬 '결'은 톨이 뭉친 크기에 따라 힘을 크게 미치기도 하고 적게 미치기도 한다.

8. 세기와 여리기에 다름이 있으나 힘이 미치지 않는 '데'나 '때'는 없다.

9. 한알(하늘)과 한얼(큰얼)은 같은 힘의 다른 이름이다. 어쩌면 (사람 몸과 마음만 두고 따질 때) 라틴어 '아니마(anima)'는 넋을 '아니무스(animus)'는 얼을 가리키는 말로 쓰였을 수 있다.

현대물리학(그리고 그것을 뒷받침하는 수학)에 나타나는 까막눈(맹점)은 이른바 '쿼크, 중간자, 소립자, 미립자' 따위로 불리는 톨들이 모두 그 안에서 스스로 결을 이루는 힘(함과 됨)의 움직임인데, 오직 빛의 빠르기에만 기대 그 움직임을 끊어서 재려는 우격다짐을 버리지 못하고 있기 때문에 생기는 것일지도 모르겠다.

'몸'과는 달리 '마음'은 훨씬 더 빨리 움직인다. 마음은 눈 깜짝할 사이에 한알, 한울을 몇 바퀴나 감돌 수 있는 한얼이자, 한올이다. 주둥이와 똥구멍이 하나로 달라붙어 온데간데없는 한가온(중심)이 될 수도 있다. 풍선처럼 부풀고 부풀어 한울을 가득 채울 수도 있는 '있음과 없음'이 만난 한 덩이일 수도 있다. '있는 것' 한끝 '없는 것' 한끝으로 나뉘어 그 안에 온갖 것(모든 갓, 겉, 끝)을 담을 수 있는 오라기(올+아기)도 될 수 있는, 있음과 없음을 단숨에 건너뛰는 마음결의 빠르기. 아마 이런 생뚱맞은(?) 생각은 수학, 물리학, 뇌과학의 테두리를 벗어날지도 모른다. 지렁이 몸으로 다시 태어나면 온몸으로 깨우칠 수 있으려나.

눈이 온 누리를
삼킨다

우리 말 가운데 겨울눈이 있다. 한 겨울을 이겨 내고 다음 해 봄에 움 돋는 식물의 싹을 겨울눈이라고 하는데, 왜 그것을 '눈'이라고 불렀을까? 우리 옛 어른들의 통찰력이 놀랍다.

풀과 나무의 겨울눈은 봄이 오는 것을 미리 본다. 사람들이 뜬 눈으로도 보지 못하는 것을 이것들은 감은 눈으로도 본다. 불교에서 '눈'과 '봄'을 그다지도 높이 치는 까닭은 산티(생명 입자)의 알맹이가 그 안에 들어 있기 때문이 아닐까. 《반야심경》이 얼눈(심안)으로 보는 '관(觀)'과 살눈(육안)으로 보는 '견(見)'을 맨 앞자리에 둔 까

꿈꾸는 형이상학

닭도 거기에 있지 않을까.

산티의 존재를 가장 잘 밝혀 주는 것은 눈이 하는 일이다. 눈은 빛을 포함해 온 별누리에서 가장 작은 것까지 다 보고 담아내지만, 보이는 것에 손상을 입히거나 스스로 다치지 않는다. 그야말로 산도 바다도, 그 안에 사는 모든 것도 있는 그대로 받아들이되 그렇다고 해서 그것들의 크기가 더 늘어나거나 줄어들지 않는다.

어디 그뿐인가. 머무는 것만 눈에 보이는 것을 넘어서서 움직임까지 보인다. 공간뿐만 아니라 시간까지 눈에 들어온다는 말이다. 하늘 높이 나는 새나 쥐벼룩에게도 눈이 있고, 깊은 바다에 사는 물고기에게도 눈이 달려 있다. 식물이나 미생물에게는 눈이 없을까. 그것들이 산티로 이루어져 있는 한, 눈의 몫을 하는 무엇인가가 있을 거라고 나는 믿는다.

온 별누리를 꿀꺽 삼키는 것이 산티가 하는 일인데, 이 삼키는 일은 산티의 입이 아니고 눈이 한다. 눈이 온 누리를 다 삼킨다. '사랑하는 이여, 내 눈이 너를 삼킨다. 네 눈이 나를 삼키기를 바라고 또 바란다. 내 살갗에 열려 있는 숨구멍 하나하나가 다 눈이 되기를 바란다. 온몸으로 보고 또 보기를 바란다. 빛이 닿는 곳마다 눈이 열린다. 네 어둠이 내 빛이다.'

산티에게 낱낱으로 오래 흩어져 있는 것은 자연스럽지 않다. 그래서 개체는 소멸한다. 낱 삶은 저마다 제때에 지워지고 다른 삶으로 이어진다. 모이고 흩어지는 모습을 우리는 삶결이라고 부른다. 결 고운 삶을 살았느냐, 결 거친 삶을 살았느냐는 중요하지 않다. 스스로 고를 수 있는 게 아니니까.

물과 불, 바람, 흙이 모였다 흩어지는 것은 그 스스로들의 몫이고, 그 모이고 흩어지는 일을 억지로 우리 뜻대로 하려는 것은 얼뜨기 짓이다. 처음부터 끝까지 고마워해야 하고, 틈새가 없는 이제 이 자리가 산티의 자리라는 것을 깨달아야 한다. 어느 틈에, 어느새 날이 밝았다. (틈과 새는 때를 나타내는 말이기도 하고 자리를 나타내는 말이기도 하다. 틈이 난다는 말은 겨를이 생긴다는 뜻이고, 어느새라는 말은 나도 모르는 사이에 흐르는 때를 이른다. 또 너와 나 사이나 벽에 틈이 생겼다는 말에서 '틈'은 자리를 나타내는 말이다.)

우주 공간(누리빔)에 산티 하나가 떨어졌다고 생각하자. 그러면 누리빔에 결이 생겨난다. 이 결은 이랑과 고랑이 있는 물결 꼴을 만들어 내지만 반반한 자리(평면)에 옮기면 이랑과 고랑은 사라지고 산티 둘레에 가온(중심)이 하나인 저마다 다른 고리(동심원)가 나타난다. 이 결들은 구슬꼴(구형)인데, 반반한 쪽만 보면 동그라미가 겹겹이 쌓이는 것으로 드러난다.

수학자들은(천문학자도 마찬가지다) 결의 반반한 모습만 머릿속에 그린다. 그래야 잴(측정) 수 있기 때문이다. 산티는 살아 있으므로 펼쳐지는 사이에 한결같은 꼴만 보이지 않는다. 동그란 매듭으로 묶이기도 하고, 소용돌이치기도 하고, 회오리를 일으키기도 한다. 루크레티우스는 그것을 '독립원자의 자유 경사운동'이라고 부르기도 했다.

세모꼴(삼각형)은 둥글레뿔(원추)의 겉모습이다. 그래서 세모꼴과 동그라미 사이에는 여러 비슷함(유사성)이 보인다. 어떤 것이 구슬꼴을 보인다면 그것이 산티의 제 모습 드러냄이라고 볼 수 있다.

온 누리에 곧은줄(직선)은 없다. 산티는 곧은줄을 빚어내지 않는다. 햇살조차 곧게 뻗어가지 않는다. 빛톨(광자)이 나타나는 까닭은 여기에 있다. 있음도 없음도, 참도 빔도 모두 구슬꼴이다. 산티가 구슬꼴이어서 모두 구슬 놀이를 즐긴다. 구슬 겉은 자로 재고 구슬 속은 저울로 단다. 머릿속에 있는 산티 부스러기가 하는 짓이다.

달고 재서 살길을 찾는 일들이 믿음직스럽게 여겨지면 머지않아 넋 나간 짓이나 얼빠진 일을 하게 된다. 아인슈타인도 오펜하이머도 너무 늦게야 그것을 깨달았다. 재도 재도 모자라거나 남고, 달고 달아도 제 무게가 드러나지 않는다. 그래서 얼추헤아림(통계)이라는 야바위 놀음이 수학과 과학 시늉을 낸다. "언제까지 달고 재는 짓을 되풀이할 건데?" 이렇게 물으면 아무도 대답하지 못한다. '틀릴 수 있어요'라고 말하지 않고 '오차 범위'라고 얼버무린다. 누리의 움직임에는 오차라는 게 없다. 틀림이 없다. 오차는 사람 머릿속에서만 생겨난다.

사람들, 그 가운데서도 가장 뛰어나다는 사람들, 이를테면 석가, 예수, 공자, 노자, 소크라테스 같은 이들이 한 일들이나 입 밖에 낸 말들을 죄다 끌어모아도 한 줌 햇살, 한 줄기 바람, 한 모금 물, 한 뙈기 땅에 견주면 얼마나 보잘것없는가. 쑥 캐고, 망초 순 뜯고, 가끔 고개 들어 하늘을 보고……. 낮에는 해를, 밤에는 달과 뭇 별들을 주렁주렁 매달고 있는 너른 누리가 나와 둘이 아닌 걸 뼛속 깊이 느끼면서 늘 고마움을 느끼고, 가끔 부끄러움에 몸 움츠리는 촌부들의 삶에 버금가는 게 어디 있을꼬?

끝없이 작아 한 점에 모일 수도 있고, 온 별누리로 부풀어 오를 수도 있는 힘으로 드러나는 살아 있는 티끌, 산티. 사람을 뛰어넘는 다는 것, 초인이 된다는 것은 눈에 띄지 않는 티끌이 된다는 것, 산 티로서 산티들과 하나임을 가슴으로 느낀다는 것에 다름이 아니다.

빛과 그늘의 잣대

당산나무를 보러 갔다. 빛이 안 드 는 굵은 가지들이 썩어 가고 있다. 뿌리를 내린 밑둥치는 맨 나중에 죽음을 맞는다. 뿌리에서 부지런히 물을 빨아올리고, 흙과 물에 녹 아 있는 먹을 것을 나르는 실뿌리가 더듬이질을 멈추지 않으면 그 나무는 살아 있다. 햇빛을 받아 숨 쉬면서 햇살에 담겨 있는 힘을 끌 어당기는 잎들과 그 잎을 피워 올리는 잔가지들이 있어도 그 나무 는 살아 있다.

맨 먼저 죽는 것은 햇살이 닿지 않는 그늘 속에서 잎이 쓸모를 잃은 가지들이다. 거기에는 물도 먹이도 보내서는 안 된다. 그래서 실뿌리와 잎은 거기에 아무것도 보내지 않는다. 둥치더러 그리 가 는 삶의 물줄기를 돌리라고 한다. 둥치도 따른다.

결을 이루어 잇달아 있는, 그래서 가장 여린 것과 가장 센 것, 가 장 크게 부풀어 오르는 힘과 가장 작게 웅크러뜨리는 힘은 사이사 이 매듭을 짓는다. 죽음으로 드러날 수도 있고 삶으로 드러날 수도 있는 톨들이 그 사이에 생겨나 모이기도 하고 흩어지기도 한다. 맺 고 끊는 힘이 크고 작은 결을 이룬다. 모든 삶톨들은 그 안에 죽음을 안고 있다. '마디'(응집력)는 결이 톨로 바뀌거나 톨이 결로 바뀌는 곳이다. 그 사이에서 모든 것이 생기고 사라진다.

이 톨들은 저마다 끝이 있다. 갓이 있고 겉이 있다. 그래서 '것'으로 드러난다. 죽어 흩어지는 톨들이 다시 결을 이루고, 살아 뭉치는 톨들이 그 안에 결을 감추고 있다. 끝없이 자라 퍼지는 것도 없고, 끝없이 쪼개져 자취 없이 사라지는 것도 없다. 모두가 숨 쉬는 결로 돌아간다. 힘겨루기는 함과 됨으로 드러나는 있음과 없음, 임과 아님, 같음과 다름이라는 이름으로 일어난다. 빛(양)과 그늘(음)이라는 눈의 잣대로 헤아려도 마찬가지다.

산톨에 끝이 있다는 것, 겉과 갓이 있다는 것, 그것들 사이에 틈이 있다는 것, 그 틈 사이에서 힘이 늘고 줄어들어 목숨이 길어지기도 하고 줄어들기도 한다는 것. 그러나 모든 톨에는 끝이 있다는 것, 저마다 어느 땐가는 새로 움트는 삶톨에게 자리를 내주어야 한다는 것. 마치 물결이 높낮이를 이루고, 바람결이 셈과 여림을 가누고, 햇살이 톨과 결로 번갈아 바뀌어 퍼지고, 온통 톨로만 이루어진 듯한 땅별 안에도 깊숙이에서는 무르녹아 뜨거운 힘으로 바뀌는 흐름이 있어 서로 이어져 있듯이, 끊어짐이나 갈라섬은 어쩌다 있는 짬, 틈, 새(사이), 참에 보이는 것에 지나지 않는다는 것.

우리가 시간과 공간으로 부르는 때와 곳은 결과 톨 사이에 이루어진 마디에 지나지 않는다는 것. 가장 큰 '나'인 큰집(우주)과 살갗으로 둘러싸인 몸으로 드러나는 '나'는 둘로 갈라서 있지 않다는 것. 마디가 풀리지 않으면 힘쓸 데와 때가 없어서 모든 움직임은 멈추고 만다는 것, 그 멈춤이 되살아나려고 펑 터뜨리는 일(빅뱅)도 생기고, 부풀고 부풀다 힘이 다할 무렵에 다시 오므라들게 하는 힘이 어느 곳에선가 뻗쳐 다시 힘을 모은다는 것. 그것을 우리는 이울러 '함'과 '됨'으로 부른다는 것. 진인사대천명(사람 할 일 다하고 하늘 뜻을 기다린다)이라는 말이 거저 생기지 않았다는 것, '늙으면 죽어야지'라는 말도 빈말이 아니라는 것……. 계곡물에 떠내려오다가 바위에, 나무둥치에 걸려 있는 죽은 나뭇가지를 주워 오면서 든 생각이다.

크기가 없는 생명이 하는 일

질(quality)→골(이리저리 파여 모습을 이룬다 해서 얼골→얼굴)

양(quantity)→헴(헤아릴 수 있는 정도의 차이를 지닌다 해서 헴→셈)

대상(object, Gegenstand)→맞서남(눈 밖, 코 밖, 귀 밖, 몸 밖, 맘 밖, 생각 밖으로 내 밖에 있어 나와 맞서는 것, 또는 나와 만나는 것)

접촉(contact, contingency)→맞담(우연히 맞닿음, '맞남+맞섬')

'맞담'은 갓과 갓이, 겉과 겉이 서로 닿되 하나가 되지는 못하는 것이다. 혀와 혀가 섞이고 몸과 몸이 섞여도 마찬가지다. 있는 것과 없는 것이 만나는 것도 맞담인데, 어쩌다 그렇게 되는 것이지 반드시 그래야 하는 것은 아니다. 여기에서 우연과 필연의 문제가 생긴다.

구드미(굳음이, 고체)는 겉으로 보기에는 제자리에 멈추어 밖에서 힘이 더해지지 않으면 움직이지 않는 듯 보이나, 속의 속을 들여다보면 이렇다.

검톨(전자)이 가운데 자리 잡은 빛톨(광자)과 민톨(중성자) 들을 둘러싸고 휘감아 도는데, 마치 누에가 꽁무니에서 가는 실을 뽑아 겹겹이 방울 결을 이루듯이 톨이 끈끈이 결로 늘어나 끝없이 이어지는 끈을 이루고, 밖에서 빛 빠르기에 버금하는 것이 그 고치를 뚫고 들어 빛톨과 민톨을 때리면 엄청난 힘을 잠재우고 있던 톨들이 검톨들을 밀어붙여 결 마당을 키우는데, 그때 나타나는 결 고랑과 결 이랑이 센 바람으로 가까이 있는 것들을 휩쓴다. 톨로 뭉쳐 있던 힘이 결로 바뀌어 퍼지는 것을 우리는 '폭발'이라고 부른다.

구드미의 속살은 노그미(녹음이, 액체)이고 노그미가 결을 이루어 밖으로 퍼지면 퍼지미(퍼짐이, 기체)가 된다. '생명'은 산수미(살아 있는 숨)이고 이것은 끌어모으고 당겨서 낱하나(개체)를 이루는 힘일 뿐 크기가 없다. 우리의 눈은 산수미의 됨됨이를 가장 잘 보여 주는 본때인데 이것은 크기가 없어 맞서남(대상)의 갓(겉, 끝)에 닿아 '맞닿'(접촉)이 이루어진다. 이 맞닿는 것은 크기가 없어서 눈도 상하지 않고 맞서남도 다치지 않는다.

서로가 맞서고 만나나(맞나나) 겉핥기여서 우리 눈이 온 별뉘(우주)를, '검이'(없음)나 '박이'(있음)를 다 훑어도 별뉘 가운데 어느 하나도, 그것을 보는 눈의 어디도 제 힘과 꼴에 흠이 안 생긴다. 이것이 크기가 없는 산수미가 하는 일(기능)이다. 산수미는 흔히 생각이나 마음으로 부르기도 하는데 별뉘도 산수미여서 나와 별뉘는 다를 바 없다.

이 별뉘에 꼭그래(필연)는 없고 가다그래(우연)만 있는데, 산수미가 그럼그래(인연)로 읽히는 까닭은 이렇다. 검이와 박이가 만나면, 서로 이어져 두 가닥으로 꼬인 끈끈이줄(초끈)이 마디마디에서 끊어져 앞뒤, 왼쪽 오른쪽, 위아래, 겉과 속을 이루는 것으로 보이기 때문이다. 그리고 검이 끈은 박이 끈과는 달리 눈에 닿지 않아 빠짐(결핍)이 있는 것으로 여겨지기 때문이다.

빠짐이 있으면 군더더기(과포화)도 있기 마련인데 별뉘에는 빠짐도 군더더기도 없다. 있던 힘이 사그라들지도 않고 없던 힘이 새로 생겨나지도 않는다. 쏠림이 있어서 어느 자리에 빔이, 또 어느 자리에 없는 것이 있는 것으로 여겨져 이런저런 알음알이가 가지를 치는 것뿐이다.

산이들의
'타는 목마름'

없을 것(군더더기, 걸림돌)을 없애는 일은 살아남으려는 모든 산이들의 코앞에 닥친 '할 일'이고 '해야 할 일'이다. '비판의식'으로 나타나는 당위, 윤리, 가치와 함께 올바름과 올곧음으로 드러나는 정의는 크게 보아 이 테두리 안에 든다. 사람들만 걸림돌을 치우고 군더더기를 없애는 일을 하는 게 아니다. 산티에서부터 모든 '산이'(갈라산이, 모여산이, 몸산이, 넋산이, 얼산이, 온산이, 한산이, 모두산이, 마을산이, 나라산이, 누리산이……)들이 저마다 애써 하는 일이다.

'없을 것'은 '있는 것'이다. 주어진 것이고 정보다. 그러나 이것은 산이들을 죽음으로 이끄는, 살길을 가로막는 걸림돌이자 군더더기다. 군더더기와 걸림돌을 일부러 만들어 다른 산이들을 못살게 함으로써 스스로 살길을 찾는 산이들도 있다. 사람들 사이에 있는 이런 산이들은 특권층, 기득권자, 지배계급 따위의 이름을 지니고 있다.

이들은 '없을 것은 없는 것이다' 하고 외치거나 말 차례를 바꾸어 '없는 것은 없을 것이다. 따라서 있는 것은 있을 것이고, 없는 것은 없을 것이다' 하거나 아니면, '있을 것은 있는 것이고, 없을 것은 없는 것이다'라고 우긴다. ('못 살겠다, 갈아 보자'는 외침에 맞서 '갈아 보면 더 못 산다'고 외친 사람들이 있었음을 돌이켜 보자.) '어제'(과거)와 '이제'(현재)에 있던 것, 있는 것이 '아제'(미래)에도 있을 것이라는, 있어야 한다는 믿음이 이 사람들의 얼과 넋에 눌어붙어 있다. 이 사람들 눈에는 이 '있었고, 있고, 있을 것'이라는 존재의 영속성을 부정하는 사람은 넋이 나갔거나 얼이 빠진 이들이다.

지배계급은 개미귀신과 같다. 거미줄을 치듯이 어디에나 덫을 놓고 산이들을 죽음으로 몰아넣는다. 이들은 말 그대로 흡혈귀들이다. 우리 몸에 있는 병은 없을 것, 없애야 할 것인데 특권층은 그렇게 여기지 않는다. 내가 가슴앓이를 하고 있다면 다른 사람이 지닌 튼튼한 염통을 떼어 와서 바꿔치기하면 되고 콩팥이 시원찮으면 다른 이의 배를 갈라 도려내서 내 몸에 심으면 된다고 여긴다. 내 삶은 다른 이들 죽음의 다른 이름이다.

있을 것(없는 것, 빠진 것, 채워야 할 것, 아쉬운 것)은 굶주린 사람에게 밥처럼 꼭 있어야 하는데, 아직 없는 것이다. 있게 해야 한다. 이

것은 모든 산이들의 바람이고, 희망이고, 소망이고, 간절한 염원이고, 가시지 않는 목마름이다. '타는 목마름'이다. 그런데 죽임의 무리들은 이 말도 비틀고 꼬고 앞뒤를 거꾸로 뒤집는다.

"있을 것은 있는 것이다. 있는 것은 있을 것이다. 이미 없는 것은 아직 없는 것이나 마찬가지고, 어제 없었고 이제 없는 것은 아제도 없을 것이므로 없는 것을 있는 것으로 바꾸는 일은 하느님도 못 할 것이고, 과학적으로 따져도 열역학 제1의 법칙을 어기려는 짓이다."

"모든 희망은 얼간이들의 망상이고, 채워질 길이 없는 체제 전복의 꿈이므로 싹부터 뭉개야 한다. 먹을 것, 입을 것, 잠자리를 걱정하는데 왜 빵을 달라고 외치는가. 빵만 먹을 것인가. 고기를 먹으면 안 되는가. 날아다니는 새 고기, 바다와 강에 널린 물고기, 뛰는 사슴 고기, 온 세상에 먹을 것이 잔뜩 깔려 있는데 게을러서 잡지 못하는 게 아닌가. 우리가 할 일은 따로 있다. 몸 놀리고 손발 놀려 먹을 것, 입을 것, 잠자리 마련하는 육체노동은 우리 몫이 아니다. 우리에게 '있을 것'은 '1000억 개의 뉴런들이 각자 행하는 기능 속에서가 아니라, 이 뉴런들을 결합해 주는 1000조 개의 축색돌기들이 행하는 기능을 통해서' 마련된다."

"머릿속에 없는 것은 배 속에도 없다. 모든 것은 이미지고 아이콘이고 일루션이니, 그리고 냄새도, 맛도, 느낌도 눈에 보이는 것, 귀에 들리는 것 그 어느 하나도 우리 머릿속에서 벌어지는 일이니, 머리만 채우면 된다. 우리는 머리 가운데 머리이니 우두머리인 우리가 있었고, 있고, 있을 것이다. 그 나머지는 없었

고, 없고, 없을 것이다. 군소리하면 입에 재갈을 물리고, 고개를
흔들면 목을 쳐라."

"내가 잘 먹고 잘 살려면 남이 굶주리고 못 살아야 한다. 함께,
더불어, 고루, 다 같이 살길은 없다. 착취와 피착취, 억압과 굴
종, 있는 놈과 없는 놈, 이 단순하고 극명한 이분법이 정글의 법
칙이다. 우리의 삶터는 정글이고, 죽임터이고, 살아남으려면 죽
이는 길밖에 없다. '제로섬게임', 죽느냐 죽이느냐다. 고루 잘 사
는 길? 꿈 같은 소리다."

이렇게 부정의의 정의, 긍정의 윤리, 불공정의 공정 들을 통해
서 '있을 것'을 있게 만들어 쫄쫄거리는 배를 채우려는 희망은 덧없
는 전도몽상, 절망의 전초기지로 탈바꿈된다. 기득권층은 '내 삶은
남의 죽음'이라는 믿음에서 한 발도 물러서려고 들지 않는다. 이런
사람들은 '무'를 '존재'로 바꾸려는, 우주의 기본 법칙까지도 뒤집으
려는 전복 세력 가운데서도 가장 위험한 테러리스트들이다.

살아남으려면 산티에서부터 산알(세포), 산톨까지 모두 배를 채
워야 한다. 있을 것, 아직 없는 것을 있게 만들어야 한다. 이 창조를
통해서 진화하는 것이 삶의 벼리다. 살림이다.

없음이 있어야 할
까닭

꿈인지 자다가 한 생각인지 헷갈
리지만, 연어가 어떻게 해서 제가 떠난 냇물로 되돌아올 수 있는지

알 수 있을 것 같다. 우리가 바닷물을 한류, 난류처럼 무슨 류 무슨 류로 나누어, 마치 강물이나 시냇물처럼 이리저리 옮아 흐르는 것으로 여기기 쉽지만, 바닷물은 그렇게 옮겨 다니지 않는다. 달에 끌리는 만큼만 움직일 뿐이다.

바닷물은 움직이면서 '열'을 옮긴다. 이웃에 있는 물에게 더위와 추위를 옮겨 주고 옮겨 받는다. 그래서 연어는 어렵지 않게 이미 제가 낸 길을 찾을 수 있다. 연어가 지나가면서 주둥이와 꼬리지느러미로 연 길에는 흔적이 남는다. 그게 냄새로 이루어졌든 물살로 이루어졌든 연어에게는 또렷이 보이는 그 길을 따라 연어는 자기가 떠난 강어귀나 냇가로 돌아간다. 이를테면 우리 나라 동해안 남대천 같은 곳으로.

서양 중세 스콜라철학[2]의 전통에 따라 대부분의 학자들이 개념들의 계통수[3]를 세우고, 이에 따라 유(有, 있음)와 무(無, 없음)를 최고의 유개념으로 친다. 다시 말해 추상화의 맨 윗자리에 있는 개념이라는 뜻이다. '개념'은 낱말이다. 낱말은 낱으로 쪼개지고 갈라진 말이다. 그 말의 맨 위(끝)에 '있다'와 '없다'가 자리 잡고 있다는 게 이 사람들의 생각이다.

나무에서 우듬지는 가지의 끝이다. 그 가지들은 '즈믄 가람의 달', 천강지월(千江之月)이다. 헤아릴 수 없이 많은 강물에 찍혀 있다. 말하자면 달그림자들이다. '있다', '없다'가 이런 그림자일 뿐일까?

---

2   8세기부터 17세기까지 중세 유럽에서 이루어진 신학 중심의 철학을 이르는 말.
3   생물체 무리가 진화해 온 과정을 나뭇가지 모양으로 나타낸 것.

달의 얼굴(본디꼴)은 따로 있을까? 그럴 수도 있겠다. '있다'도 '없다'도 둘 다 '말'이니까.

노자는 《도덕경》 첫머리에서 '검은 암컷'(현빈, 하늘 암소)이 낳은 쌍둥이가 흰둥이(있음)와 검둥이(없음)라고 한다. 서양철학 전통에 따르면 '있는 것만 있고, 없는 것은 없다'. 파르메니데스를 이어받아 플라톤을 거쳐 교부철학4에 바탕을 둔 스콜라철학에 이르기까지 한결같은 흐름이다.

있는 것만 데이터로서 쓸모가 있다. 이것만이 단위(unit)이고, 이것을 끝 간 데 없이 밀어 올리면 '하나'는 '님'이 된다. 유일신이 바로 그것이다. 하나하나의 티끌(톨)뿐만 아니라 가장 큰 물리적 우주도 하나, 곧 'universe'다. (unit나 universe에서 눈여겨볼 말은 'uni'인데, 이 낱말의 말머리는 '하나'를 뜻하는 라틴어 'unus'에서 나왔다.)

불교에서는 다르다. 화엄사상의 고갱이만 추려 뽑았다는 《반야심경》을 보면, 우리가 흔히 주어진 것(데이터)으로 보는 '색성향미촉법'(빛깔, 소리, 냄새, 맛, 살갗에 닿는 것, 그것들의 얽힘새)과 그 데이터를 받아들이는 감각기관인 '안이비설신의'(눈, 귀, 코, 혀, 몸, 뜻)를 없음의 테두리 안에 드는 것으로 여긴다. 불교의 핵심 이론(알맹이 뜻)이 담긴 《반야심경》 앞쪽에 '없다', '없음'이 열 번 넘게 나온다. 이 경전을 내 식대로 풀이해 본다.

---

4 그리스 철학(특히 플로티노스 이론)에 기독교 교리를 접목한 것을 말한다. 기독교를 단순한 믿음에 따른 종교가 아닌, 철학 이론에 근거한 이성 종교로 승화시키기 위해서 만든 것이다.

반야바라밀다심경

스스로 있사온 깨우친 이 봄에

깊이 반야바라밀다를 할 적

맞닿는 것 모두 다 비어 있음 비추어 봐

막히고 걸림 남김없이 건넸어라 사리자여

때깔은 곧 빔이요, 빔은 곧 때깔이라.

때깔이 빔에 다름 아니요, 빔이 때깔에 다름 아니라.

그리하여 빔 가운데 때깔, 소리, 냄새, 맛, 닿음, 결 없고

눈, 귀, 코, 혀, 몸, 뜻 없고

눈에 드는 울 없고, 뜻에 드는 울 없고,

해달 밝음 없음 없고, 해달 밝음 없음 또한 다함 없어.

마음에 걸림 없고, 걸림 없어, 두려움 있음 없고,

뒤죽박죽 꿈결 뉘를 멀리 떠나니…….

서양에서 '있음', '하나'를 '해'(日)로 여긴다면(기독교도 이 생각을 따른다) 동양(적어도 인도의 불교 사상과 노장철학)에서는 '없음', '어둠 속에 감추어진 암소(현빈)', '입 밖에 내면 제 얼굴을 잃는 것(개구즉착)'을 '달'(月)로 본다. 등식도 아니고 부등식도 아니다. 하나도 아니고 여럿도 아니다. 그렇게 여겨지는 것은 모두 그리메(물에 뜬 달그림자)일 뿐이다.

깜깜하다. 깜깜한 세상이 깜깜한 생각을 불러일으키고, 깜깜한 생각들이 깜깜한 세상을 빚어낸다. 삭힐 수 없는 생각들, 살로 가지 않는 껍데기 같은 관념들. 이런 생각을 아무리 머릿속에 가득 담고

꿈꾸는 형이상학

있어 봤자 삶에 도움이 되지 않는다.

'있다'와 '없다'는 공부 많이 한 먹물들만 추상에 추상을 거듭하여 마지막으로 뽑아낸 순도 백 퍼센트 알코올이나 증류수 같은 말이 아니다. 말 배운 지 얼마 안 되는 어린애들도 입 밖에 내는 말이다. '낫 놓고 기역 자도 모르는' 이들도 이 말이 없으면 말을 이어 갈 수 없다.

'유일지신(有一之神)'도 신이고 '무일지신(無一之神)'도 신이다. 어느 하나가 겉이면 다른 하나는 속인데 이 둘은 뫼비우스 띠처럼 꽈배기를 이루고 있다. 그러나 아직까지, 내가 보기에는 모두 '없는 것'이 있고, 그것을 힘의 한 가닥으로 받아들이기를 두려워하고 있는 것 같다. 있음과 없음은 함께 태어난 힘이고 쌍둥이다. 유무상생이다. 이것을 무한, 무규정성과 함께 현대 과학자들이 좋아하는 수리논리로 나타내는 일이 아직 남아 있다.

하늘 끝까지 치솟았다가 거품 일며 부서지는 큰 물결, 겉으로 보기에는 쓰나미가 되어 바닷가에 자리 잡은 모든 것들을 눈 깜박할 사이에 휩쓸어 버리는 어마어마한 흐름으로 여겨지는 그 '결'. 따지고 보면 '밀어내고 밀려남'의 결과다. 꺼져 들고 덮쳐드는 땅껍질이 단층 활동으로 밀려나거나, 화산 폭발이 그 자리를 차지하고 물을 밀어낸 끝에 생기는 자연현상이다. 바닷물은 이런 일이 없으면 제자리를 지킨다. 흐름은 겉보기일 뿐이다. 다시 말하자면 더위가, 추위가 자리를 옮기는 것이다. 그에 따라 더운 자리가 추운 자리로, 추운 자리가 더운 자리로 바뀔 뿐이다.

마침내 꽁꽁 얼어서 아무 움직임도 없는 절대온도에 이르게 된다거나, 또다시 현재 팽창되고 있는 우주가 휘돌다가 어느 겨를에 감돌아 축소되면서 점으로 바뀌어 다시 폭발하게 될 거라는 짐작은 과학의 탈을 쓰고 으스대지만, 과학을 '꽈악꽈악' 짖어대는 이상한 생명체만 땅별에서 사라지면 그저 그뿐이다. 알맹이 없는 속 빈 강정이고 물에 뜬 달그림자일 뿐이다.

'삶이 힘이다. 이 힘이 함과 됨으로 나뉘고, 함이 있음의 힘이고, 됨이 없음의 힘이 되더라도 이 둘을 아우르는 힘은 삶에서 나온다.' 이 생각은 점점 더 굳어진다. 기독교의 신은 인간의 탈을 쓰고 있지만 '나는 빛이요, 생명이다'라는 말씀(로고스)에는 깊은 뜻이 있다. '나는 어둠이요, 죽음이다'라고 바꾸어도 그 뜻은 바뀌지 않는다. 죽음도 삶의 한 모습이고 삶의 그림자이니까.

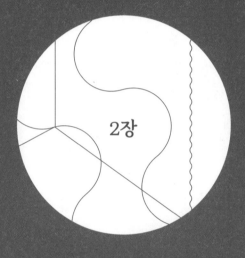

2장

우리 말 속에 담긴 철학

우리 말로 철학을 하려면
사라지거나 숨어 있는 우리 말을
되찾거나 살려 내야 한다.
나는 내 나라 말로 생각과 느낌을
드러내고 앎의 길을 찾는 게 기쁘다.
우리 나라 말은 어느 나라 말보다도
철학을 하기에 알맞다고 여긴다.

같은 말인가,
다른 말인가?

'엔 아르케 헨 호 로고스'

'인 프린치피오 에라트 베르붐'

'太初 存在 言語(태초 존재 언어)'

'처음에 말씀이 있었다'

같은 말인가, 다른 말인가? 같다면 왜 같고, 다르다면 무엇이 다른가? 어떤 말이 알아듣기 쉬운가? 왜?

1. 입자와 파동

2. particle and wave

3. 톨과 결

왜 입자와 파동이 가장 귀에 익고 톨과 결이 가장 귀에 선가? '보통 말'과 '철학 용어'는 왜 그렇게 다른가? 플라톤이 썼던 말과 플라톤을 전공하는 철학자의 말은 왜 그렇게 다른가? 동떨어져 있는가?

이른바 철학 전공자들은 입말이 아니라 글말로, 글말 가운데서도 식민지 시대에 일본에서 짜깁기(조립)한 한자어로, 이른바 개념어로 '철학'(이 말도 일본 사람들이 짜깁기한 말이다)을 익혔다. 외국책을 옮긴 것이든 우리 나라에서 나온 책이든 철학책은 거의 일본에서 만들어 낸 한자어로 도배되어 있다.

그러면 서양철학에서 쓰이는 낱말들의 역사를 겉핥기로나마 건너뛰면서 살펴볼까? 그리스 철학만 하더라도 플라톤에 앞선 이른바 자연철학자들 말투와 플라톤을 뒤이은 아리스토텔레스의 말투(또는 글투)는 많이 다르다. 지금까지 남아서 전해지는 토막글만 살펴서는 꼭 그렇다고 하기 어렵지만 내 생각으로는 초기 자연철학자들은 산문으로 글을 쓰지 않았다. 아마 시와 산문이 나뉘기 전의 말투로 썼겠지. 만일에 산문으로, 논문 형식으로 썼다면 서문, 본문, 결어 형식으로 되어 어느 한 부분만 떼어 내서는 그게 무슨 뜻을 지니고 있는지 알기 힘들 것이다.

그러나 소크라테스 이전 철학자들의 말은 토막 나 있고, 이런저런 인용문 속에 끼어 있어도 그 나름으로 뜻을 지니고 있다. 헤라클레이토스, 엠페도클레스, 파르메니데스, 제논, 데모크리토스다 마찬가지다. 플라톤의 《대화편》은 몇 개만 빼면(비록 산문 형식을 띠었지만) 입말로 이루어졌다. '대화편'(다이얼로그)의 영문 표기인 'dialogue(dia+logos)'라는 말이 바로 '이야기 나누기'라는 뜻이기도 하다.

아리스토텔레스는 조금 다르다. 아리스토텔레스의 철학은 글말로 이루어져 있다. 다시 말해서 아테네가 델로스 동맹의 맹주로서 그리스어를 통합하고 이 말이 그리스 전역에 표준말이 되면서 대화의 전통은 사라진다. 말하자면 획일화되는 것이다. 비슷한 일이 로마에서도 벌어진다.

프로타고라스가 아테네를 방문했을 때 아테네는 전성기였다. 페리클레스의 개혁으로 '민주정'은 꽃이 되었고, (막강한 군사력, 특히 해군의 뒷받침 아래) 말로 먹고사는 사람들은 저마다 말솜씨를 뽐내려고 그래서 '고액의 수강료'를 받으려고 아테네로 몰려들었다. (프로타고라스도 그런 사람 가운데 하나였다.) 고르기아스는 이탈리아반도에서, 프로타고라스는 압데라에서 왔다. (압데라는 '웃는 철학자'라는 별명이 붙은 데모크리토스의 출신지이기도 하다.) 말로 모든 문제를 해결할 수 있고, 말만 잘하면 아테네에서 한자리 차지할 수 있다는 꿈에 부푼 사람들이 우글거렸다.

참, 빠뜨린 게 있다. 논쟁(엘렝코스)과 수사학에 대한 이야기다. 논쟁술에서 '논쟁'은 말다툼이다. 이 기술은 정치 영역에서 빛을 발했다. 여러 사람들 앞에서 말솜씨를 겨루려면, 그리고 탈 잡히지 않으려면 말을 똑바로 해야 한다. 앞뒤가 들어맞아야 한다. '바른말'을 해야 듣는 사람들을 설득시킬 수 있다. 고개를 끄덕이게 할 수 있다. 하나의 말에 여러 뜻을 담아 헷갈리게 해서는 안 된다. (소크라테스와 그를 뒤이은 플라톤은 한 입으로 다른 말을 하는 것으로 여겨지는 소피스트들을 철저하게 다루었다.) 여기에서 낱말을 바로 쓰고 그 낱말들을 바로 잇는 이른바 '논리의 일관성'이 나타나는 실마리가 생긴다.

수사학은 또 다른 설득술이다. 듣는 사람의 마음을 사야 하니까, 그럴싸하게 들리게 해야 하니까 말을 잘 꾸며야 한다. '말꾸밈'이 수사학의 알맹이다. 이 모두가 '정치적으로 출세'하려는 사람들의 말버릇이 되었다. 플라톤이 살던 때만 해도 그랬다. 그러나 아리스토텔레스는 그럴 필요가 없었다. 이미 말은 '표준화'되고 서로 말다툼을 해서 스스로를 돋보이게 하려는 것은 부질없는 짓이 되었다.

로마는 조금 달랐다. 로마 사람들은 뛰어난 싸움꾼들이었으나 그래서 둘레에 있는 많은 땅을, 그리스까지도 식민화했으나 문화적으로는 그리스를 따라잡을 수 없었고 그러려고 들지도 않았다. 로마에서 글말과 입말이 갈라진 것은 법령을 통해서였다. 그리고 그리스도교를 받아들여 국교로 삼은 뒤로는 교부철학을 거쳐서였다. (중세철학에서 가장 돋보이는 아우구스티누스와 토마스 아퀴나스의 철학은 입말로 되어 있지 않다. 그나마 아우구스티누스의 말은 입말에 조금 가깝다.)

그 뒤로 중세 봉건제 사회에서 서구 언어가 어떻게 분화되는지는 언어학적으로는 눈길을 끌겠지만, 철학적으로는 크게 눈여겨볼 만한 데가 없는 듯하다. '대학'들이 생겨났으나, 그 대학에서 쓰는 말들은 로마어 곧 라틴어로 통일되어 있었고, 글말로 도배되어 있었으니까. (여기에서 종교개혁은 여러모로, 특히 독일어권에서 철학의 지형을 바꾸는 데 큰 몫을 했지만 이것을 다루는 것은 내 힘에 부친다.) 다만 15세기에 일어난, 좋은 말로 '동방과의 교역', 나쁜 말로 '식민지 개척'이 여러 문화권(스페인, 포르투갈, 네덜란드, 피렌체……)에 어떤 충격을 주었는지에 대해서는 살펴볼 만하다.

꿈꾸는 형이상학

식민지 침탈을 받은 거의 모든 나라가 제 말을, 그리고 거기에 따라 그 말로 이루어진 문화, 사상, 감수성까지도 빼앗기거나 잃어버렸다. 남북 아메리카 원주민들, 아일랜드, 그리고 우리의 예가 그렇다. (다행히 우리 나라를 본보기로 들자면, 시인들이 우리 말이 뿌리 뽑히지 않는 데 큰 몫을 했다.)

'고움'(높음, 이때 '고'는 한자가 아니라 우리 말이다)과 '미움'(낮음). 고움이 있으면 미움도 있다. 빛과 그늘, 봉우리와 골짜기, 결의 두 끝으로 볼 수 있는 서로 가장 먼 곳, 하나의 힘 또는 하나로 꼬인 두 힘(함과 됨)이 그리는 자취(궤적), '좋음'과 '나쁨'으로 바뀌는 꼭대기와 바닥. 고움은 미움으로 미끄러져 내리고, 미움은 애써 고움을 찾아 오른다. 고움으로 가득했던(?) 아테네는 미움으로 바닥을 쳤고, 그때 말로 먹고살던 사람들도 사라졌다. 이미 말은 돈이 되지 않았다. 입으로 들어오는 것은 고마웠지만 입 밖에 나오는 것은 진저리가 나는 때가 왔다. 머지않아 말로 망하고 셈으로 거덜 나는 그런 때가 다시 오지 않을까.

내가 이렇게 섣부르게 말과 글의 역사를 두루 살펴보려는 것은 우리의 생각과 느낌, 사랑까지도 말에 담겨 있어서다. ('생각'과 '사랑'에 대해서는《능엄경언해》에서 잘 다루어 주고 있다.)

똥구멍말

서양에서 일본을 거쳐 이 땅에 들어온 말들, 그리고 유럽의 '학문용어'들은 거의 모두 그리스어에서 라틴어를 거쳐 이어 내려온 '똥구멍말'('학문용어'를 발음대로 쓰면 '항문 용어'가 된다)들이다. 한 사람이 퍼질러 싸면 뒷사람이 냉큼 핥아 먹고 그 뒷사람에게 다시 '똥'으로 남긴다. 이런 말들로 이른바 학문용어들은 도배되어 있다. 그 뜻을 알고 쓸 때도 있지만 몰라도 얼버무릴 수 있으니까, 들통나지 않을 수 있으니까, 그 말 받아쓰지 않으면 유식하고 교양 있는 사람들 사이에 끼어 거들먹거릴 수 없으니까, 저도 모르는 말을 입에 달고 산다. 이러고서야 어찌 말 씨앗이 널리 뿌려져 열매를 맺을 수 있겠는가. 말버릇 고치기가 먼저다.

내 말버릇도 쉰 해 넘게 그 사람들 사이에서 살아오는 동안 구린내가 풀풀 난다. 이참에 아예 뜯어고치지 않으면 뒤에 오는 사람 얼굴에 똥물 튀길 짓을 저지를지도 모른다. 어쩔 수 없이 버릇처럼 익혀 온 똥구멍말을 써야 할 자리에서는 앞이나 뒤에 우리 입말로 토를 달거나 바꾸어 써서 이 말이 그 말이구나, 알아차릴 수 있게 해야 할 테다. 떠오르는 대로 적어 본다.

음 → 그늘 / 양 → 볕 / 음양 → 볕그늘
무극 → 가없음 / 태극 → 한끝 / 흑백 → 검밝(검박)
혼돈 → 어둠(성서에는 '흑암'이라는 말로도 쓴다)

동력(에너지) → 힘(힘은 함과 됨으로 갈라선다)
능동(자력) → 함 / 수동(타력) → 됨

파동 → 결 / 톨 → 입자

꿈꾸는 형이상학

원자 → 낟톨 / 분자 → 칸톨

미립자 → 티 / 소립자 → 잔톨

단파 → 좁은결 / 장파 → 너른결

중파 → 가온결, 사이결(샛결)

생물 → 사니(산+이) / 무생물 → 안사니(안+산+이)

생명 → 산숨 / 물질 → 잔숨(잠이 든 숨)

세포 → 산줌, 산좀(이때 '줌'은

주머니의 준말이고 '좀'은 좀스럽다,

작다는 뜻을 지닌 말), 산알, 작줌

세포분열 → 산줌가름 / 유사분열 → 비슷가름

이중나선 → 겹꼬임줄

우주 → 별뉘, 한뉘 / 지구 → 눌 / 엔트로피 → 결느림

역엔트로피 → 결바틈(느린결, 바튼결도 생각할 수 있다)

고체 → 굳(은)것 / 액체 → 녹(은)것 / 기체 → 숨것,

온도 → 단금(달아오른 금. '금'은 틈, 사이를 뜻함)

절대온도 → 단금끝

구 → 방울 / 원 → 동그라미 / 면 → 낯

선 → 줄 / 입체 → 선몸 / 측정 → 잼(재기)

교집합 → 겹쳐모임 / 합집합 → 한데모임

독립집합 → 따로모임 / 차원 → 늘임

1차원 → 줄늘임 / 2차원 → 마당늘임

3차원 → 더미늘임 / 4차원 → 흔들더미늘임

개인 → 낱사람 / 개체 → 낱것 / 체제→ 틀

상생 → 서로살림 / 공동체 → 살림울

환경 → 두루울(두루+울타리) / 계 → 울

자율성 → 나됨(함) / 타율성 → 남됨(됨)

뜯어고치거나 바꾸어야 할 말들이 어디 이것뿐이랴. 더디 가더라도 한 걸음씩, 우리 말로 철학하는 길을 닦아야 할 것이다.

우리 말에 땅 이름으로 '달구벌'이 있다. 이때 '달'은 높은 데 있는 '다'(따, 땅)이다. 응달, 양달, 비탈(빗달)이 여기에서 나왔다. '벌'은 벌어진 땅, 너른 땅이다. 따라서 달구벌(달에 펼쳐진 벌)은 너른 구릉지로 대구나 경주 같은 데를 가리킨다. 달구벌은 이 땅 여러 군데에 있었다. 《계림유사》에 나오는 '계림'은 우리 말로 이런 달구벌을 가리키는 말이었다.

기쁘다(깃브다), 기껍다(깃갑다), 즐겁다는 같은 말뿌리에서 나왔다고 본다. ('깃'은 '집'과 같은 뜻이라고 본다.) 상처는 우리 말로 '헌데'다. 헐다, 허물다에서 굳은 말이다. '상처 입히다'를 뜻하는 옛 우리 말은 '하리다'이다. 이것은 '할', 다시 말해 '헐'게 한다는 뜻이다. 아프다는 말은 '앗브다', '앗다(빼앗다)', '앗아 가다'에서 나온 말이 아닐까.

내 삶에서 한쪽을 앗으면, 그게 바늘 끝으로 앗아 가더라도 '앗브다', '앗기는 것 같다'는 느낌에 아쉽고 모자라는 듯하다. 덜 찬 것 같다는 말도 앗기는 듯한 느낌에서 온 말이 아닐까.

옛 우리 말을 살피면 이렇듯이 느낌을 나타내는 말도 눈, 코, 귀, 입, 살에 닿는 것에 이어져 있고, 그만큼 유물론(?) 바탕 위에 서 있다고 볼 수 있겠다.

'위상이 다르다'는 말은 '켜가 다르다'는 말로 바꾼다. 시루떡이 콩고물 팥고물로 맨 아래 켜에서 맨 위 켜까지 켜켜이 달리 갈라지듯이 물리, 화학, 생물은 저마다 켜가 다르되 겹치는 데가 있고 떨어진 데가 있다.

우리에게 주어진 것, 이를테면 '불'을 어떻게 켜 가름을 하느냐에 따라 신화, 전설, 수학, 물리, 화학, 생물, 예술, 과학, 역사…… 여러 쪽에서 살필 수 있다. 그때마다 주어지는 데이터를 어떻게 받아들이느냐에 따라 그에 따르는 느낌의 결은 바뀐다. 느낌을 졸가리 있게 켜 가름 하는 몫은 말에 있다. 말이 되는 느낌의 켜, 그것은 가슴에서 머리로 올라간다.

문득 무규정과 무한을 나타내는, 길게 써서 '있는 것도 아니고 없는 것도 아닌 것', '이것도 아니고 저것도 아닌 것', '끝(겉)이 없는 것'을 '거다니'(이것도 저것도 아닌 것, '있는 것, 없는 것, 인 것, 아닌 것'을 줄여서 '것+아니', '겉, 끝+아니')로 바꾸면 어떨까 하는 생각을 했다. 그러면 있음(존재), 없음(무), 거다니(존재도 무도 아닌 제3의 것)로 존재론에서 가장 큰 세 바탕 말(기본 개념)을 우리 말로 바꿀 수 있다.

우리 말로 철학을 하려면 사라지거나 숨어 있는 우리 말을 되찾거나 살려 내야 한다. 서구에서 일본을 거쳐 이 나라에 들어온 물질과학, 생명과학, 사회과학, 철학 용어를 죄다 바꾸어서 우리 말로 뜻매김을 새로 다시 하는 수밖에 없다.

상상력을 자극하는
말 꾸러미

우리가 지금 쓰고 있는 철학 용어들은 거의 모두가 식민지 시절에 우리 선배 교수들이 식민 본국인 일본에 유학 가서 익혔거나 '경성제국대학'에서 익힌 일본식 한자어들이다. (여러 사람의 '증언'에 따르면 눈에 익은 유가식 한자어로 서구의 철학 개념을 번역하면 혼동이 생길까 봐 일본 학자들이 일부러 선불교나 신유가에서 쓰는 한자 용어로 옮기려고 애썼다고 한다. 그래서 '애지학'으로 옮겼던 '필로소피아'도 '철학'으로 다시 옮겼다는 이야기도 있다.)

이 낱말들이 철학 공부에 큰 도움이 되는 쓸모 있는(효율적인) 연장들이라면 굳이 바꿔 쓰지 않고 그대로 받아써도 된다. 그러나 우리 말이 더 쓸모가 크다면, 다시 말해서 '존재'나 '무'보다 '있음'과 '없음'('있는 것'과 '없는 것')이 더 '아롬사랑'(철학)에 도움이 된다면 바꿔 쓰는 데 머뭇거릴 까닭이 없다고 본다. (나는 '선'보다 '좋음'이, '진'보다 '참'이, '미'보다 '아름다움'이 더 '꽃 좋고, 열매도 많이 달릴' 낱말들이라고 본다.)

'같음'과 '다름'이라는 뜻이 또렷하고 쉬운 우리 말이 있는데 왜 굳이 '동일성', '타자성' 같은 말을 써야 하고, '나'와 '남'이 있는데도 꼭 '일자'와 '타자'로 옮겨야 한다고 우기는지 모르겠다. '나됨', '남됨'은 낯설고 '일자성', '타자성'은 낯익은가? ('파동'보다 '결'이, '입자'보다 '톨'이 훨씬 더 쓰임새도 크고, 더 많은 뜻과 느낌을 담아낼 수 있다.)

독일어를 생각해 본다. 독일어는 거개가 게르만족이 예로부터 써 오던 토박이말로 이루어져 있다. 루터가 라틴어 성경을 독일어로 옮길 때 영국이나 프랑스나 스페인과는 달리 그리스어, 라틴어 같은 제국의 언어나 그 밖의 '잡종 언어'를 뒤섞어 쓰지 않고 독일어로만 옮기려고 애쓴 것은 널리 알려진 사실이다. 이렇게 거의 모든 사람이 집에 두고 보는 성경을 제 나라 말로 옮겼으니 어린아이부터 늙은이에 이르기까지 쉬운 '우리 말'로 글을 쓸 수밖에 없었을 게다.

그 뒤로 훔볼트나 그림 형제 같은 사람들이 독일어를 가다듬고 그 말을 바탕으로 괴테나 쉴러, 횔덜린이나 릴케는 소설이나 시나 극본을 쓰고, 헤겔이나 마르크스, 하이데거 같은 철학자는 철학책을 썼다. 자연과학자들도 마찬가지였다. 근세에 들어 '프랑스철학'은 '독일철학'에서 큰 영감을 받았고 독일의 물리학, 수학 이론은 타의 추종을 불허했다.

나는 그 까닭이 입 밖에 내뱉으면 그대로 글이 되는, '말'과 '글'이 하나인 독일어에 있다고 본다. 독일어는 말소리와 글꼴이 다르지 않다. (음성언어는 문자언어로 어려움 없이 옮겨질 수 있다.) 그리고 오래오래 그 땅에서 싹트고 자라 온 말이기 때문에 한 낱말을 둘러싼 말 꾸러미들이 여기저기 송알송알 열려 있다. 이 말 꾸러미들 안에는 '상상력'을 자극하는 것들, 생각의 폭과 깊이를 키워 주는 것들, 느낌의 결을 푸짐하게 펼쳐 주는 것들이 가득 들어 있다.

본디 우리 말도 그랬을 게다. 중국에서 일본에서 들어온 낯선 말들이 무더기로 뒤섞여 우리 말들을 몰아내고 그 자리를 차지하기 전까지는. 우리 말로 생각과 느낌을 드러내자고 그리고 우리 말들이 더 없어지기 앞서 그 말 꾸러미들을 챙기자고 그렇게 외쳐도 현실은 어떠한가? 지식인들 언어에서 우리 말은 거의 토씨밖에 남아 있지 않다. 신문, 방송뿐만 아니라 시인이나 소설가도 그렇고 자연과학, 사회과학, 인문학 책에 나오는 말도 마찬가지다. 글자만 '한글'로 쓰이면 무얼 하나.

흉내 철학

말이 생각의 칸막이를 열기도(트기도) 하고 닫기도(막기도) 한다. 독일에서 저 나름의 철학이 움튼 것은 그리스어, 라틴어들을 익힌 사람들이 그 말의 뜻을 글자 그대로 받아들이지 않고 독일어로 옮기려고 애썼기 때문이다. 이를테면 헤겔이 쓴 'das reine Sein', 'das reine Nichts'는 그리스어에도 라틴어에도 없었다. 'on', 'ousia', 'esse', 'essentia', 'existensia' 같은 그리스어, 라틴어를 독일 사람들은 'Sein(있다)'이라는 제 나라 말로 옮겼다. 그 말을 디딤돌 삼아 'das reine Sein'이라는 말을 빚어냈다. 우리 말로 옮기면 '말짱 있음'쯤 되겠지.

일본 사람들이 서구 철학을 받아들일 때 그것을 자기 나라 말로 옮겨 받아들이는 대신에 한자어를 짜깁기해서 'das reine Sein'을 '순수유'로, 'das reine Nichts'를 '순수무'로 바꾸었다. 일본에서 저 나름의 철학이 싹틀 밭을 일구지 못해 벌어진 일이었다. 따라서 오늘까지 '일본철학'은 없다. 일본에서 들여온 철학 개념을 그대로 받아들인 '한국철학'도 없다. '흉내 철학'만 있다.

서양철학이 일본을 거쳐 이 땅에 식민 철학으로 자리 잡을 때만 이런 일이 일어났는가? 아니다. 이를테면 노자가 말한 유무상생(有無相生) 같은 말도 우리 말로 옮길 엄두를 내지 못했다. 중국에서는 이 말이 그이들이 쓰는 보통 말(일상 언어)이었기에 거기에서 여러 생각이 싹트고 가지 칠 수 있었다. 따로 중국철학이 세워질 수 있었다.

그러나 그 말이 그대로 이 땅에서 쓰이는 순간 싹틀 수 없는 죽어 버린 씨앗일 수밖에 없었다. 낯설지 모르지만 처음부터 유무상생을 '있음 없음 맞남'으로 옮겼으면 어땠을까? '있음과 없음이, 있는 것과 없는 것이 마주난다? 맞난다, 만난다? 이 뭐꼬?' 생각에 생각이 꼬리를 물고 나타났을 것이다. 한자어를 고집함으로써 '먹물'들이 그 싹을 잘라 버린 것이다.

영미에서도 유럽에서도 철학을 하는 사람들은 일찍부터 그리스 고전과 라틴어를 익힌다. 그렇게 해서 자기들이 쓰는 철학 개념이 어디에서 왔고 어떤 뜻을 지니고 있는지 잘 알고 있다. 이를테면 그리스어 techne에서 라틴어 ars가 나왔다. 거기에서 technic, art라는 말이 나왔고, 이 말을 잘 헤아려 보면 technic이 '기술'을 가리키기도 하고 '예술'을 일컫기도 한다(나는 이 자리에서 일본에서 빚어진 한자어를 쓰고 있다)는 것을 미루어 짐작할 수 있다. 그러나 우리 나라나 일본은 서양 고전 교육을 받지 못한 채로 이 말을 받아들였다. 따라서 그 뜻을 제대로 알기가 어렵다.

'개념'(concept)이라는 말도 마찬가지다. 이 말을 독일 사람들은 '베그리프(Begriff)'로 옮겼다. 베그리프를 우리 말로 바꾸면 '함께 쥠'에 가까운 뜻이다. 'con+ceptus'(함께 잡힌 것, 쥐어진 것)에서 나온 'concept'는 독일에서 'be+greiffen'을 거쳐 'Begriff'로 자리 잡았다. '개념의 자기 전개'라는 이 말이 무슨 뜻인가. '씨앗에서 싹이 트고, 그 싹이 줄기로 서고, 그 줄기에서 가지를 친다. 한데 뭉친 것(움켜쥔 것)이 스스로 펼쳐져서 이런저런 일이 생겨난다'는 뜻을 이 말에서 읽어 낼 사람이 몇이나 되겠는가? 이 나라에 짝퉁 중국철학 짝퉁 서양철학은 있어도 제대로 된 '한국철학', '조선철학'은 없다 함은 이를 두고 이름이다.

세종이 훈민정음을 지은 뜻을 고스란히 받아들였다면 적어도 16세기부터는 '우리철학'(조선철학)의 씨앗이 뿌려졌을 것이다. 《불경언해》에 나타나는 우리 말들을 보면 그렇다. 지난날에 겪은 것을 머릿속에 차곡차곡 쌓은 '기억'을 '생각'으로, 앞으로 무슨 일이 벌어질까, 무엇을 해야 할까 머리 싸매는 '사려'를 '사랑'으로 옮김으로써 생각과 사랑의 길을 가르고 그 징검다리를 놓으려고 했던 세종조의 큰 뜻은 한자어에 기댄 기득권층, 사대부의 반대로 시들었다. 말이 죽으면 생각도 사랑도 꽃피지 못한다. 내가 《철학을 다시 쓴다》에서 '능동'과 '수동'을 '함'과 '됨'으로, '에너지'를 '힘'으로, '존재'나 '무'를 '있음'과 '없음'으로 바꾸어 본들, 이 첫 발자국마저 그 뜻을 살피려 들지 않고 별난 짓으로 여기는 눈먼 '철학도'들만 아직도 학계를 주름잡고 있으니, 언제쯤 이 땅에서 제대로 된 우리철학이 꽃피고 열매 맺을 수 있을까.

꿈꾸는 형이상학

우리에게 가장 쉬운 말

속이 들었다. 속이 비었다. 속이 상한다. 속이 있다. 속이 없다. 속속들이 까발린다. 속이 뒤집힌다. 속앓이한다. 속알머리(소갈머리) 없다. 속이 찼다. 속 보인다. 겉 다르고 속 다르다. 겉 낳았지 속 낳았나. 열 길 물속은 알아도 한 길 사람 속은 모른다. 속에 든 게 없다. 속을 드러내지 않는다. 속 뒤집어진다. 속셈……

모두들 제 나라 말로 철학을 하는 게 마땅하다. 생각과 느낌을 드러내는 것도, 속을 겉으로 드러내는 것도, 뜻을 밝히고 나타내는 것도 제 나라 말로 하기 때문이다. 우리는 어땠나? 예로부터 오늘에 이르기까지 딴 나라 말로 철학을 배우고 익혔다. 우리 삶과는 겉돌 수밖에 없다. 나는 내 나라 말로 생각과 느낌을 드러내고 앎의 길을 찾는 게 기쁘다. 우리 나라 말은 어느 나라 말보다도 철학을 하기에 알맞다고 여긴다.

생각의 실마리는 어느 쪽에서 처음 풀어도 그만이다. 오는 길이 가는 길이다. 가장 작은 낱, 이를테면 요즈음 물리학자들이 말하는 작티(가장 작다고 여겨지는 톨인 아원자, 쿼크 같은 것)에서 풀어 가도 되고, 화학자들이 가장 작은 낱이라고 여기는 수소 원소(H)에서 시작해도 되고, 생물학자들이 산톨(생명 입자)의 가장 작은 낱인 것으로 여기는 세포(작줌, 작은 주머니)에서 첫발을 디뎌도 된다. 최고 유개념이라는 어려운 말로 이르는 있음과 없음, 있는 것과 없는 것에서 밑으로 밑으로 가지 쳐 내려가도 괜찮다. 불, 물, 바람, 흙에서 첫

발을 내디뎌도 마찬가지다. '이게 뭐지?' 하는 물음으로 입을 떼도 안 될 턱이 없다.

생각을 가다듬으려면 말을 갈고닦아야 한다. 우리에게 가장 쉬운 말은 살면서 이어 내려온 우리 입말이다. 물려받은 우리 말로 우리 생각을 펼치는 데 아쉬울 것이 없다. 바탕은 이미 깔려 있다.

있다, 없다, 이다, 아니다(안+이다), 이것, 저것, 그것, 여기, 저기, 어제, 이제, 아제, 것, 겉, 갓, 끝, 사이, 틈, 참, 금, 잇다, 끊다, 안, 밖, 속, 마음, 얼, 넋, 안다, 모른다, 한다, 된다, 힘, 논다, 쓴다, 머리, 가슴, 손발, 굳다, 녹다, 멈춘다, 움직인다, 혼낱(하나), 덛낱(둘), 샌낱(셋), 빔과 참⋯⋯.

이 말들을 제대로 쓰고 모자라면 덧붙이거나 새로 빚으면 된다. 삶에서 동떨어진 말을 끌어대서는 안 된다. 먹물들이 힘센 나라들에서 익혀 온 딴 나라 말, 알아들을 수 없는 말을 끼워 넣어서도 안 된다. 누구나 알아들을 수 있는 말로 깨치고 깨우침을 받아야 한다.

하늘은 한날에서 나왔고, 한날은 큰빛이라는 뜻을 지니고 있다. '검'도 빛이고 '박(밝)'도 빛이다. 이것은 이미 그 안에서 살고 있는 모든 산톨에게 주어진 것이다. 낱으로(낱낱이, 낱낱이) 동떨어져 있는 겉모습을 띤 이것저것은 모두 한데 이어져 있는 결이다. 빛톨(광자)이 어느 틈에 빛결(광파)로 바뀌는 것은 새삼스럽지 않다. 굳이 프리즘이라는 '빛가르개'를 들이대지 않아도 된다. 검에 '검가르개'를 들이대면 거기서 온갖 빛들이 흐름을 이루면서 가닥 지어 나올 것이다. '빛갈림'도 끝이 없겠으나 '검갈림'도 끝 간 데 없다.

힘이란 그런 것이다. 함도 됨도 그 나름으로 힘의 갈래이므로, 주는 힘과 마찬가지로 받는 힘도 힘으로 보아야 한다. 받기만 한다고 힘이 없다고 여겨서는 안 된다. 높낮이가 이어져 있듯이 셈과 여림도 동떨어져 있지 않다. 한방울(큰 동그라미)을 이루는 것은 모두 이어져 있고, 바늘 끝을 어디에 대더라도 거기에 닿는 갓은 다 그 한방울의 가온(중심)이다. 잇스미(있음)와 업스미(없음)는 겉과 속이 따로 있지 않다. 그냥 한데 녹아서 흐름을 이룬다. 빛과 그늘, 암과 수는 갈라서 보는 게 더 알기 쉬우니까 그렇게 가르는 것뿐이다.

빔과 것(낯)은 하나도 아니고 둘도 아니다. 같지도 않고 다르지도 않다. 방울이의 겉을 이루는 동그라미의 끝자락에는 잇스미와 업스미가 가온 가온마다 찰싹, 틈 없이, 새 없이, 때와 데를 여의고 들러붙어 크기도 없다. 내 맘이 온 맘이고, 온몸이 내 몸인데 검고 또 검고, 비고 또 비어 있다.

이른바 형이상학(결꼴 벗은 앎)이 쓸모 있는 것은 물리, 수학, 화학, 생물학 같은 앎과는 달리 실험이나 관찰, 공식 같은 것에 매달리지 않고 우리가 가장 흔히 듣고 보고 냄새 맡고 맛보고 살갗에 와 닿는 것들을 통틀어 가장 쉬운 낱말로 드러내 그 말들로 가장 작은 무엇에서부터 가장 큰 무엇에 이르기까지 졸가리 있게 풀어낼 수 있다는 것이다. 이를테면 있다, 없다, 이다, 아니다, 것, 하다, 되다, 결, 꼴, 돈다와 같은 낱말로 참과 거짓, 좋음과 나쁨, 움직임과 멈춤 따위를 큰 틀에서 그려 낼 수 있다.

삶과 살림을 뒷받침하는 앎 말고 더 쓸모 있는 앎이 어디 있겠는가. 삶과 살림에 보탬이 되는 앎을 제쳐 놓고 제힘 키우려고, 돈벌이하려고, 이름 날리려고, 돋보이려고 파고드는 앎은 허섭스레기에 지나지 않는다. 사람만이 그 따위 앎에 코를 박는다. 하기야 나도 사람 탈을 뒤집어썼으니까, 탈이 탈을 부르니까, 누구 탓을 할 수는 없지. '너는?' 하고 물으면 입 다물 수밖에.

사랑과 생각

　　　　　　　　'느낌'에 대해서 떠오르는 생각. 사도 바울의 《고린도전서》에 나오는 말 '믿음, 사랑, 소망'에서 믿음은 지난날, 사랑은 오늘, 소망은 앞날과 닿아 있는데 그 가운데 사랑이 으뜸이라고 오랫동안 그 생각을 그대로 받아들였다. 그런데 아닌 것 같다. 이제, 여기에 주어지는 것은 느낌이다. 살갗에 닿는 껄끄러운 느낌, 매끈매끈한 느낌, 따뜻하거나 찬 느낌뿐만 아니라 미움도 느낌이고 고움도 느낌이다.

　'설움'도 '기쁨'도 마찬가지다. 느낌으로 온다. 이런 느낌은 사람에게만 주어지는 것은 아니다. 바이러스나 세균 같은 것도 무엇인가 느낄 것이다. '다름'이 있으면 느낌이 온다. 사랑은 '아제'(앞날), 오지 않은 저기 언젠가에 닿아 있다. 그리움이다. 마음속에 때로는 머릿속에 그리는 그림이다. 기독교에서 말하는 소망(희망)이 사랑의 제 모습을 닮은 듯하다. 그리고 지난날과 이어져 있다는 믿음도.

　리영희 선생은 스무 해나 가까이 사귀었던 지인이 어느 순간 보이는 믿을 수 없는 짓을 보고 믿음이 생기려면 서른 해는 같이 살면서 겪어 보아야 했다는데. 글쎄, 평생 믿고 살아왔던 사람이 한순간에 믿음을 등질 수도 있다. 그렇게 보면 믿음도 사랑도 덧없는 것이다. '이미 없음', '아직 없음'의 그림자에 싸여 있다. 그에 견주어 느낌은 주어진 순간 그대로 곧바로 와닿는다. 나중에 헤아려 보면 그 느낌에 잘못이 있을 수도 있다. 그러나 그것은 뒤늦게 따르는 '가름'(판단)이다.

삶은 낯설음을 낯익음으로 바꾸는 함과 됨의 새끼꼬기이다. 나는 낯익은 울타리에서 그 밖으로 발을 내딛는다. 엄마의 눈길과 목소리가 그것을 지켜보고 있다. 내가 옮기는 한 발자욱 한 발자욱, 내가 내미는 손길 하나하나에 엄마는 가슴을 졸이거나 마음을 놓는다. 그 목소리와 눈길에는 사랑이 담겨 있다.

'마'(금지)와 '응'(허락과 긍정)이 꼬이면서 이어지는 그 사랑 속에서 나는 낯선 길에 나서고 낯설은 모습들을 보게 된다. 엄마가 곁에 있을 때 '이건 뭐야?' 하고 물어서 그것이 무엇인지 알 수도 있지만 혼자 묻고, 혼자 갸웃거리고, 혼자 이름을 지을 수밖에 없는 때도 있다. '아, 삐약이구나. 멍멍이구나. 음매로구나. 냐옹이구나. 꼬꼬댁이로구나⋯⋯.'

모습은 소리로, 소리는 말로 이어진다. 이 낯설음이 낯익음으로 바뀌는 사이에 반가움(낯선 것이 되풀이되어 나타나 낯익은 것으로 바뀌는 데서 생겨나는 느낌)과 두려움(너와 내가 다르고, 둘로 갈라서 있는데, 내 마음대로 너를 만나지 못하고 맞서는 데서 생기는 느낌)과 무서움(낯선 것들에 둘러싸여 내가 없어져 버릴 것 같다는 느낌)이 싹튼다. 이 낯설음에서 '설은 것 같다'('섫+브다'가 '슬프다'로 바뀐다)는 말이 생겨난다.

이 '슬픔'은 사랑의 눈길과 손길에서 벗어나 홀로 있음, 외톨이로 남음, 낯익은 것은 사라지고 낯선 것에 둘러싸여 어찌할 바를 모름에서 가슴을 파고드는, 눈에 보이지 않는 가시 같은 것이다. 낯선 것들을 낯익은 것들로 바꾸기, 어디엔가 깃들어 기쁨을 느끼기, 슬픔이 기쁨이 되는 길을 찾아야 한다.

새집 마련. 그것은 힘이 드는 일이다. 힘이 들어간다. 이 힘에는 빚어내는 힘(함)도 있고 받아들이는 힘(됨)도 있다. 어떤 일은 남이 하는 대로 본떠서 '하'기도 하고 어떤 일은 저절로 '되'기도 한다. 남이 해 본 적이 없는 일을 새로 해야 '할' 때도 있다. 어쩌다 그렇게 '될' 때도 있다. 낯선 것들이 내 앞에 열려 있는데 그것들은 느낌으로 미리 나에게 주어질 뿐 아직은 드러나지 않은 앞날(미래, 아제)에 내가 맞을, 어떤 것은 낯익은 것들이고 어떤 것들은 낯선 것들이다. 죽음 앞에서 우리가 두려움, 무서움, 슬픔을 느끼는 까닭은 그것이 아직 나에게 낯설기 때문이다. 알려지지 않은 것이기 때문이다.

알아챔(인식)은 낯익힘이다. 그것은 익히고 익어 가는 '함'과 '됨'의 열매다. 죽음이 낯익은 것이 될 때, 슬픔이 아니라 기쁨으로 바뀔 때 모든 톨은 '외톨'마저도 이어진 결이 어쩌다 어떤 꼴로, 어떤 크기를 지닌 됨됨으로 드러난 틈새 아닌 틈새로 여겨진다. 삶의 인식은 죽음의 인식에서 하나로 이어지는 고리를 찾아낼 때 옹근 것으로 바뀐다. 삶은 함과 됨의 주고받기이고 너나들이다. 죽음도 마찬가지다. 새로움은 죽음에서 빚어진다.

한자어 '기억'은 우리 말로 '생각'이고 '사려'는 '사랑'이다. 생각은 지난날들을, 어제를 담은 말이고 사랑은 앞날, 아제를 담은 말이

꿈꾸는 형이상학

다. '이제' 사는 우리들은 생각에 묶이고, 이 생각들이 바뀌는 느닷없음은 아제의 사랑으로부터 온다. '따뜻함의 크기'(온도)가 결의 흐름을 늦추기도 하고 빠르게 바꾸기도 한다.

'결바뀜'을 한자어로 '변이'라고 한다. 느닷없이 바뀜을 '돌연변이'라고 한다. 이 모든 것이 유전자(생각톨)에 박혀 낱낱의 글꼴을 이룬다는 게 이 유전자 연구에 코 박고 있는 학자들의 생각이다.

생각은 얽매면서 얽매이고 사랑은 그 사슬을 풀거나 그 사슬에서 벗어나면서 새 길을 찾는다. 지난 수백 년 동안 인류는 자멸, 스스로 없애는 길을 걸어왔다. 요즘 사람들의 머리에는 쓸모없는 생각들이 가득하다. 사랑은 없고 생각으로만 가득 찬 그 머리에는 '너 죽고 나 죽자'는 생각이 날이 갈수록 부풀어 오르고 있다. '사랑'은 이 '생각' 깨뜨리려고, 거기에서 벗어나려고 몸부림치지만 아마 바이러스나 박테리아로 흩어져, 먹지도 숨 쉬지도 않는, 그러면서도 살아 있을 뿐인 모습으로 삶의 누리를 죄다 바꾸어 놓는 것으로 이 땅별누리(지구)의 40억 년이라는 긴 진화(?)의 역사는 끝날지도 모른다.

아름답다는 것

노자 《도덕경》을 보면 '있는 것'과 '없는 것'이 쌍둥이로 태어나는 아기보(자궁)는 현빈(玄牝)이라는 '암'이다. 우리 말로는 '감암'이겠지. 검은 암컷을 뜻하는 감암은 '곰 +암'이라고 불러도, '고마'(하늘을 가리키는 우리 옛말)라고 불러도, '그

뭄'이라고 불러도, '그늘'(간+날)이라고 불러도, '검'(단군왕검-박달잇검)이라고 불러도 좋다.

환하게 빛나는 빛마루, 다시 말해 '결'의 '고비'(힘의 최고점)를 빼면 나머지는 그늘에 잠긴다. 감암(검음)에 물든다. 빛이 안 든다. 그 가운데 가장 검은 곳은 '검골'(검은 골), 그러니까 '구비'(힘의 최저점)의 맨 밑바닥이다. '아무것'도 없어서 '아무'도 없는 '데'다. (사막은 비록 모래로 이루어진 벌이지만 그래도 거기 어느 구석에는 살아 숨 쉬는 것들이 있다. 그래서 '사막은 살아 있다'는 말도 생겼겠지). 이 감암에서 '있는 것'도 '없는 것'도 생겨난다는 게 노자의 말이다. 마구잡이로 생기는 있는 것, 없는 것은 꼭 '있을 것', 반드시 '없을 것'은 아니다. '없을 것'이 '있는 것'이 되기도 하고 '있을 것'이 업신여겨지기도 한다.

잘 아다시피 '있는 것'은 하나다. 둘이 아니다. '없는 것'은 여럿이다. 헤아릴 수 없는 엇갈리는 결들로 이루어져 있다(결을 이룬다). 그리고 그 모든 것은 그늘에 잠겨 이어져 있다. '밑 골'로 모여든다. 이것을 불교에서는 빔(공)과 없음(무)이라고 불렀다. 그러면서 '있는 것이 없는 것과 다르지 않고, 없는 것이 있는 것이다'라고 한다. (수학에서는 0이다. 모든 좌표의 중심점이다.)

'없는 것'을 '있을 것'으로, 그리고 마침내 '있는 것'으로 바꾸어 내는 힘은 사랑에 있다. '없을 것'을 '없는 것'으로 바꾸는 힘도 사랑에 있다. 사랑은 아름다운 꿈, 더불어 꾸는 평화로운 꿈의 다른 이름이다. 우리는 쓰레기로 버림받는 나머지 것들, 나머지 사람들을 한데 모아 되살리려고 이 자리에 모여 있다. 우리의 꿈이 저마다 가슴속에 밑돌이 되어 이 땅을, 더 나아가서 온 누리를 되살리는 '누리살

꿈꾸는 형이상학

림'이라는 피라미드를 쌓아 '더불어 삶'이라는 숲을 이루려고 꿈의 걸음마를 떼 놓는 자리다.

시(?) 비슷한 글을 끄적이며 아름다움에 대해서 생각을 가다듬어 본다.

아름답다는 것

있을 것이 있을 데에 있을 때 있고
없을 것이 없을 데에 없을 때 없는 것.
있을 것은 빠진 것이고, 없는 것이고
채워져야 할 그 무엇, 아직은 드러나지 않은 것.
없을 것은 군더더기고, 있는 것이고
없애야 할 것, 드러나 있되 거슬리는 것.
내가 감싸는 산티가, 나를 빚어낸 산티가
그리움으로, 아쉬움으로, 아직은 없는 것으로
찾아 헤매는 것, 있는 것으로 바꾸고자 하는 것.
내가 그것에 걸려 넘어지고, 짓눌리고, 그 때문에
앓고, 휘둘리고, 갇히고, 슬프고 화나는 것.
군더더기로 있지만 치우고, 부시고, 흩어 버려야 할 것.
내 안에 스민 산티가, 손발 묶인 산티가
사슬을 끊고, 꺾임과 찢김 속에서 벗어던지고자 하는 것.

'아름다움'. 이제까지 이 낱말에 대한 내 정의는 '있을 것이 있을 때에 있을 데에 있고, 없을 것이 없을 때 없을 데에 없는 것'이었다. 이것은 내 존재론과 인식론과 감성론을 하나로 묶는 정의고, 나는 이 말을 되물릴 생각이 없다.

그런데 걸리는 게 있다. '있을'이라는 말에서 '을'이라는 미래 시제다. 그렇다면 '있는' 것, 이제나 어제와 관련된 아름다움은 어디에 있는가? 그것들은 모두 아름다움의 그리메에 지나지 않는가? '있는 것'이나 '있던 것'에서 아름다움을 찾으려면 어떻게 해야 하는가? 사랑에 빠진(눈에 콩깍지가 낀) 사람 눈에는 곰보딱지 하나하나, 입술과 잇몸을 가르는 언청이 자국도 모두 이뻐 보인다는 말은 왜 생겨났는가?

아름다움은 형이상학적 공리로만은 그려 낼 수 없다. 사랑의 본디 뜻이 아제(미래)를 드러내고 있다는 것만으로는 충분하지 않다. 그리고 사랑은 느낌과 잇닿아 있다. 다시 생각해야 한다. 아니 사랑해야 한다. 군더더기도, 빠진 것도 없는 세상을 그린다는 건 그야말로 아름다운 꿈일 뿐이다. 그러나 그 꿈의 밑그림이 없으면 그런 세상을 빚어낼 엄두나 날까?

참과 거짓이 무엇인지 알겠는데, 좋고 나쁜 것도 알겠는데, 아름다움은 머릿속에 그리는 것만으로는 제 모습을 드러내지 않는다. 온몸으로 찾아 헤매야 하고 손발 놀려 빚어내야 하고 깡그리 걷어 내야 하는 것이다. 사랑해야 하고, 미워해야 한다. 사랑으로 채워야 하고 미움으로 비워 내야 한다. 할 수 있을까. 그 힘을 어디에서 어떻게 얻지? 아직은, 아직도, 모르겠다.

얼과 넋이 뭉친 한생각

색성향미촉법(色聲香味觸法)
안이비설신의(眼耳鼻舌身意)

《반야심경》에 나오는 구절이다. 여기서 의(意)는 '얼'이고, 법(法)은 '결'이다. (얼과 결은 맨 마지막, 밑바닥에 깔린 것을 뜻한다.) 우리는 눈으로 꼴을, 귀로 소리를, 코로 냄새를, 입으로 맛을, 몸으로 닿음을, 뜻으로 법을 받아들인다. 눈은 가장 먼 것, 몸(살갖)은 가장 가까운 것을 받아들이는데, 뜻은 법을 받아들인다고 할 때 이것은 살갖보다 더 직접적이고 더 가까운 것을 받아들인다는 뜻이 아닌가? 뜻이 없으면 법도 없다. 뜻이 가장 직접적이다. 보이지도 들리지도 않고, 냄새도 맛도 어루만질 길도 없지만 '의식에 직접 주어지는 것'이 법이다. (생각 생각이 법 아님이 없다.)

눈 감으면 아무것도 안 보이고, 귀 닫으면 아무 소리도 안 들리고, 코 막으면 아무 내(냄새)도 못 맡고, 혀에 닿는 것이 없으면 아무 맛도 모르고, 살에 닿는 것이 없으면 몸은 어떤 것도 느끼지 못한다. 그러나 얼은 끊임없이 결을 이루어 생각 생각이 이어지거나 되풀이된다.

이 끊임없이 흘러가는 물(한자 '水去'가 합쳐져서 '法' 자가 이루어진다)이 법(法)이 되어 결을 이루면 물결이 되고, 타오르면 불길이 일고, 우리 목으로 드나들면 숨결이 되고, 몸을 감싸면 살결이 되고, 불어오고 불어 가면 바람결이 된다. 모두 흐른다. 흘러가고 흘러온다. 흘러가는 것은 어제요, 흘러오는 것은 아제요, 눈길(눈결)이 멈추고 귓결에 들리면 이제다. 있는 것도 없고, 없는 것도 없어서 '늘' 한결같지 않고 '틈틈이, 때때로, 참참이(짬짬이)' 이 결이 다르다고 한다. 이것이 얼의 모습이다.

얼의 모습이 얼골이다. 얼이 가장 자주 드러나는 곳이 눈, 귀, 코, 혀, 살갗이 더불어 있는 머리 앞쪽이므로 우리는 그것을 얼골(얼굴)이라고 부른다. 다른 곳, 몸 전체로 얼골이라고 부른 적이 있지만, 이제는 낯바닥만을 일컬어 얼굴이라고 하는 까닭은 여기에 있다.

한결같은 생각, 일심(一心)이 한데 모여 한맛5을 이루는 얼의 결은 언제 어떻게 생겼는가, 어디에 머무는가? 얼결은 아무 생각이 없다. 아무도 모른다. 알음알이를 내면 이미 얼결이 아니다. 그래서 '얼결에'는 '저도 모르는 사이에'가 된다.

한참 만에 보는 옛 동무가 예나 마찬가지로 얼골이 곱다. '이대'(잘)로 생겼다. 곱다는 말은 '고와 닮았다, 고와 같다'는 말이고 이쁘다는 말은 '이와 같다, 이 닮았다'는 말이다. '조타'는 옛말에 '맑음'을 나타내는 말이었다. 요즘 맞춤법으로는 '좋다'다. 1446년부터 갑오경장, 그 뒤로도 1930년대까지 거의 500년 가까이 우리는 받침에 ㅎ을 써 오지 않았다. 받침으로 쓴 글자는 ㄱ, ㄴ, ㄷ, ㄹ, ㅁ, ㅂ, ㅅ, ㅇ 여덟 자였지만 ㄷ과 ㅅ이 받침으로 쓰일 때 소릿값이 같아서 ㄷ은 빼고 일곱 자만 받침으로 써 온 지도 아마 400년은 넘었

---

5   부처의 가르침은 듣는 사람에 따라 다르게 받아들일 수 있지만 그 본뜻은 한결같다는 말.

으리라.

옛 동무는 책을 하나 썼는데, 그 책을 낸 출판사가 동무의 책 덕에 먹고산다고 이야기한 적이 있다면서 얼굴에 기쁨이 활짝 피어난다. '기쁘다'는 '깃(집)과 같다'는 말이다. '깃'은 새 둥지고 짐승들의 보금자리다. 사람 사는 곳은 '집'인데, 그 말뿌리는 '깃'이다. 사람이 깃드는 곳이 집이다. 방구들에 이부자리를 펴는 잠자리이자 밥상이 놓이는 집은 삶과 살림이 한자리에 모이는 곳이다. 애와 어른이 살과 살을 맞대고 숨결을 고르며 잘 수 있는 곳이다. 그러니 깃을 닮으면 '깃블' 수밖에.

기쁘다, 이쁘다, 곱다, 밉다, 나쁘다는 모두 꼴을 나타내는 말이다. 결을 나타내는 말이기도 하다. 아무것도 머무는 것이 없으므로 무주상(無住相)이다. 그게 다르마[6]이고 법이고 결이다. 그야말로 얼결에 이루어진다. 바른 법 오롯이 받아들임을 뜻하는 섭수정법(攝受正法), 승만경에 그리도 자주 나오는 이 말이 뜻하는 바는 바로 이것이다. 결이 바르고 고르로워야 한다. 결을 골라야 이랑 고랑이 바르고, 높낮이와 길고 짧은 소리가 가락을 이루고……, 그래야 그 안에 콩도 심고 팥도 심고, 뜻도 느낌도 담을 수 있다.

얼을 담는 그릇이 얼골인데 이 골은 나중에 '꼴'로 바뀐다. '꼬라지(꼬락서니)'는 꼴의 아기다. '꼴이 말이 아니다, 네 꼴 한번 돌아봐라, 꼴값하네' 같은 말은 생김새를 드러낸다. 남의 몫을 가로채는

---

6 자연과 사회가 조화된 질서 체계를 지키려는 행동 규범. 인도인들에게 가장 중요한 삶의 양식이자 의무이다. 부처님이 가르친 진리를 가리키는 불교 용어 '법(法)'과 같은 뜻이다.

'탐', 그래서는 안 되는 자리에서 화를 벌컥 내는 '진', 얼빠지고 넋 나간 짓 일삼는 '치'는 고스란히 얼굴빛, 낯빛으로 드러난다. 숨길 수 없다. 얼이 얼결에 골에 나타나 꼴을 이룬다.

수행자는 거니는 몸짓, 손짓, 발짓을 가다듬는 산티(생명 입자) 모둠이다. 이 모둠이 몸을 이룬다. 지렁이도, 딱정벌레도, 자벌레도 모두 수행자다. 살아 숨 쉬는 것치고 수행자 아닌 것이 없다. 모두 부처 되는 길을 간다. 몸짓, 손짓, 발짓이 흩어지면 아무것도 제대로 할 수 없다. 되는 대로 몸을 부리다가(이것을 우리는 몸부림이라고 부른다), 몸부림치다가 숨이 끊어진다. 죽는다, 미친다(밑을 친다), 넋이 나가고 얼이 빠진다, 텅 빈다, 아무 생각이 없다, 무념무상이다, 허깨비이고 장작개비다(아궁이에 들어가 마땅하다). 이를 '공'에 빠진 모습이라고 이른다.

넋과 얼이 하나로 뭉친 것이 한생각, 일념이다. 산티가, 살아 있는 티끌이 결 곱게 스스로 있음을 보는(관자재) 깨달음이 움 돋는 자리(관자재보살 행심반야 바라밀다, 온 별누리를 바늘 끝에 얹어 놓아도 빈자리가 하늘 끝까지 이어지고, 꿀꺽 삼켜도 시방세계가 감쪽같이 그 안에 쏙 들어가 산은 산이고 물은 물인 자리, 돌부처가 궁둥이 까고 금똥을 누는 자리)가 한맛을 이루어 혀로 온 별누리를 핥되 그 맛이 그 맛인, 바로 받드는 얼결이다.

있음과 없음이 이어지고 꼬이면(인연을 맺으면) 참과 거짓, 좋음과 나쁨이 드러난다. 잘 꼬이면 상락아정과 무상정등정각(바르고 원만한 부처의 마음)이, 잘못 꼬이면 경허가 노래한 화탕지옥과 한빙지옥이 함께하는, 극락세계가 아니라 쩍 갈라지는, 밥은 밥이고 똥은

똥인 '분별지'가 기승을 부리는 세상이 펼쳐진다.

온 세상 소리를
보려면

　　　　　　　　　머릿속에서 맴돌던 《반야심경》의
구절들. '무', '고집멸도', '색성향미촉법', '안이비설신의', 그 가운데
서도 '법'과 '의'의 관계와 고집멸도에 대해서 꽤 긴 생각을 했다.

　눈, 귀, 코, 혀, 몸, 뜻 가운데 몸을 목 위로만 따로 떼어 놓고 보
면 모두 머리 쪽에 모여 있다. 닿는 거리를 따지면 눈이 가장 멀리
있는 것에까지 가닿고 그다음이 귀, 코, 혀, 살갗 차례다. 뜻은 머릿
속에 들어 있으니 머리와 한데 있다고 볼 수 있다. 것, 소리, 냄새,
맛, 닿음이 저마다 다섯 감각기관과 대응하여 우리에게 밖에서 받
아들이는 것을 머리(뜻)로 옮기는데 그때그때 주어진 것을 받아 그
것이 무엇인지를 아는 것이 뜻이 하는 일이고, 이것을 불교에서는
제6식(여섯째 앎)이라고 한다. 것, 소리, 냄새, 맛, 닿음이 결로 바뀌
어 그것을 뜻이 알아차리는 것이라고 볼 수 있다.

　'눈, 귀, 코, 입, 살갗, 뜻'으로 우리에게 주어지는 '것, 소리, 냄새,
맛, 닿음, 결'은 아픔으로 다가선다. 보아도, 들어도, 맡아도, 맛보아
도, 어루만져도 뜻 모를 것들은 우리의 머리를 아프게 하고 못 볼 것
을 보거나 들어서 속상한 소리를 들으면 가슴이 아프다. 뭇산이들
이 살면서 겪는 아픔들이 알게 모르게 머리에 새겨지고 가슴을 찢
는다. 어디를 둘러보나 앓지 않고 목숨을 이어 가는 것은 없다. 이것

이 '고(苦)'다. 언젠가 숨이 끊어지고 이래저래 죽을 수밖에 없는 목숨붙이들이 그래도 살아남으려고 아등바등 애쓰는 모습을 보면 가슴에 슬픔이 고인다. 슬프다.

'서럽다'는 말은 '싫다'는 말과 뿌리가 같다. (슬과 설은, 'ㅡ'와 'ㅓ'는 우리 옛말의 자취를 고스란히 지닌 영남 지방에서는 귀 기울여 들어도 같은 소리로 들릴 만큼 가려듣기 힘들다.) 쉬가(시가) 슬면(어디엔가 달라붙어 갉아먹으면) 그곳은 덧나고 탈이 생긴다. '싫다'는 말은 쉬(시)가, 삶의 힘을 갉아먹는 놈이 내 몸, 내 말, 내 머리에 달라붙었다는 말이다. 그것이 '슬', '설'과 같다는 뜻에서 '슬+브다', '설+버다'라는 말이 생겨난다. 이 쉬는, 슬과 설은 뿌리칠 수 없다. 털어 낼 수 없다. 저승사자나 다름없다. 이것이 무리를 이루는 것이, 모이고 쌓이는 것이, 온 누리에 가득해지는 것이 '집(集)'이다. 이 쉬(시), 설, 슬을, 그 모임을 알아차리는 것이 제7식(일곱째 앎)이다. 그것을 없애야 한다. '없을 것'이기 때문이다. 이것저것, 이 소리 저 소리, 이 냄새 저 냄새, 이 맛 저 맛, 이 닿음 저 닿음을 가리고 한데 모아 거르는 일을 제7식이 맡는다. 불교에서는 말라식[7]이라고 한다.

그런데 밖에서 들어오는 것도, 그것을 바탕으로 안에서 고르고 가르고(분석) 모으고 뽑아내는(종합) 것도 알맹이가 없다. 아무것도 없다. 비어 있다(무, 공). 겉핥기다. 그림자놀이다. 이것을 깨우치는

---

7   모든 감각이나 의식을 한데 모으고 엮어서(통괄하여) '자기'라는 의식을 낳게 하
     는 마음의 작용. 자아의식으로 볼 수 있으며 정신보다 좀 더 깊은 곳에 있는 마음
     을 뜻한다.

것을 제8식(여덟째 앎)이라고 한다. 아뢰야식[8]이다. 그러나 거기에서 그치면 공론에 머문다. '없음'의 본디 뜻을 놓친다.

중국에서 건너온 무(無)라는 말을 우리 말로 옮기자면 '없던 것', '없는 것', '없을 것'을 두루 가리킨다. 한자 낱말은 거개가 그 안에 때의 흐름을 담아내지 못하기 때문에 쓰임에 따라 지난 적도 나타내고, 이적도 가리키고, 올 적을 드러내기도 한다. '함'과 '됨'이라는 '힘'의 쓰임도 제대로 드러내지 못한다. '무'에는 없앰, 없음, 없어짐이라는 뜻도 담겨 있지만 서로 뒤엉켜 있어서 '무' 자 화두를 든 길닦음이(수도자)들을 괴롭힌다.

'없을 것을 없앰'. '없을 것'을 '없는 것'으로 바꾸어 내는 힘을 기름이, 그래서 '없는 이'가 앞장서서 '없을 것이 없는' 새 누리를 빚어내는 일을 일컬어 '멸(滅)'이라 이른다. 이른바 제8식이다. 몸과 마음을 닦고 또 닦아서 '다 없앴다', '다 없다'는 깨달음을 얻을 때 상구보리(上求菩提)[9]는 끝난다. 그다음에는 제9식(아홉째 앎)이 드러날 때다. 제9식을 드러낼 참이다.

온갖 눈길이, 즈믄 눈(천안)이 별뉘(볕뉘, 우주)로 뻗어 나간다. 온갖 손길이, 즈믄 손(천수)이 별뉘에 빠진 것(없는 것)을 채우고 있을 것(없는 것)을 빚고 없을 것(있는 것), 군더더기, 쉬(시)를 치운다.

---

8   무의식 또는 가장 근원에 자리한 마음을 가리키는 불교 용어.
9   상구보리는 위로 깨달음을 얻기 위하여 노력하는 일을 말하고, 하화중생은 아래로 중생을 가르쳐 깨달음으로 이끄는 길이다. 대승불교에서는 상구보리와 하화중생을 따로 보지 않고, 나와 중생의 이익이 곧 하나라는 깨달음이 중생을 구제하는 길이라고 말한다.

'천수천안 관세음보살'이 제 모습을 드러낸다. '온 세상 소리를 보려면'(관세음) 그 소리가 들리는 곳으로 가야 한다. 이것이 하산이다. 하화중생(下化衆生)의 길이다.

온 볕뉘를 이 즈믄 발로 누벼 싫더라도(그 몸과 마음에 쉬와 시가, 슬과 설과 실이 가득하더라도) 어루만지고 껴안아야 한다. 그래서 '대비(大悲)'다. 아니라고, 이래서는 안 된다고 마음이 내치고 마음으로 도리질을 하면서도 그 고슴도치처럼 온몸과 맘이 바늘 끝으로 벼려진 '없는 이'를, 있을 것(없는 것)이 없어서, 없을 것(있는 것)이 있어서, 그것을 없앨 길을 찾을 수 없어서, 몸살을 하고 가슴앓이를 하는 뭇 산이를 끌어안아야 한다. 천 개의 바늘로 바뀌어 다가서는 이마다 찔러 대고 피 흘리게 하는 그 아픔 덩어리, 켜켜이 갈앉아 단단한 앙금이 되어 있는 것을 무르녹여야 한다. 풀어서 벗어나게(해탈) 해야 한다. 그러기 전에는 너도 나도 '다 없애 고요함'(적멸)에 이르지 못한다. 아파하는 중생이 하나라도 지옥에 머물러 있는 한 함께 지옥고를 견디겠다는 지장보살의 뜻은 여기에 있다.

지옥에까지 찾아가 지옥고를 겪는 가운데 몸과 맘이 바늘 끝으로 바뀐 '없는 이'들. '없는 것'이 있어서 애써 땀 흘리고 일해도 누군가, '슬, 설, 실, 쉬, 시' 같은 놈이 그때마다 가로채서 살길이 '없는' 이들을 위해 즈믄 발로 밟아서 어디에나 길을 내야 한다(사통팔달). 이것이 바로 고집멸도의 마지막 디딤돌이다. '도(道)'다. '도'는 길이다. 눈길, 손길, 발길이다. 여기에서 제9식이 몸과 맘을 하나로 엮고(일념) 그 맛은 바닷물처럼 짠 한맛이다. 우리 몸에 흐르는 피처럼 짜다. 그리고 햇살이 그 안에 스며 붉다, 밝다. '한방울'(일원상)이다,

둥글다. 어디에서도 온 별뉘의 가온(중심)이다.

어디선가 이런 목소리가 들리는 듯하다.

"뭇 머리깎이(중생)들이여, 이 뜻을 알겠는가. 그대들 눈길, 손길, 발길이 어디에 닿고 있는가. 마음에 없는 소리 하지 마라. 입 닥쳐라(묵언). 입만 벙긋해도 그르친다(개구즉착). 외마디도 입 밖에 내지 마라. 몽둥이가 하늘 끝까지 쌓였어도 손에 들지 마라. 바늘 끝에 찔려 피 흘려라. 몸서리치더라도 '아니야' 하고 피 맺힌 소리가 목구멍에 치밀어 오르더라도 견뎌라."

예수가 괜히 손발에 못 박혀 가시관을 쓰고 십자가에서 피 흘리면서 죽어 간 게 아니다. 그 눈길, 그 손길, 그 발길 때문이었다. 하화 중생이 없이는 제9식도 없다.

'모두 마음이 지어낸 것이다'(일체유심조). 이 말은 두 가지 뜻으로 풀이될 수 있다. '내 마음이 빚은 별뉘'라는 뜻으로 해석될 수도 있고 '온 별뉘를 지은 이는 마음이라는 산힘이다' 하고 읽어 낼 수도 있다. 중생을 사랑하는 마음을 일컫는 '자(慈)'의 한자를 풀면 '현현심(玄玄心)'이 되는데 이는 하늘의 마음을 뜻한다고 볼 수 있다. 한자어로 심(心) 또는 염(念)으로 나타내는 마음의 결과 갈피가 얼마나 많은 가닥을 감추고 있는지를 다시 한번 곱씹어 보고 싶다. 먼저 마음의 뿌리를 내리고, 기둥을 세우고, 가지치기를 차례로 살펴보아야겠지. 거꾸로 살필 수도 있겠다. 감추어진 마음을 드러내고 밝은 마음과 어두운 마음, 즐거움과 슬픔, 차가움과 따뜻함까지 아울러 마음의 '계보학'을 써 내려갈 수도 있겠지. 마음의 하늘과 하늘 마음을 두루 살피면서 '마음 찾아 삼만리'가 되려나.

어림없는 앎

철학은 엄밀과학이 아니다. '족집게 앎'이 아니라는 뜻이다. 그럴 수도 없고 그래서도 안 된다. 꿈을 심어 주고, 상상력의 날개 깃털을 쓰다듬어 주는 것이 철학이 맡은 몫이다. 2천 년, 3천 년도 더 전에 옛사람들이 쓴 글에 왜 '최첨단 현대 과학자'들이 아직도 코를 박고 있는가. 태극 음양 이론, 플라톤의 《티마이오스》 편, 루크레티우스의 《사물의 본성에 대하여》, 그리고 아우구스티누스, 스피노자, 플로티노스의 글들……. 내가 읽었던 글들 가운데 나를 들뜨게 하고 가슴 두근거리게 했던 것들을 꼽아 본다. 이것들은 상상력을 끊임없이 불러일으킨다.

'어림없는 앎', 바로 이게 엄밀과학의 우리 말 풀이다. 어림치면 안 된다. 내가 보기에 과학자나 수학자들은 '맞아떨어지는 것'에 너무 깊이 빠져 있다. 모든 이론은 눈앞에 보이는 현실에 맞아떨어져야 하고, 될 수 있는 대로 오차가 없어야 하며, 깨끗한 방정식으로 단순하게 정리되어야 한다는 게 그 사람들의 생각이다. 훌륭한 생각이고 간절한 바람일 수 있으나 몇조 분의 하나라도 맞아떨어지지 않는 것이 있다면 그걸 일컬어 엄밀과학이라고 불러서는 안 된다.

끝까지 풀 수 없는, 풀리지 않는 게 있다. 내가 '9÷9=1'이 아니라 바른 답은 '0.9^n, $0.9999\cdots\infty$'라고 하는 까닭이 여기 있다. 어딘가에 아니 도처에 '하나'(1)가 아닌 놈이, 없는 것(0)이 숨어 있거나 도사리고 있다.

'눈어림친다'는 말이 있다. 눈으로 보고 어름어름 어떻다고 이야기하는 것을 가리킨다. 엄밀과학을 신줏단지처럼 모시는 사람들

꿈꾸는 형이상학

이 실험을 할 때 가장 크게 기대는 것이 눈이다. 눈은 어림치는 데 가장 많이 쓰인다. 엄밀과학자들은 '눈어림'을 가장 높이 친다. 귀 어림, 코 어림, 혀 어림, 살갗 어림은 어림으로 치지도 않는다. 온 누리가 모두 눈으로 이루어진 것처럼 지껄인다. 그렇다면 두 눈만 지닌 사람보다 홑눈과 겹눈을 달고 있고, 눈이 머리통 거의 모두를 차지하고 있는 잠자리나 파리, 벌, 나비가 사람보다 자연현상을 더 널리, 깊이 있게 들여다볼 수 있다고 보아야 할 게 아닌가.

얼이 꼴을 갖춘 얼골(얼굴)에는 눈, 코, 입, 귀, 살갗이 두루 갖추어져 있다. 여기에서 눈은 가장 작고, 그 가운데서 빛을 받아들여 그 결과 톱을 스치기만 할 뿐(겉핥기만 한다는 뜻이다) 스며들지 못하는 가로막이가 갖추어진 것이어서, 사람은 살갗이나 콧구멍이나 혓바닥이 없으면 살 수 없지만(어느 '면'에서는 귀도 마찬가지다. 귀는 다만 소리를 듣는 기관이 아니라 평형감각을 유지하는 몫도 하고 있다. 그리고 결에 가장 민감한 것이 귀다) 눈이 멀어도 도움만 받으면 살아남을 수 있다. (이 말은 눈이 없어도 된다는 말은 아니다.) "어림도 없어." 하고 흰소리 치는 '어림없는 사람'들이 '어림'으로 사람 잡는 꼴을 더는 보고 싶지 않은데, 과연 그럴 수 있을까.

평생을 두고
싸워야 할 사람

그이를 상대로 평생을 두고 싸워야 할 사람이 있다. 어떤 사람에게는 석가, 예수, 공자, 마호메트일 수도 있고, 또 다른 이에게는 소크라테스, 플라톤, 아리스토텔레스일 수도 있다. 소크라테스를 상대로 플라톤이, 플라톤을 상대로 아리스토텔레스가 그렇게 해 왔다.

대체로는 싸우다 그 앞에 무릎을 꿇는다. 그러면 그 결과는 믿음으로 바뀌고 종교의 탈을 쓰는 경우도 있다. 내 스승이었던 박홍규 선생님은 플라톤, 아리스토텔레스, 베르그송을 상대로 돌아가실 때까지 치열한 싸움을 멈추지 않았다. 그 싸움의 결과 가운데 일부를 묶어서 책으로 낸 것이 박홍규 전집[10]이다.

이 전집에서 다섯 번째 책 《베르그송의 창조적 진화 강독》을 펼쳐 든다. 물질이라는 낱말이 눈에 거슬린다. 물질, 흠흠. '것골'이라고 바꾸자. 그럼 기억은? '얼새김'이나 '얼새기'라고 바꿀까. 얼에 새겨진다고? 흠흠. 또 허상은 '빈꼴', 이상은 '얼그림' 또는 '얼꿈'으로 바꾸면 어떨까.

책을 읽다가 미래가 '얽힌결'로 나타나는 걸 보았다. '함'이 살려고 '결도림'(다듬질, 이를테면 우리의 눈이 두루뭉술한 결을 더듬어 도려내서 어떤 꼴을 갖춘 '골'로 갈라서 이것과 저것으로 자르는 것처럼)을 하면 이것저것이 갈라서고, 서로 다른 이것과 저것이 주어지면 그것들이 자리 잡은 빈터(공간)가 그에 따라 모습을 드러내 이이심(현재)의 여러 모습으로 드러나고, 그때 결도림은 얼새기로 머리에 새겨져 어제(과거)의 흔들쌈(있음과 바뀜이 쉴 새 없이 일어나는 기억 창고)에 쌓인다는

---

10 박홍규 전집은 모두 다섯 권이다. 제1권 《희랍철학 논고》, 제2권 《형이상학 강의1》, 제3권 《형이상학 강의2》, 제4권 《플라톤 후기 철학 강의》, 제5권 《베르그송의 창조적 진화 강독》으로 이루어졌다.

생각이 '얽힌결'을 보면서 머리에 떠올랐다.

박 선생님이 풀이하는 베르그송 이론은 베르그송의 것이 아니라 박 선생님 이론이라는 생각이 든다. 베르그송이 쓴 'devenir'라는 말을 박 선생님은 '생성된다'고 옮겼는데, 이 말을 깨뜨리면 'de+venir'(어디에서 온다)가 된다. (나는 이것을 '됨'이라고 옮긴다.)

"긍정은 진리를 퍼뜨리고 예견하는 것, 다시 말하면 자기 자신의 동일성을 지속시키려고 하는 것이 '지성적 주도권' 속에 들어가 있어."라는 박홍규 선생님 말씀이 눈에 띈다. 박 선생님은 사람이 다른 어떤 생명체보다 더 사는 게 힘드니까 머리까지 쓰게 되었다고, 식물이 가장 완전한 생명체라고 하는 분이니까 '지성적 주도권'은 반드시 사람을 떠받드는 뜻으로 쓴 말은 아닐 것이다. 그때 강의를 듣던 내가 지금의 나라면 아마 "긍정이 퍼뜨리는 '진리'라는 게 뭐죠?" 하고 물었음 직하다. 그리고 '예견'이라는 것이 무슨 뜻인지도.

자기가 믿는 것, 또는 찾아낸 것을 '진리'라고 사람들 사이에 널리 퍼뜨려 제 말을 따르라고 하는 것이 종교 또는 학문을 권력으로 바꾸려는, 그래서 다른 사람들을 모두 수동적으로 만들려는 노릇은 아니었을까? 그리고 '예견'에는 '있을 것이 없다', '없을 것이 있다'라는 '없는 것, 빠진 것'(있을 것)과 '군더더기'(없을 것)가 들어가는데, 이 예견이 삶에 도움이 되고 내 삶뿐만이 아니라 뭇산이들의 '두루 삶'에 이바지하려면 어디에 바탕을 두어야 할 것인지도 여쭈어 보았을 것이다. 내 몸과 마음을 돌보는 것과 이웃을 돌보는 것과 사람 사는 세상을 돌보는 것과 뭇산이를 돌보는 것은 무엇이 다를까?

《베르그송의 창조적 진화 강독》에서 박 선생님은 '데이터'라는 말을 자주 입에 올리는데 나는 이 말을 그냥 '있는 것' 아니면 '(무엇)인 것'으로 바꾸고 싶다. '있는 것', '인 것'은 다만 우리 밖에 있는 '무엇'만을 가리키는 말이 아니다. 그것은 우리 머릿속에 든 것일 수도 있고, 마음에 둔 것일 수도 있고, 헛것일 수도 있다.

　이 책을 읽으면서 내가 박홍규 선생님의 가르침에 얼마나 큰 덕을 입었는지, 새삼스럽게 다시 고마움을 느낀다. 입 다물고 있는 사이에 그 뜻을 한껏 빨아들인 셈이다.

　내 생각이 박 선생님의 생각과 얼마나 달라졌을까? 알맹이는 바뀌지 않았다. 풀이가 다를 뿐이다. 있음(임), 없음(안임), 함, 됨, 톨, 결이 내가 쓰는 '말'이고 존재(긍정), 무(부정), 기능(능동, 수동), 대상, 운동…… 들이 박 선생님 입에서 나왔던 '언어'다. 그러나 가리키는 것은 그리 다르지 않다.

　게으르고 대충대충, 건성건성 사는 데다 학문에 크게 뜻이 없는 나는 박홍규 선생님이 싸움 상대다. 따져 보면 즐거운 싸움이다. 스승은 제자가 싸움에서 자기를 넘어뜨리기 바란다. 그리고 그 주검을 밟고 새로운 세상으로 떠나기 바란다. 그러기에 선승들은 살불살조(殺佛殺祖)를 외치면서 덤비는 게 아니던가.

　아직도 나는 책으로 묶인 박홍규 선생님의 목소리를 듣는 때가 즐겁다. 알아듣는 대목보다 못 알아듣겠는 곳이 더 많다. 아직 멀었다. 아마 죽을 때까지 '이게 뭔 소리여' 할 대목이 더 많이 남아 있겠지. 내 나이 그 선생님 돌아가실 때 나이에 머지않았는데도 그렇다.

우리 말 속에
담긴 철학

훈민정음을 창제한 이들의 상상력은 만만치 않다. '어 다르고 아 다르다'는 말과 '쇠뿔도 단김에 빼라'는 속담을 제대로 알고 있는지 물어보고, 우리 말 동사(움직씨)가 동명사화하는 방식과 형용사(그림씨)가 어떻게 명사(이름씨)에서 가지치는지도 보기를 들어 일러 주고, 말 한마디 한마디가 어떤 뜻을 지니고 있는지도 곰곰 따져 보게 한다.

우리 말 속에 담긴 철학, 그 가운데 '이'를 살펴보자. '이이', '저이', '그이'에서 '이'는 사람을 가리키는 말이다. '이쁘다'는 말의 뿌리도 '이시'와 같다, '있는 것' 같다, '현재'와 같다, 내 눈앞에 있는 '이' 사람과 같다는 뜻이 아닐까?

하늘　　땅　　사람

'하늘'은 '사람'과 '땅'을 사이에 두고 자리를 바꾼다. 사람 앞에 하늘이 있어 'ㆍㅣ(어)', 사람 뒤에 하늘이 있어 'ㅣㆍ(아)'다. 하늘이 사람 앞에 있으면 '어제'(지난날)가 된다. 뒤에 있으면 '아제'다. 다가올 날, 아직 기다려야 할, 안 올지도 모르는 날이 된다. 하늘이 위에 있고 땅이 받쳐 주면 'ㅗ(오)', 땅이 위에 있고 하늘이 밑에 깔리면 'ㅜ(우)'다. 다시 말해 땅(다, 달, 디, 데, 드르, 들)이 하늘 아래 있으면 '오'(곳, 고, 오름, 오른다)가 되고, 하늘이 땅 아래 있으면 '우'(우물, 웅덩이, 구멍, 구렁텅이)가 된다.

'이'(사람)에게는 '이'(지금)만 있다. '어'제도 '아'직도 아닌 '이'제다. 어제의 기억은 이미 사라진 세계의 그림자, 유전자 속에 감추어져 표현형[11]으로 드러나기 기다리거나 아예 안 드러날 수도 있는 꼴이다. 이미 없는 것이다. 아제의 '기대'는 꼴도, 크기도, 그 무엇으로도 그릴 수 없는 '아직 없는 것'이다. 지나간 것과 오지 않은 것 사이에 끼어 틈틈이 오도카니 서 있는 '이', '이이', '이 사람'은 그렇듯이 천지간의 외톨이다. 어느새 사라지고, 한참 기다려도 오지 않는 이를 마냥 기다리는 그림자 사냥꾼이거나 꿈 많은 짐승이다.

'이'에 이어지는 이야기 '돈다'에 대한 것. 돈다는 말에는 얼마나 많은 뜻이 감추어져 있는가. 맴돈다, 감돈다, 휘돈다, 겉돈다(겉돌이가 있으면 속돌이도 있어야겠지)는 그 가운데 일부일 뿐이다. 피도 우리 몸 안에서 돈다(피돌이 또는 핏줄돌이). 이 피가 가지에 가지를 쳐서 모세혈관이라는 가늘디가는 핏줄을 이루는 가운데 그 줄을 타고 돌아가고 돌아오는, 가는돌이와 오는돌이가 있다. '돈다'와 이어질 수 있는 말들을 적어 본다.

홀로 도는 외돌이, 짝을 이루는 짝돌이, 겹으로 도는 겹돌이, 꼬면서 도는 꽈돌이, 구슬처럼 이른바 3차원을 이루면서 도는 구슬돌이, 원처럼 도는 동글돌이, 달걀처럼 도는 달걀돌이, 늘 되돌아오는 늘되돌이, 반죽처럼 끈적끈적하는 반죽돌이, 스스로 도는 제돌

[11] 크기, 색깔처럼 유전자와 환경의 영향으로 나타나는 생물의 특징을 말한다.

꿈꾸는 형이상학

이, 남의 힘으로 도는 남돌이, 기대서 도는 기대돌이, 거침없이 온 갖 것 뚫고 지나가는 '뮤온' 같은 떠돌이, 반만 도는 반돌이, 왼쪽으로 도는 왼돌이, 오른쪽으로 도는 오른돌이, 둥글고 납작하게 도는 납작돌이, 고비에서 도는 고비돌이, 구비에서 도는 구비돌이, 너울너울 결을 이루며 도는 너울돌이, 비스듬하게 도는 빗돌이, 바람처럼 여리다 세게 또는 세다 여리게 도는 바람돌이, 섞여서 도는 섞음돌이, 밖에서 도는 바깥돌이, 안에서 도는 안돌이, 건너뛰면서 도는 건너돌이, 껑충 뛰는 껑출돌이, 한번 도는 한돌이, 거듭 도는 거듭돌이, 홀으로 도는 홀돌이, 휘어 도는 휘움돌이, 엇도는 엇돌이, 바르게 도는 바른돌이, 등 돌리며 도는 등돌이, 돌고 돌아 제자리로 돌아오는 도돌이, 앵돌아졌다 앵돌이, 번개같다 번쩍돌이, 눈 깜짝할 새 깜작돌이, 멀리 돈다 먼돌이, 가깝게 돈다 가참돌이, 작은돌이, 큰돌이, 점돌이, 줄돌이, 틈돌이, 새(사이)돌이, 퍼짐돌이, 뭉침돌이, 바늘돌이, 홍두깨돌이, 시침돌이, 널뜀돌이, 스침돌이, 누빔돌이, 나사돌이, 바퀴돌이, 삐쭉돌이, 빼쭉돌이, 센돌이, 여린돌이, 팽이돌이······.

결을 이루고 이어지는 모든 것들은 '겉'이, '갓'이, '끝'이 없고 한군데 머물 '곳'이, '것'이 없으므로 돌고 돈다. 이른바 불교에서 이야기하는 윤회다. 자전이나 공전이라는 말이 담을 수 없는 이 헤아릴 수 없는 갖가지 돌이에 저마다 이름을 붙일 수 있다면, 이른바 생명현상이나 물질현상이 드러내는 수수께끼 같은 움직임이 얼마나 많이 풀릴 수 있겠는가. 쉬운 우리 말 쓰기는 다만 특권 사회를 민주

사회로 바꾸자는 바람에서만 생겨나는 게 아니다. 온갖 자연현상, 사회현상, 정신현상을 제대로 풀이하는 데에도 꼭 필요하다.

'아'(미래)가 '이'(현재)를 거쳐 '어'(과거)에 들고, '어'가 '이' 사이로 빠져 나와 '아'를 맞아 다시 '아'를 데리고 '이' 틈으로 들어와 '어'에 차곡차곡 겹쳐짐을 가리켜, 흔히 쓰는 말을 그대로 옮겨서 '드나듦'이라 이르면 어떨까. 드나들다, 들고 나고 들고 이렇게 자꾸 되풀이하면서 안에 쌓이는 것이 늘어나고 기억으로, 역사로, 유전정보로 남아 삶의 결이 이어지고 길이 닦인다. 새로 드러나는 산톨들이 살아가면서 그리는 동그라미들, 흔들리는 결무늬들이 때로는 서로 고르고 지워 반반해지고, 또 때로는 골이 깊어지고 그에 따라 어느 곳이 높이 솟아 높낮이가 뚜렷해진다. 잔잔한 물결이 어느 틈, 어느새 거센 물굽이로 바뀌듯이 물은 그 물인데, 이어진 하나인데 빛과 그늘이 마치 둘인 듯 갈라서며, 빛과 그늘로 번갈아 드러나고 감추어지는 결의 흐름으로 이어짐이 생긴다.

홀로임, 홀로 있음은 낱으로 있거나 무리 지어 있거나 따로 떨어져 있음이다. '있는 것'은 겉으로 보기에 저마다 외톨이다. 낱알로 보인다. 밖에는, 빛에는 그렇게 드러난다. 그러나 안에서는 이 밖과 저 밖, 이것과 저것을 이어 주는 끈이 마련된다. '톨'로 보면 여럿으로 갈라서지만 '결'로 보면 하나로 이어져 있다. 한결같다. 닿으면, 살결 어루만지면 따뜻해진다. 닿고 또 닿다 보면 후끈 달아오른다. 불덩이가 되고 불길이 피어오른다. 아무리 단단한 것도 딱딱한 바위도 녹인다.

불길에 휩싸인 것은 한데 녹아 흐른다(원융무애). 두루 무르녹아 거칠 게 없다. 걸리적거리는 게 없다. 모두 태우고 녹이면서 한데 뭉쳐 이글거린다. 맞서는 틈새가 벌어지면 너와 나는 갈라서지만 맞나는(만나는) 안음에서는 너와 나, 내남없이 우리가 된다. 서로 스며서 하나가 된다. 그 하나는 외톨이로 머물지 않는다.

낱말의 뿌리

긋는다 → 그슨다 → 그은다 → 그음 → 금

긋한다 → 긋(끝, 갓, 겉, 것)을 만든다 → 끗한다(끈한다) → 끊는다 → 끊음

'금'을 긋는다 함은 크기와 모습을 드러낸다는 것인데 이것저것을 금으로 그어서 오려 내면 그에 따라 여러 모습과 크기가 드러난다. 그러나 금 속에 있는 것들은 '끝, 갓, 겉'이 없는, '것'이 아닌 그 무엇이다.

이다 → 이시다 → 잇다(있다)

어싀다(지났다) → 없다, 아니다

'이음'(잇음)은 '이다'라는 말이 뿌리일 수 있다. '이다'는 'ㄱ=ㄴ =ㄷ=ㄹ=ㅁ=ㅂ=ㅅ=ㅇ……' 이렇게 이것과 저것을 끝없이 이어 줄 수 있고, 같거나 닮은 것으로 빚어낸다. 수학이나 논리학, 더 크게

말해서 두뇌 작용(머리가 하는 일)이 맡은 몫은 바로 이것이다. 이음매(=)인 '임'이 끊어지면, 거기에 금이 가면(≠) 사고 작용은 멈추고, 이치에 맞지 않고 불합리한 것으로 낙인찍힌다. 어쩌면 법(法)은 '이어흐름'이고 의(意)는 그것을 금(끊어 낸 것, 또는 끊어진 것)에 따라 이어 가는 바느질인지도 모른다. 이 바늘귀에는 하나로 이어진 실이 꿰어져 있을 것이다.

> 사람(산것→ 삶의 겉모습)=동물=생물=있는 것
>
> 아닌 것(안+인 것)→ 것이 아님(겉, 갓, 끝이 아님)→ 언는것→ 엉인 것→ 없는 것→ 겉, 것, 갓, 끝이 없는 것

'아닌 것'은 그 무엇도 아니기에 아닌 것끼리는 이것과 저것이 '같다, 닮았다, 하나다, 둘이 아니다'라고 할 수 없다. '빠진 것'은 질이 빠졌느냐, 양이 빠졌느냐, 다시 말해 무엇이 빠졌느냐, 얼마나 빠졌느냐를 알 길이 없기 때문에 크기와 모습에서, 빛과 그늘에서 저마다 다름을 숨기고 있다. '빠진 것이 있다'(없는 것이 있다)는 말은 '금이 있다, 다르게 끊어 내는 힘이 있다'는 뜻을 감추고 있다. ('빠진 것이 없다'는 '다 있다, 없는 것이 없다'는 말로 풀이할 수 있다.) 빠진 것, 없는 것은 있는 것이 '모두 같은 것'과는 달리 저마다 다르다. 결도 다르고 톨도 다르고, 그 틈도 사이도 다르다. 같게, 닮게 끊어진 것을 이어 주는 '='의 힘과 다르게, 안 닮게 이어진 것을 끊어 내는 '≠'(=에 그어지는 빗금)의 힘은 같은 힘일까, 다른 힘일까.

모든 낱말에는 뿌리가 있다. 꼴없는이름씨(추상명사), 꼴있는이

름씨(구체명사)가 그렇고 움직씨(동사)나 그림씨(형용사)도 마찬가지다. 이를테면 '맞다', '틀리다'는 말은 '맞추다', '틀다'라는 움직씨에서 나왔다. '맞춘다'는 말은 꼴과 크기를 같게 해서 둘 사이가 어그러지지 않게 한다는 뜻이다. 여기에서 '맞다'는 말이 나왔다. '네 말이 맞다'고 할 때 네가 하는 말이 내 뜻에 어그러지지 않는다는 말이다. 이때 '맞춘다'는 말이 '맞다'는 말에 앞서고 훨씬 더 '느낌'(감각, 느낌과 깨우침)에 가까이 다가선다. '틀리다'는 말도 마찬가지다. 같은 꼴과 크기를 가졌더라도 엇갈리게 틀고 또 틀면(비틀다, 뒤틀다) 본디 모습을 잃고 다른 모습으로 바뀐다. 이처럼 '틀다'는 움직씨에서 '틀리다'라는 말이 나온다.

어떤 낱말의 뿌리가 어디에 있는지를 살피는 일은 우리의 느낌을 바른길로 들어서게 하는 데 길잡이가 된다. '맞다'는 말을 '합당하다', '정당하다'로 바꾸어 쓰거나 '틀리다'는 말을 '오류다', '착오다'로 바꾸는 것은 그 말의 쓰임이 우리 느낌에 닿지 않아서 겉돌게 하는 일이다. 내가 마구잡이로 밖에서 들여온 이른바 '학문용어'를 밑씻개로 씻어 낼 수도 없는 '똥구멍말'이라고 비아냥거리는 데에는 그것이 우리 삶에 잇대어 있지도, 맞닿지도 않기 때문이다.

이시다와 어시다

한밤중에 눈을 떴다. 안과 밖(박), 겉과 속, 임(긍정)과 안임(부정), 있음과 없음이 우리 말에서 무슨 뜻을 지니고 있는지에 얽힌 생각들이 떠올랐다. '느닷없는 사이'(루크레티우스가 불확정한 시간, 불확정한 장소라고 쓴 그 '틈새')에 '비스듬한 움직임'을 보인다는, 무엇엔가 끌려 '곧선'(수직) 움직임(운동)을 보이는 원자(더는 안 쪼개지는 톨)가 제멋(자유)대로 움직인다는 빗금(경사) 운동에 대한 생각도…….

'이'는 한자어로 '현재'를 나타낸다. '이'제, '이'곳, '이' 사람처럼. '어'는 한자어로 '과거'(지난 적)를 가리킨다. '어제'처럼. 제주도 말에는 있다를 '이시다'로, 없다를 '어시다'로 쓴 흔적이 있다. '이시다'는 '이 ㅿ 다', '어시다'는 '어 ㅿ 다'로 말 줄임이 되었을지 모른다. 그리고 이 말이 바뀌어 '잇다'(있다), '엇다'(없다)로 되었을 수 있다.

'이시다'와 '있다'는 이제, 여기(이 어귀)와 마찬가지로 바로 이 때, 이곳을 가리킨다. 그리고 '어시다'와 '없다'는 어제, 어디처럼 지난 적, 지난 곳을 가리킨다. 지난 때와 데는 깡그리 없어지지 않는다. 그것은 자취를 남긴다. 무엇(물질로 여겨지는 것)이 지나가면 궤적(이어진 자취)으로 남고 '산이'(생명체, 살아 있는 것)가 지나가면 '얼넋'(얼럭)에 얼룩으로 남는다. 기억으로 쌓인다.

우리 말에는 좋은 말이 많다. 틈이나 사이는 '때'를 나타내는 말이자 '데'를 나타내는 말이다. '금'은 이것과 저것을 갈라 밖으로 드러나지 않은 속(안)을 들여다보게 한다. 검음, 어둠, 그늘을 드러나게 한다. 빗금(비스듬히 가로지르는 금), 비탈(경사진 땅)도 어디에서 나온 말인지 더 캐 보아야 한다. 그것은 '빛'의 움직임일 수도 있고 '비'의 움직임일 수도 있다. 빛이나 비가 금을 그어 곧바르지 않고 비스듬한 자취를 남기면서 자유운동을 하는 것으로 볼 수도 있다.

'안'과 '밖'이라는 말도 더 깊이 파헤치면 이렇다. '임'(있음)이 밖(박, 빛)에 드러난(들어 나온) 것이라면 '안임'(아님)은 속에 감추어진 것, 숨은 것, 숨으로 있는 것을 가리킨다. '임'이 빛이라면 '안임'은 그늘이다. 그것은 늘 있으나 안에, 속에 있다. (속은 〈단군신화〉에서 '쑥'으로 나타난다). 어제(과거)는 이제(현재)의 안으로, 속으로 들어가 이제가 아니면서 이제의 속살을 이룬다. 얼과 넋이 된다. 기억으로 바뀐다. 경상도 말에 '아니다'라는 말뜻을 지닌 '언제예', '어데예'라는 말 쓰임이 있다. '어데예'는 지나간 자리, '언제예'는 지나간 때를 말한다. 어제는 이제에 내침을 받으면서, 부정되면서 안으로 숨어든다. 우리가 '아니다'(안이다, 이미 사라져 숨어 있고 감추어져 있다, '안'에 들어 있다)라고 할 때 그 말은 단순 부정이나 아예 없앰이 아니다. 그것은 '뜻 밖'이되 뜻이 안에서 생기는 '얼럭'(얼과 넋)이라면 '밖'에서 생기는 것이다. '안임'은 안에 숨은 '임'이다.

　'이다'라는 말은 우리 눈, 귀, 코, 혀, 몸(살갗), 맘(뜻)에 닿는다는 말이고 '아니다'(안이다)라는 말은 어제(과거)에는 그랬지만 이때, 이곳(이제, 여기)에는 이미 어긋난다(지나서 끝난다), 맞지 않는다, 이미 지났다, 사라졌다는 뜻을 지닌 말의 다른 쓰임일 수 있다. 그렇게 보면 '없다'는 '아직'이라는 말보다 '이미'에 더 가깝다. '없다'는 말은 '아예 없다'는 뜻보다 '있었는데 사라졌다'는 뜻을 훨씬 더 크게 담고 있을 수 있다.

　'결'은 드러남과 숨음, 안과 밖(박) 그리고 빗금으로 드러나는 이 모든 움직임의 자취를 안고 있다. 결에는 곳(솟아 빛 속에 드러난 것)과 골(안에 숨은 그늘)이 한데 이어져 있고, 밖이 안으로 스미고, 안이 밖으로 드러난다. 그 움직임은 비스듬하다. 빗금을 이룬다. '이어짐'은

'이'와 '어'가 '잇대어 있음'이다. 떨어지거나 갈라서지 않음(아니함)이다. 이 결이 엉키거나 뭉치거나 숨 가쁘게 움츠러들면 톨로 바뀐다. 그 톨들이 모여서 송이를 이루면 눈에 띈다(뜨인다). 떠서 이제, 여기에 나타난다.

'있음 바로 그것', '없음 바로 그것'은 끝없이, 겉없이, 갓없이, 그치지 않는(끝이지, 겉이지, 갓이지 아니한) 출렁이는 것을 사람 뜻으로 잘라 내고, 도려내서, 제멋대로 만들어 낸 것이다. 그렇게 해야 우리 머릿속에서 엉킨 실타래를 단칼에 잘라 낼 수(갈라 세울 수) 있으니까, 두 가닥으로 꼬아 숨기고 드러내야 얼룩이 생기니까.

아직 없는 것은 '빠진 것'(결핍)으로 느껴지는 일이 드물다. 있다가 없는 것, 저기 있는데 여기 없는 것, 남은 가졌는데 나는 못 가지고 있는 것, 다시 말해서 과거와 현재에 이어진 것만이 '없음'을, '무'를 두드러지게 느끼게 한다. 한자어 무(無)는 사람이 죽어서 뼈마디가 흩어져 티끌이 되는 것을 나타내는지도 모른다. 제행무상(諸行無常)이라고 할 때 '무상'('늘 있는 것, 늘 인 것'은 없다)이라는 말은 흘러갔다, 없어졌다, 흘러가고 없어진다('이제'는 그때그때 '어제'가 된다는 뜻이겠지)는 뜻을 더 크게 지니고 있다고 보면 안 될까?

안다와 모른다

없음(무), 아님(비), 빔(공)은 우리 마음에 빈틈(공간)을 만들고, 그 틈을 비집고 움직이는 가장 작은 톨부터 '가장 큰 덩이'(우주)에 이르기까지 힘의 마당이 펼쳐지는데, 이

꿈꾸는 형이상학

것은 새삼스러운 생각이 아니다. 까마득한 옛날부터 사람들은 이런 생각에 기대 있는 것, 없는 것, 인 것, 아닌 것, 같은 것, 다른 것을 가려 왔으며 삶과 죽음, 몸과 마음, 함과 됨으로 나뉘는 모든 주어진 것은 이런 '가림'에서 벗어날 수 없었다. 마음은 없고 몸만 있는 것으로 여겨지는 것도 여기에서 벗어날 수 없었다.

보고, 듣고, 냄새 맡고, 맛보고, 살결에 닿고, 그것이 이리저리 그물을 이루어 머리와 가슴에 박혀서 느낌으로, 뜻으로 올 때 우리는 그것을 '안다'고 한다. 무엇인지 이름 지을 수도 가리킬 수도 없을 때 '모른다'고 한다. '아'(미래에 연관된 것)는 모름의 테두리에 든다. 그것은 '헤아림'(셈)의 자를 빌려 '아는 것'의 울타리 안으로 끼어든다. '아'는 '이'도 '어'도 아니다(이도 저도 아니다). 우리는 모르는 것을 알고자 한다. 그래야 살아남을 수 있기 때문이다.

아이들이 보고 듣는 것마다 '왜'냐고 묻는 것은 나에게 '오는 것'이 내가 앞으로 살아가는 데 도움이 될지, 걸림돌이 될지 알고자 하는 뜻에서다. '아'는 '이제', '이곳', '이것' 밖에서 나에게 올 것인데, 우리는 그게 무엇인지 모른다. 귓결에, 코앞에, 눈앞에 오고 혀끝과 살갗에 닿을 때까지 알 수 없다. 겪어 보지 않은 세상은 모름의 틈새를 가득 채우는데, 그것을 우리는 머리 굴려서 알려고 든다. 그것이 바로 우리 앞에 펼쳐지고 있는 우주의 역사이고, 생명의 진화이고, 인류 역사로 알려진 부스러기 지식들이다. 소크라테스는 '나는 내가 뭘 모른다는 것은 안다'(뭘 모르는지 안다)는 말을 내뱉었다는데, 이것은 입 밖에 내뱉을 수 있는 오직 하나뿐인 참말이라고 볼 수 있다.

'있는 것이 없다'는 말은 '하나도 없다'는 말을 뜻하기도 하는데 이때 '하나'가 뭐지? '없는 것이 있다'는 말은 '빠진 것이 있다'는 말을 뜻하는데 이때 '빠짐'이 뭐지? '없는 것이 없다'는 말은 '다 있다'는 말인데, 이때 '다'는 무슨 뜻이지? 이 물음들은 새삼스러운 것이 아니다. 어떤 사람은 수학 언어로 어떤 사람은 물리학, 화학, 생물학 언어로 또 어떤 사람은 철학, 윤리학, 역사학 같은 인문학 언어로 또 기독교, 불교, 유교, 도교, 이슬람교, 부두교, 그 밖의 온갖 종교 언어로 사람들은 지겹도록 이런 말의 뜻을 밝히려고 애써 왔고 지금도 그렇고 앞으로도 그럴 것이다.

군더더기를 버리는 것, 없을 것을 없애는 것과 빠진 것을 채우는 것, 있을 것을 있게 하는 것은 딴판으로 보일 수도 있다. 그러나 더 큰 틀에서 보아야 한다. '삶'이 '마음'보다 더 큰 틀이다. 살리려고 가르치고 살려고 배운다. 마음이 따로 없는, 몸과 마음이 하나인 가장 작은 '산티', 이를테면 세포가 하나인 단세포 생명체에도 들어맞는 배움과 가르침의 길을 찾아야 한다. 살릴 길, 살길이 죽일 길, 죽을 길보다 더 바른길이고, 삶의 흐름은 앞엣것으로 이어져 내려왔다. 과학이, 철학이 제값을 하려면 이 길을 열어 가고 밝혀야 한다.

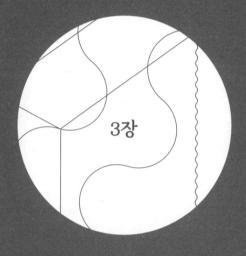

3장

우주의 빛과 그림자

우리가 생각하는 우주는
어떤 모습을 띠고 있든 살아 있다.
내게는 살아 있는 시간,
살아 꿈틀거리는 공간의 결이 느껴진다.
우리에게 필요한 건 살아 있는 모든 것과
너나들이할 수 있는 우주적 상상력이다.

땅과 물과 불과
바람의 역사

별과 별 사이에 비어 있는 듯이 보이는 공간은 저마다 옅고 짙은 주름을 지니고 있다. 이것을 '성간 공간 밀도'라고 부르자. 이 밀도는 우주의 중심에 가까울수록 커진다. (이 우주의 중심은 시공간 측정의 테두리를 벗어난다.) 우주 공간에는 꽈리들이 널려 있어서 꽈리 공간들이 가끔 우주 중심들로 여겨지는 경우가 있다. (꽈리 공간은 어디에나 있다. 지구라는 행성의 공기층에도, 지하에도, 바닷물 속에도, 심지어는 생명체들의 여러 몸속에도 있다.) 앨리스가 겪는 이상한 나라나, 스위프트가 그리는 릴리푸트[12]도 이 꽈리 공간 속에 속한다.

상상과 꿈은 '꽈리 공간화'라고 부를 만큼 우리가 현실로 알고 있는 공간과 꿈속이나 상상 속에서 그리는 꽈리 공간의 거리는 그리 멀지 않다. 우주 공간의 밀도가 극한에 이르는 지점은 있음과 없음

---

12   조나단 스위프트의 책《걸리버 여행기》에 나오는 소인국 나라.

이 하나로 응결되어 모습도 크기도 없어지는 찰나다. 우주는 이 성간 공간 밀도가 0이 되는 지점에서 확장을 멈춘다. 최대 밀도와 최소 밀도 사이에 걸리는 시간을 우리는 우주의 일생이라고 부른다.

이 우주는 숨 한번 내쉬면 꽈리처럼 부풀어 오르고 숨 한번 들이쉬면 틈새(시간과 공간), 있음과 없음, 함과 됨까지 깡그리 삼켜 그 자취도 없어지는 숨쉬기를 되풀이할 것이다. 날숨과 들숨 사이는 호킹, 아인슈타인, 파인만…… 들이 머릿속으로 그려 내는 가위눌림(악몽)으로 가득 찰 것이다. 부처들이 흰개미처럼 떼 지어 나타나고, 예수들이 메뚜기 떼처럼 사막을 가득 채우거나 풀밭을 눈 깜박할 사이에 사막으로 만들고, 공자, 맹자, 마호메트 들이 웅덩이에 고자리 떼처럼 오글거려 그 우주는 '온몸 가려움'에 시달릴 것이다.

홍시처럼 벌겋게 익은 햇덩이 보고 넋을 놓지 않는다면, 알싸하게 콧구멍 파고드는 봄바람 맞아 벌름거리지 않는다면, 시냇물에 입 대고 벌컥벌컥 들이켜면서 마른 목을 축이는 물맛 잊는다면, 온갖 것 움 돋게, 꼬물거리게, 둥지 틀게 하는 땅을 밟으면서 기뻐하지 않는다면, 해는 그저 끓는 헬륨 덩어리일 뿐이다. 우리 목숨이기도 한 바람은 수소를 비롯한 이런저런 화학물질들의 흐름일 뿐이고, 물은 수소와 산소가 결합한 화학반응의 결과일 뿐이며, 땅은 45억 년 전 해에서 떨어져 나온 물질 덩어리가 굳고 식어서 이루어진 광물질일 뿐이다. 하지만 자연과 우주의 신비로움이 과연 그것뿐일까?

나는 모든 것을 원자나 분자 같은 물질 단위로 환원시키려는 근현대 과학의 관점을 받아들일 수 없다. 그래서 근대과학과 그것을 뒷받침하는 온갖 가설들을 아낌없이 버리고, 처음부터 '땅과 물과 불과

꿈꾸는 형이상학

바람'(지수화풍)의 역사를 다시 쓰려고 한다. 살아 움직이는 이 크디 크신 님들에게 옛 영광을 되돌려 드리고 싶다.

이것은 근현대 생명과학의 전통을 이어받을 것이다. 실험보다는 관찰을, 분해보다 분석을, 끊어짐보다 이어짐을, 멎음보다 흐름을, 입자보다 파동을, 시각보다 청각을, 이성보다 감성을, 자연과학보다 신화학을 더 앞세울 것이다. 또 수학, 물리학, 화학, 생물학 같은 학문에서 '참'으로 '검증'되었다는 이론들의 모순과 빈틈을 힘이 닿는 데까지 파고들 것이다.

인간의 오만

플라톤이 남긴 글 《잔치》에서 아리스토파네스는 이런 이야기를 한다. 신들을 깔보고 신들에게 대들 만큼 힘이 세진 인간들의 오만한 생각과 힘을 꺾기 위해서, 본디 손발이 네 개씩 되었고 앞뒤로 눈과 코와 입이 달렸으며 귀도 네 개나 있던 인간을 신들이 둘로 갈라놓았다는 것이다. 그러니까 인간이 단성생식에서 양성생식의 길로 접어든 것은 인간의 '오만'을 징벌하기 위한 신의 뜻이었다는 말이다.

이 생각을 넓히면 원자 수준에서 양성자와 전자, 카오스(chaos)[13]가 코스모스(cosmos)[14]로 바뀌면서 벌어진 원자와 공간의 구별, 주역

---

13   우주가 생겨나기 전 혼돈이나 무질서 상태를 말한다.
14   질서와 조화를 이룬 우주 또는 세계를 이른다.

에서 무극이 태극을 거쳐 양의로 바뀌는 과정, 도교의 유무상생, 불교의 공관(空觀)[15], 생물학에서 핵과 세포질, 그리고 홀씨식물에서 꽃식물로 진화하고 단세포생물에서 다세포생물로 바뀐 것 따위가 모두 신들의 '응징'에서 비롯했다는 이야기다. 그리고 진화는, 그것이 '창조적 진화'라고 불릴 때마저도 그것은 축복이 아니라 재앙을 뜻했다는 이야기다. 재미있는 생각이다.

그 징벌은 인간종의 수준에서 정점에 이르렀다는 것을 드러내므로 생명계에서 남과 여, 음과 양의 결합은 예외 없이 이제까지와는 다른 개체를 탄생시킨다. 이 '돌연변이'의 출현은 그 정도가 처음에는 하잘것없어 보일지라도 시간이 흐르면 엄청난 결과를 낳는다. 어찌 생명계에서만 일어날 뿐이랴. 원자와 분자 수준에서도, 입자와 반입자 그리고 입자가 아닌 파동의 수준에서도 높고 낮은 굽이를 드러내는 '결'의 움직임, 힘이 '함'(능동)과 '됨'(수동)으로 갈라지는 현상은 우주의 불완전성을, 신의 저주를 드러내는 증거로 내세울 수 있다.

물리화학, 그리고 생명체의 가장 원시적인 수준에서도 같은 일이 일어난다. 코스모스가 정교하게 분화되고, 그에 따르는 필연이나 인과의 사슬이 단단해질수록 카오스의 영역은 그만큼 커진다. 우연과 자유의지의 영역은 필연의 지배가 완강함에 비례해서 더 늘어나고, 카오스는 그보다 조금 더 힘이 큰 코스모스의 영역을 넘보

---

15 형상 있는 모든 것이 인연에 따라 생긴 것일 뿐, 실제는 텅 비어 아무것도 없다는 이치를 바로 본다는 뜻이다.

꿈꾸는 형이상학

는 수준에 이르렀다. 그리고 이 일이 가장 활발하게 일어나고 있는 곳이 '인간의 뇌'다. 사람의 머리가 빚어낸 확실성의 원천으로 통하는 수학이 붕괴되고 있다. 머지않아 등식(=)은 사라지고 부등식(≠)이 기승을 부리는 때가 올지도 모른다. 벌써 통계 같은 학문이 수학의 영역을 침범해 들어오고 있지 않나.

하나인 단일우주론은 이제 헤아릴 수 없이 많은 다우주론에 자리를 내주고 있다. 무한 공간과 무한 원자로 이루어진 고대 원자론자들의 우주관이 복원되고 있다. 새로운 심령술사, 점성술사, 연금술사, 점쟁이, 무당, 예언자들이 이른바 과학의 '최근 성과'를 비웃으며 우후죽순처럼 나타나리라.

불변의 진리는 없다

살아 움직이는 것은 과학의 대상이 아니다. 하나하나가 모두 이 우주에서 하나뿐인 고유명사이기 때문이다. 분석과 분해의 대상이 되는 순간 그 고유명사의 특성은 사라진다. 고유명사에는 구조와 기능의 동일성이 없다. 따라서 일반화와 추상의 대상이 아니다.

살아 있는 것들은 살아남기 위해서 상호작용을 한다. 이때 어떤 것은 받아들이기만 하거나 내주기만 하는 측면도 있다. 꽃과 나비는 서로 꿀과 꽃가루를 주고받으며 살아간다. 우리는 이것을 공생이라고 부른다. 그러나 크게 보아 지구상에 있는 생명체들은 거의 모두 해와 바람과 물과 땅에 기생하고 있다. 식물들이 산소를 내

보내 바람 속에 섞으면 동물들은 그것을 몸속에 받아들여서 움직일 수 있는 힘을 얻기도 한다. 생명체들 가운데 주는 것 없이 받기만 하는 것들도 있다. 겨우살이는 그런 본보기가 되는 식물이다.

이런 현상은 사람 사이에서도 드물지 않게 보인다. 그러나 고유명사의 세계인 낱낱으로 살아 있는 것들은 자족적이 아니다. 생명계라는 울타리 속에서 이 고유명사들은 살아남고 또 살아가기 위해서 온 우주와 생명 연대를 이루어야 한다.

물질세계에서 물리, 화학 운동을 위해 어떤 물질의 단위나 화학 원소가 다른 단위와 연대를 이루어 저마다 고유한 성질을 유지한다는 것은 생각할 수 없다. 그것들은 같은 모습을 지닐 수도 있고, 되풀이되는 운동도 할 수 있다. 다시 말해서 분석하고 분해해도 본질은 바뀌지 않는다. 시간의 흐름도 그 본성을 바꾸지 못한다.

'시간의 비가역성'은 고유명사인 생명의 세계를 전제할 때만 뜻있게 다루어질 수 있는 문제다. 인문학, 더 잘게 쪼개서 역사학이나 사회학, 경제학 같은 것이 과학이 될 수 없고, 생물학이 과학의 탈을 쓰는 게 꼴불견이라는 생각이 드는 것은 이런 분야가 생명체와 연관되기 때문이다.

생명을 다루는 쪽에서도 사람이 사는 데에 도움이 되기 때문에 되풀이되거나 때가 지나도 바뀌지 않는 모습을 찾아 이것을 일반화하거나 추상하는 것은 얼마쯤 받아들일 수 있다. 그러나 생명현상의 어느 특정한 측면을 부풀려서 지속적인 성장이나 진보, 진화, 발전의 이론을 정당화하는 것에 '진리'의 탈을 씌우는 것은 어리석은 일이다. 더 폭넓고 깊이 있게 생명현상을 바라보고 들여다보아야 한다.

생명계의 한 구성원인 인류 역사의 마지막 단계를 억압 제도와 사유재산이 없는 세상으로 놓는 '유물론적 사회유형론'과 '사회적 역학 이론'은 아름다운 꿈이기는 하다. 하지만 잘못하면 자연이 생명계 일반에 하는 통제까지 억압으로 보고, 생산자들의 생산물을 제 몫으로 거저 얻으려는 도시 지식계급의 생존 욕구를 정당화하는 꼴로 비치지 않을까 걱정스럽다.

도시의 착취자들이 일반화하는 생산, 억압, 인식에 대한 관점은 생명 연대의 불가피성을 몸으로 깨친 자연 친화적인 삶을 바탕으로 하나하나 꼼꼼히 되살필 필요가 있다. 이 세상에 물리, 화학이나 수학으로 대표되는 '불변의 진리'는 없다. 삶은 진리의 모습을 바꾼다. 어우러져 사는 데 도움이 되는 이치만 진리다.

나를 끌어당기는 무극

가끔 나는 있음과 없음이 나를 끌어당기는 것을 느낀다. 노자가 말하는 '유무상생'의 틈에 끼인다고나 할까. 모두가 이어져 끝이 안 보이면 겉과 갓(끝)도 없어 '무극(無極)'이라고 한다. 태극도설[16]에서 만물의 근원으로 여기는 '태극(太極)'의 맨 처음 상태가 무극이다.

---

16   중국 북송의 유학자 주돈이가 쓴 책. 무극과 태극을 바탕으로 음양오행과 만물이 생성하는 발전 과정을 그림으로 풀이해 태극도를 만들고, 이에 설명을 붙인 철학서다.

태극도설에 따르면 한 점으로 나타난 무극이자 태극은 양의(兩儀), 즉 빛(양)과 그늘(음)의 움직임으로 태극도형의 모습을 띠게 되는데 여기에 우주 만물의 생성 원리가 담겨 있다고 보았다.

무극을 가장 위에서 보면(우리는 이것을 유식한 말로 '추상의 최고 단계'라고 한다) 있음과 없음이 갈라서지 않는, 모습도 크기도 없고 움직임도 없는, 있다고도 없다고도 할 수 없는 무엇이다. 보이지도 않고 들리지도 않으며 냄새 맡을 수도, 맛볼 수도, 닿을 수도, 생각으로 도려낼 수도 없는 것이다. 모든 감각과 의식을 벗어난 그 무엇이다. 이 무엇의 잘린 점, 눈에, 의식의 눈길에 잡히는 끝이 태극이다. 걸을 길이 보이고 무엇이라고 부를 건더기가 보이는데, 그래도 이것은 어둠 속에 잠겨 있다. 깜깜하고 또 깜깜하다.

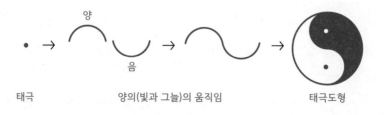

태극   양의(빛과 그늘)의 움직임   태극도형

서로 엉켜서 한데 이어져 있던 끈의 매듭이 어느 순간 잘리고 원점(태극)이 드러났다. 눈에 보이지 않는 동그라미로, 원으로 여겨지던 이 점이 알고 보니 보이지 않는 알로써 넓이뿐만 아니라 높이의 싹도 지니고 있었다. 무슨 까닭으로 움츠러들 대로 움츠러들어 이름도 길도 알 수 없는 이 원점이 어느 틈에 뻥 터지면서 있는 것과 없는 것을 갈라놓자, 그 틈바구니에서 있는 것도 아니고 없는 것도 아닌

꿈꾸는 형이상학

것이 나타났다. 크기의 씨앗이자 움직임의 길이 나타난 것이다.

여기에서부터 수학과 수학을 본으로 삼는 물리학의 야바위 놀음이 움튼다. 먼저 크기 없는 점에서 길을 나서 한가운데부터 동그라미를 그리며 퍼지는, 무한히 촘촘하게 이어져 있는 동심원들을 머릿속에 그려 보자. 어디에서 어떻게 잘라도 원으로 드러나는 이 동심원들은 이 우주 공간 어디에도 없다. 마치 네모꼴 동그라미가 없는 것과 같은 이치다.

동심원들은 서로 이어지지 않는다. 모든 동심원은 저마다 폐곡선이다. 저마다 폐곡선인 것은 그 어떤 것도 움직이지 않는다. 동그란 연못 한가운데 크기 없는 아주 무거운 알이 떨어졌다 치자. 이 연못의 크기가 얼마나 되는지에 대해서 우리는 모른다. 확장을 멈추는 우주의 맨 가장자리라고 해도 좋다. 알이 떨어진 연못을 수직으로 바라보면 그 안을 채우고 있는 잔잔한 물은 동심원으로 보이는 물결을 일으킨다. 그러나 우리 눈에 그렇게 보일 뿐이다. 움직이는 물결은 중심에서 변두리로, 가운데에서 끝으로 번져 가지 않는다. 제자리에서 위아래로 움직일 뿐이다.

원에 긋는 빗금의 크기와 방향에 따라 동심원이 나선형으로 보이기도 하고, 거꾸로 나선형이 동심원으로 보이기도 한다. 측정되는 참과 감각에 따른 참이 엇갈리는 경우는 아주 많다. 한 점에서 시작되는 운동이 달팽이 껍질처럼 휘돌면서 공간 전체를 채운다는 생각은 받아들이기 힘들지도 모른다. 우주 공간이 에테르[17]로 채워져 있지 않다는 것이 물리학적으로 증명되었다고 믿는 것도 섣부르다.

플라톤은 모든 것을 포괄하는 완전한 울타리로서 '하나의 우주'

를 머릿속에 그렸다. 아울러 그 울타리에서 가장 멀리 떨어져 있는, 우주의 중심에 있다고 여겨진 지구를 가장 불완전한 것으로 보았다. 플라톤은 지구에서도 가장 불규칙하게 운동하는 것을 인간 사회로 가정하고, 이 세계를 질서 짓는 방법에 고심해서 최후의 저작 《법률》편에 심혈을 기울였다고 한다. 유클리드 기하학은 플라톤이 이 우주를 수학적으로 구성하는 데에 피타고라스의 수비학[18]과 함께 가장 쓸모 있는 도구였다.

문제는 플라톤이 살던 시대의 아테네 사회에서나, 레오나르도 다빈치나 갈릴레이 같은 뛰어난 수학 천재가 활동했던 이탈리아반도에서나, 또 수학자들이 가장 융숭한 대접을 받고 있는 현대 미국 사회에서나, 왜 수학이 늘 억압과 지배와 전쟁의 도구로 가장 큰 기능을 할 수밖에 없었던가 하는 것이다. (오차를 줄이려는 정밀과학의 피나는 노력과 통계, 확률로 드러나는 여러 수치들이 양으로 측정 대상이 될 수 없는 낱낱 숨붙이이자 생명체에게 했던 몹쓸 짓은 원자폭탄을 비롯하여 무수히 많다.)

우리는 알(구)의 한가운데 점에서 서로 정반대 방향으로 향해서 알의 겉(표면)에 찍히는 두 점 사이의 가장 짧은 선은 직선이라고 배웠다. 만일에 우주가 하나고 그것이 완전한 알의 형태를 지니고 있다면 우주의 중심은 한 점일 것이고, 그 중심에서 폐쇄된 우주의 끝

---

17 빛의 파동설과 연관되어 우주에서 전파나 빛을 전달하는 매체로 여겨졌으나 나중에 없는 물질로 밝혀졌다.
18 숫자와 사람, 장소, 사물, 문화 사이에 숨겨진 의미와 연관성을 공부하는 학문이다. 칼데아의 수비학, 피타고라스의 수비학 들이 있다.

에까지 이어지는 무한히 많은 줄을 그을 수 있을 것이다. 그리고 그 점들은 모두 일대일 대응 관계를 나타내는 같은 길이의 줄로 이어져 있을 것이다.

그러나 만일에 우주가 얇은 막으로 격리된 비눗방울 포도송이 모습처럼 여럿으로 갈라져 있다면, 그리고 그 우주에 상호 침투되는 힘이 있다고 가정하면 어떻게 될까. 어떤 것이 이상적인 삶의 모습인지에 대해 플라톤의 이상국가와 노자의 소국과민과 모어의 유토피아는 서로 다른 본보기를 보여 준다. 이 이상국가들이 생산과 억압과 인식의 측면에서 어떤 그림을 그리고 있는지를 파헤치는 것은 흥미로운 일이 될 것이다.

거품우주에 대한 생각

공간의 밀도는 덜 비워져서, 덜 빠져서, 덜 없어져서 빽빽한 데가 있다. 반대로 더 빠지거나 더 없어져서 무른 데도 있다. 빈터는 가지런하지 않다. 빽빽하게 치솟아 원뿔 꼴로 바뀌는 곳도 있고 수렁처럼 깊이 비어 있는 곳도 있다. 그런 곳을 만나면 바람은 그 빈자리를 휘감으며 회오리치기도 하고, 소용돌이치면서 자맥질하기도 한다.

'고비'(힘의 최고점)는 위로 솟은 곳을, '구비'(힘의 최저점)는 밑에 자리 잡은 것을 가리킨다. 위로 치달으며 고비를 넘는 것, 넘기는 것은 높은 데를 올라야 해서 힘겹다. 구비로 내리닫는 내리막길은 저

낮은 곳이어서 그 나름으로 버겁다. '주름'은 고비와 구비가 이루는 결이다. 주름지지 않은 것이 어디 있으랴. 땅도 주름 잡히고, 텅 빈 것처럼 여겨지는 공간도 주름 잡혀 있다. 때라고 다를까. 시간의 주름에는 더 힘겨운 수수께끼가 깔려 있다.

결이 맞부딪쳐 고비를 이루는 힘과 구비를 이루는 힘이 비슷해지면 유클리드 기하학 평면으로 보이는, 밋밋한 직선으로 이루어진 공간이 드러나기도 하고, '고비고비', '구비구비'를 이루는 힘이 한데 모이면 더 큰 고비와 구비가 이루어지기도 한다. 규칙적인, 또는 불규칙적인 기하학적 모양은 결들의 엇갈림에서 생겨난다.

현재 물리학에서 그리는 원자 또는 아원자, 또는 분자, 또는 천체의 모형은 모두 겉껍질에 둘러싸인 알꼴(구형)이다. 핵을 둘러싼 원형 또는 타원형, 또는 나선형 운동을 하는 무엇인가가 껍질을 이루고 그 안에는 엇갈리는 힘으로, 결로 가득한 빈터가 있다고 여긴다. 이 빈터에는 크고 작은 구슬이 거품처럼 꽉 들어찬다. 그러니까 크고 작은 구슬들이 켜켜이 겹겹이 둘러싸고 쌓는 거품의 거품의 거품으로 우주가 이루어져 있다고 여긴다.

고비와 구비로 이어지는, 머릿속에서 줄곧 떠올렸던 '거품우주'를 그려 본다.

꿈꾸는 형이상학

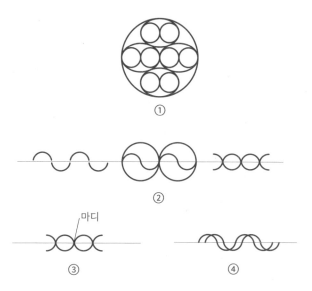

큰 동그라미 ①의 가운데를 지나는 결은 ②의 모습처럼 1/2, 1/4, 1/16······로 분모가 기하급수로 늘어나는 결의 곁가지를 친다. 이 결은 꼬여서 ③과 같이 '마디'(응집력)를 이룰 수도 있고 ④처럼 빗나가거나 엇나갈 수도 있다. 큰 결과 작은 결이 이어져 샛길로 들어설 수도 있다. 이때는 대칭과 평형이 깨지고 때로는 맴돌고(제자리에서 돌고 돎), 때로는 감돌고(감아 돌아 톨로 바뀜), 때로는 휘돌아(점점 밖으로 퍼지는 나선형의 곡선을 그림) 오므라들기도 하고(응축), 부풀어 오르기도 한다(확산). 감도는 힘은 덥히고, 휘도는 힘은 식힌다. 맴도는 힘은 덥히지도 식히지도 않는 울타리를 만든다. 이 울타리 안에 드는 힘은 줄어들지도 늘어나지도 않는다.

구슬 껍질(구의 표면)은 아무리 작아도 잴 수 없다. 동그라미(원)의 둘레를 잴 수 없는 거나 마찬가지다. 구슬의 둘레는 더 말할 것도

없다. 자에 새겨진 눈금에 따라 오므라들기도 하고 부풀어 오르기도
한다. 미적분 방정식으로 근사치에 접근할 수 있다는 말도 다시 생
각해 보아야 한다. 디랙, 파울리, 슈뢰딩거, 바일, 플랑크, 아인슈타
인, 칸토어, 괴델, 하이젠베르크 같은 수학자 물리학자가 무더기로
덤벼들어도, 어떤 잣대를 들이대도, 0과 1을 힘으로 바꾸어 연산하
면 마지막에는 두 번 되풀이되거나 두 순간 지속되지 않는 무규정성
이, 카오스가 얼굴을 들이민다. 있음에도 없음에도 들지 않는 '없는
것'이 나타난다.

모든 것에는
빈틈이 있다

                          '있던 것'(없는 것)과 '있을 것'(없는
것)에서 하나는 이미 없는 것이고, 다른 하나는 아직 없는 것으로 서
로 결이 다르다. 때(시간)의 틈새에 따라 이미 없는 것이 이제 있는
것으로 나타날 수도 있고, 아직 없는 것으로 드러날 수도 있다. '함'
으로 드러나는 힘도 '됨'으로 드러나는 힘도 마찬가지다. 라이프니
츠는 단자[19]에는 문(빈틈)이 없다고 했으나 홀로 있는 것으로 여겨지
는 모든 것에는 빈틈이 있다. 비어서 채워지기를 기다리는 '때'도 있

---

19   단자는 넓이나 형태가 없고 무엇으로도 나눌 수 없는 최소 단위이자, 우주를 구성
       하는 궁극의 실체를 이른다. 다른 힘에 기대지 않은 채 제 스스로 움직이고 발전
       하기에 따로 상호작용을 하지 않는다. 라이프니츠는 이처럼 독립된 단자의 특성
       에 근거해서 "단자에는 창문이 없다."고 제시했다.

고 '데'도 있다. 이 틈을 파고들어 이음(관계)이 드러난다. 곰곰이 따지고 살필 일이다.

위 그림에서 흰 고리는 '함'의 자리로 보고 검은 고리는 '됨'의 자리로 보자. 블랙홀[20]과 화이트홀[21]은 저마다 힘이 가장 큰 자리를 나타낸다(그 자리의 크기는 0이다, 없다). 웜홀[22]은 이 동그라미(구가 우리 눈길에 닿는 모습)의 한가운데 있는데, 따지고 보면 검은구멍(블랙홀), 흰구멍(화이트홀), 벌레구멍(웜홀)은 모두 한자리에 있다. 따라서 우리 눈길을 끄는 것은 동그라미도 구멍도 아니다. 동그라미를 옆으로 놓으면 아래 그림처럼 드러나는 굽은 '결'이다.

20 강력한 중력으로 모든 것을 빨아들이는 시공간 영역. 질량이 매우 큰 별이 진화하는 마지막 단계에서 만들어지며, 구성물질이 사방에서 붕괴되면서 중력에 의해 부피가 0이고 밀도가 무한대인 한 점으로 압축된다.
21 블랙홀에 반대되는 현상으로, 그 안에 무엇이든 머물 수 없고 또한 모든 것을 뱉어내는 천체를 말한다. 화이트홀은 이론상의 개념으로 그 실체가 밝혀지지는 않았다.

하나로 이어져 있는 힘의 높낮이가 이 결을 이루는데, 이것을 가로세로로 잘라 내고 그 결이 움직이는 끝자락을 따로 도려서 이론물리학자들은 '업쿼크, 다운쿼크, 왼쿼크, 오른쿼크, 참쿼크'로 다섯 개의 입자를 빚어낸다. 아울러 머리 겔만이 만들어 낸 '표준모형'에서는 짝을 이루는 여섯 개의 쿼크를 예상한다. '위, 아래, 꼭지, 바닥, 맵시, 야릇' 쿼크가 그것이다. 하나의 흐름이 이렇게 다섯, 여섯으로 조각이 난다. 그럴싸하게는 보인다. '검증'되지 않았느냐고? 그렇지! 모든 맞서는 힘은 그것이 '있다', 무엇'이다'로 밝혀진다. 검증이 된다. '있는 것'은 '인 것'으로 드러난다. 다만 결을 톨로 바꿔치기하는 노릇이 그 사이에 끼어들었을 뿐이다.

삶은 '결'이다. '톨'이 아니다. 끊임없이 흔들린다. 흔들리면서 흐른다. 맞서기도 하고 만나기도 한다. 그 결의 뭉침이 톨을 이루는 것으로 보일 뿐이다. 단자는 없다. 원자도 없다. 공간은 보이지 않는 결들로 가득 차 있다. 어떤 때는 떨림으로 어느 때는 기쁨이나 슬픔으로 또 다른 때는 햇살이나 물결이나 불길로 드러나는 결.

이어져 있으면서 그때마다 결이 다름으로 드러나는 게 맴도는 굴렁쇠 운동인데, 그것이 그리는 자취는 바른 줄로 나타난다. 옆에서 보면 길거나 짧은 한 줄이다. 곧은줄이다. 자를 들이대 잴 수 있는 것은 이 '줄'(선)뿐이다. 크고 작음은 밖에서만 볼 수 있다. 동그라미 안에 있으면 큰지 작은지, 바로 걷고 있는지 아닌지도 모른다. 돌

---

22 우주에서 블랙홀과 화이트홀을 연결하는 통로. 웜홀은 벌레가 사과 속을 파먹는 모습에서 착안하여 지은 이름으로, 화이트홀과 마찬가지로 이론상의 개념이다.

꿈꾸는 형이상학

아오고 또 되돌아온다는 것도 모른다. 한결같지 않으면서도 한결같다. 갇혀 있으면서 갇혀 있는 줄도 모른다. 여기서 벗어나려는 힘은 떨림으로 나타나는데, 안에 있으면 이 떨림조차 드러나지 않는다. 아원자에서 우주까지 모두가 떨고 있다.

미시세계와 거시세계의 한계

우리 귀에 들리는 소리를 아무리 키워도(증폭) 또는 아무리 줄여도(약화) 가청 영역(들을 수 있는 소릿결)을 벗어나면 들리지 않듯이, 또 우리 눈에 온갖 현미경을 곱으로 들이대도 볼 수 있는 톨 크기에 끝이 있고 망원경을 키우고 또 키워도 볼 수 있는 하늘의 크기에 한계가 있듯이, 우리의 '감관 지각'에 들어오는 크고 작음에는 울타리가 있다. 수학, 물리학, 화학, 생물학 다른 어떤 과학의 잣대를 들이대도 마찬가지다.

그런데 '미시세계'와 '거시세계'의 이 한계점(임계점이라고 불러도 좋다)을 벗어나면 직관이나 느낌으로만, 또는 상상력이나 꿈으로만 그릴 수 있는 새로운 세상이 열린다. 휘감아 돌아(휘돌고 감돌아) 톨로 뭉치기도 하고 결로 퍼지기도 하는, 그리고 때로는 맴도는 것으로도 보이는, 톨과 결이 겹을 이루며 움직이는 울타리 안에서 우리는 하나의 '누리'(우주)를 여러 과학의 힘을 빌려 그려 보기도 하고 '여러 누리'(다중 우주)의 모습을 엿보기도 한다.

하나의 큰 동그라미 안에 작은 동그라미 둘이 들어 있고, 그 작은 동그라미 안에 더 작은 동그라미가 두 개 들어 있고, 이렇게 무한히 작은 동그라미들을 '안'에 그려 넣을 수 있다. 거꾸로 큰 동그라미 '밖'에 더 큰 동그라미, 그 큰 동그라미 두 개를 담은 더 큰 동그라미를 그려 넣듯이 보이지 않는 '무한소'의 동그라미부터 '무한대'의 동그라미들을 그려 나갈 수 있다.

휘감아 돌면서 저마다 제자리에서도 맴도는 (가장 작은 '하나'에서 가장 큰 '하나'에 이르기까지) 크고 작은 누리들, 그리고 그 우주들을 감싸는 더 큰 누리들……. 이런 원은 무한히 더 크게 그릴 수 있으므로 저마다 동그라미 테두리 안에서 보면 하나의 누리이고 밖에서 보면 여러누리로 보인다.

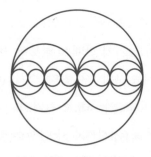

겹을 이루는 여러누리의 모습

우리의 감각이 어느 한계 안에서 기능을 발휘하듯이(힘이 미치는 울타리가 둘러 있듯이) 지성도, 그 지성의 산물인 여러 과학의 척도(잣대에 새겨진 눈금)도 마찬가지다. 이것을 간과하고(넘보고) 어느 테두리를 벗어나면 미분도 적분도 자리 잡거나 틈새를 비집고 들 길이 없다. 그런데도 인간의 척도로('인간은 만물의 척도다'라는 말을 그럴

꿈꾸는 형이상학

싸하게 받아들여) '순수공간, 순수지속'(베르그송의 말이다)을 잴 수 있다는 오만을 일삼아 왔던 게 그동안 사람 탈을 쓴 산이가 저지른 잘못이다.

모든 톨과 결은 '둘'(0, 1)에서 시작하고 '둘'로 꼬인 가닥을 이루고 있다. 마침내 하나로 뭉치는 파르메니데스의 '있는 것 바로 그것'은 없다. 끝없이 이어지는, 어느 잣대에는 눈금이 또렷이 새겨지기도 하고 어느 잣대에는 눈금이 지워지기도 하는 코스모스의 과정, 또는 카오스의 과정이 있을 뿐이다.

잇대어 있는 두 점, 또는 두 동그라미(원)는 저마다 '있음'과 '없음'의 상징이다. 이 '둘'이 새끼 꼬이듯이 꼬여 힘(에너지)으로 풀리기도 하고 덩이(질량)로 뭉치기도 한다. 이 힘과 덩이를 물질과 기억으로 가르는 것은 편의에 따르는(그래 보는) 것일 뿐이다. 기억 없이 (이른바 유전정보 없이) 지속(이어짐)되거나 반복(되풀이)되는 것은 없다. 물질의 차원에서도 생명의 차원에서도 마찬가지다.

내 짐작으로는 플랑크상수(h)[23]가 미시세계를 측정하는 데 있어 수학적으로 요구되는 0에 가까운 가장 작은 상수이고, 그보다 더 작은 영역은 변수들의 영역인 듯하다. 마치 빛의 상수(C)가 1에 가까운 가장 큰 상수이고 그보다 더 큰 영역은 또 다른 변수들의 영역인 것처럼.

---

23 물질의 입자가 지닌 성질을 결정하는 기본 상수로, 더 이상 쪼갤 수 없는 원자 단위 에너지의 크기를 나타낸다. 이 상수를 도입한 독일 물리학자 플랑크의 이름을 따서 플랑크상수라고 부른다.

광자나 전자에서 쏟아져 나오는 빛이 쌍으로 된 슬릿(slit)[24]을 통과할 때 동시에 두 구멍을 거쳐 감광판에 결을 일으킨다. 이것은 파인만이 주장하듯이 이 톨들이 아무 데나(심지어 안드로메다 성단에 까지) 제멋대로 돌아다니는 '히치하이크'의 특성을 지니고 있어서가 아니라, 두 줄로 그어진 틈새에 들어서기 전에 휘도는 결로 바뀌어 그 틈새를 포함한 막을 가득 채우기 때문이 아닌가 한다. 그리고 파인만이 발견한 '제멋대로인 행보'를 보이는 까닭은, 이 우주에 시공간의 형태로 왜곡된 헤아릴 수 없이 많은 다른 결들과 자연스럽게 이어져 공명하기 때문에 생기는 미시적 현상이 아닌가 한다.

'입자의 위치와 속도를 동시에 정확하게 알 수 없다'는 것은 없음(0)에서 나온 '없는 것'의 힘과 있음(1)에서 나온 '있는 것'의 힘이 겹꼬임으로 시공간을 뒤틀고 꼬고 있기 때문이라고 이야기하면 쓸데없는 형이상학이라는 소리를 들으려나? 그리고 그 힘이 '미움'이나 '고움'으로 드러난다고 하면? 미움에서 '미'가 '골'을, 고움에서 '고'가 '마루'를 나타내고 그 말들이 결을 드러낸다고 한다면? 아마도 이런 느낌들은 검증될 수 없다는 까닭으로 콧방귀나 코웃음거리가 되기 십상이겠지……. 그럼에도 미시적이면서 동시에 거시적인 이 결들의 힘과 움직임을 수치화하는 방법을 써서가 아니라 '느낌'으로 받아들이는 게 이 힘을 통일하는 유일한 길이겠다는 생각을 지울 수가 없다.

---

24 빛이나 분자의 너비를 조절하기 위해 두 장의 판을 나란히 마주 보게 하여 만든 좁은 틈.

꿈꾸는 형이상학

왜 사느냐,
삶이란 무엇이냐?

힘 가운데 '하는 힘'(함)은 '있음'으로 치솟고, '되는 힘'(됨)은 '없음'으로 갈앉는다. 이 두 힘이 맞서거나 만나면(그러지 않아도 되는데, 꼭 그래야 하는 건 아닌데, 그런 일이 일어나니까 이것은 우연으로, 어쩌다 그런 것으로 보아야 한다) 꽈배기처럼 엮이는 결로 드러난다. 이 결들이 바짝 들러붙어 엉키는 마디가 톨이고, 느슨해지면 결로 드러난다. (위아래로 들쑥날쑥하는 물결을 머리에 떠올려 보자.) 치솟은 또는 치솟는 결을 '함'으로, 갈앉는 결을 '됨'으로, 이 결들의 틈이 바짝 줄어서 뭉친 것을 톨로 보면 된다. 그러니까 결이 오므라들어 그 틈새가 거의 보이지 않으면 톨, 이 톨이 느슨해져서 길게 늘어지면 결로 보인다는 뜻이다.

문제가 까다롭게 얽히는 까닭은 이 땅별(지구)에서 햇살 아래 뭇산이가 득시글거리고, 그 가운데서도 사람이 나타났기 때문이다. 이네들이 우주의 비밀, 생명의 근원을 파헤치겠다고 머리를 싸맨다. 나도 어쩌다 그 무리에 끼게 되어 가끔 뜬구름 잡는 이야기에 말보태기를 하는 때가 있다.

나는 과학자도 아니고, 반거충이 철학자인 데다가 사람으로 어쩌다 태어나 사람 탈을 쓰고 있으나 곧 엉긴 톨로 얼마쯤 남았다가 머지않아(우주적 시간으로는 '곧'이겠지만) 결로 돌아갈 나이여서, 그리고 플라톤, 베르그송, 박홍규 선생님도 내 스승이고, 나도 한때 이런 짓으로 밥벌이(비렁뱅이 짓)를 한 적이 있다 보니 형이상학에 이바지한다는 사명감(내 할 일이라는 느낌)이라기보다는 '제 버릇 개 주지 못

해서' 그러는 것으로 보면 된다.

　자로 재기 쉽게 세모꼴로 이것저것을 도려내 버릇하는 이들(수학자들이 미분 또는 적분의 이름으로 곧잘 그런다)도 있으나 크게 보아 제 움직임을 동그라미로 도려내는 게 이 별누리(우주) 톨들이 하는 짓이다. 미립자, 소립자, 전자, 양성자, 중성자, 중간자로 불리는 온갖 작디작은 톨들도 그러고 있고, 커다란 별구름(성운)이나 별떼(성단)들도 그러는 것으로 안다.

　산이들이 하는 짓도 여기서 크게 다르지는 않다. 영원회귀(Ewig Wiederkehrung)[25]를 내세운 니체가 그리는 큰집(우주)의 움직임도 다를 바 없다는 게 내 생각이다. '돌고 도는 물레방아 인생'이라는 말처럼 산이들이 그리는 궤적(결자취)도 따지고 보면 그런 모습이 아닌가? 유전자도 도돌이표고 기억도 되돌아온다. 유전자가 담겨 있는 이중나선이라는 그림이 드러내는 꼬임과 마디도 톨과 결로 이루어진 힘들(함과 됨)의 뭉침으로 볼 수 있다. 이런 흐름을 따라 풀은 풀대로, 무당벌레는 무당벌레로, 우리 할아버지 할머니들은 또 그 나름으로 삶을 이어 왔다.

　'우주는 어떻게 생겼느냐?'

　'물질의 최소 단위는 무엇이냐?'

　이런 물음들이 제 손발 놀리고 제 몸 움직여 저도 살고 이웃도 살리는 힘을 쓰고도 남는 겨를에 심심해서 머리를 굴려 보는 것이

25　니체가 《차라투스트라는 이렇게 말했다》에서 내세운 것으로, 영원한 시간은 원형(圓形)을 이루고, 그 원형 안에서 우주와 인생은 영원히 되풀이된다는 사상이다.

꿈꾸는 형이상학

라면 나쁠 게 없다. 그러나 밥 먹고 하는 일이란 국민 세금을 연구 기금으로 받으면서 머리 굴리는 일밖에 없고, 의도하지 않았더라도 그 연구가 빌미가 되어 멀쩡한 사람들을 죽을 길로 몰아넣는 꼴은 못 보아주겠다.

수학, 물리학, 천체물리학, 생물학 등 자연과학에서 이른바 '최첨단' 이론을 내세우는 사람들은 자기들이 과학의 탈을 쓴 형이상학을 하고 있다는 사실을 잘 모르는 듯하다. 정밀한 공식, 수치, 데이터로 포장된 그 이론들은 과학이 아니라 신화나 전설 못지않은 '꿈'이다. 숱한 이론들의 밑에 깔린 가설은 형이상학자들이 내세운 가설과 크게 다르지 않다. 연구 범위가 제한되어 있고 그것을 뒷받침하는 실험이나 실증적 증거가 마련돼 있다고 해서, 정밀과학이나 엄밀학문이라고 우겨 댄다고 해서 형이상학이 실증과학으로 바뀔 수 있는 것은 아니다.

'왜 사느냐, 삶이란 무엇이냐?'

옛날부터 근대에 이르기까지 형이상학자들은 대체로 삶에 대한 소박하고도 끊임없는 호기심이 그이들의 연구 동기였다. 그 사람들은 누가 알아주지 않아도 가난 속에서도 꾸준히 '형이상학적 꿈'을 꾸어 왔다. 그 때문에 스스로 불행하지도 않았고, 남을 불행하게 만들지도 않았다. 그러나 현대 첨단 과학자들은 스스로는 어떤지 모르겠으나, 내가 꿈꾸는 '기쁨의 형이상학' 대신에 '슬픔의 형이상학'에 골몰하고 있다는 것이 내가 받은 느낌이다.

살아 있는 우주적
상상력

크게 보아 지난 몇백 년 동안 과학계에는 세 차례에 걸친 큰 변화가 있었다. 뉴턴이 찾아낸 관성과 만유인력의 법칙, 아인슈타인의 상대성원리[26] 그리고 양자역학[27]이다. 하나는 일상세계의 해석에서 또 하나는 거시세계의 해석에서 나머지 다른 하나는 미시세계의 관찰에서 일어난 변화로 볼 수 있다.

이 모든 물리 세계의 법칙들은 수학과 실험, 관찰의 '검증'을 거쳤다. 그러나 문제가 남았다. 상대성원리와 양자역학의 불일치다. 그 둘을 아울러 보려는 시도는 아직 성공하지 못하고 있다. 불확정성원리[28]와 불완전성정리[29]는 지금 진행되고 있는 물리학, 수학의 '작업가설'로는 문제 해결이 어려움을 드러내고 있다. 플라톤주의와 원자론자들 이론의 통일? 글쎄, 어려울 게다.

내 느낌은(생각도 이론도 학설도 아니다) 우리가 생각하는 우주는 어떤 모습을 띠고 있든(하나로 여겨지든 여럿으로 여겨지든) '살아 있다'. 내게는 살아 있는 시간, 살아 꿈틀거리는 공간의 결이 느껴진다. 그

---

26 아인슈타인이 세운 특수상대성이론과 일반상대성이론을 통틀어 이르는 말이다.
27 물리학의 한 분야로서 원자와 분자를 구성하는 입자인 전자, 양성자, 중성자와 다른 원자 구성 입자 사이의 운동을 다루는 학문이다.
28 양자역학에서 입자의 위치와 운동량, 에너지와 시간처럼 서로 관계가 있는 한 쌍의 물리량에 대하여 그 두 가지를 동시에 관측해서 정확하게 측정하거나 결정할 수 없다는 것을 말한다. 1927년 독일 물리학자 하이젠베르크가 세운 이론이다.
29 1931년 괴델이 발표한 논리학에 관한 정리로, 참이지만 증명이 불가능한 식을 내세웠다. 이를테면 수학에는 '예 또는 아니오'만을 답할 수 있을 뿐 증명이 불가능한 문제들이 매우 많다는 것을 제시한다.

꿈꾸는 형이상학

결의 흐름에 맞추어 (여러 모습으로 바뀌는 걸 느끼면서) 나는 이 별에서 저 별로, 이 끝에서 저 끝까지(있음에서 없음까지) '순간이동' 할 수 있다. 텔레파시가 아니다. 그냥 느낌이다.

한 입으로 두 말뿐 아니라 여러 말을 할 수 있다. '다 비었다, 하나다, 마음이 모두 빚어냈다, 물질이다, 생명이다, 창조의 역사다, 진화의 역사다…….' 이른바 화엄세계[30]는 살아 있는 우주를 가리키는 말이다. 전자나 아원자로 살아 있든, 부풀어 오르는 우주로 살아 있든, 마침내 눈에 안 보이는 점으로 사라지다가 어느 순간 '뻥' 터지든 살아 있는 놀이판이다. 그럴싸하게 꾸며 댈 수도 있다. 크게 어렵지 않다. 소크라테스 이전 철학자들을 본뜨면 된다. 우리에게 필요한 건 '좀팽이 과학'이 아니라 살아 있는 모든 것과 너나들이할 수 있는 우주적 상상력이다. 안 그런가?

내가 그 조각난 글들을 움켜쥐고 놀았던 파르메니데스, 제논, 헤라클레이토스, 엠페도클레스, 데모크리토스, 에피쿠로스, 티마이오스, 베르그송, 비트겐슈타인……(많기도 하다). 그러고 보니 모두가 자연학(자연과학)과 우주론에 코 박았던 사람들이다. 내 상상력의 원천도 아마 여기서 비롯하지 않았을까. 중국에서 발전한 선불교가 좋은 것도 그 화두들이 짧아서 그 안에 상상력이 끼어들 수 있어서다. 노자, 장자, 공자의 글도 마찬가지다.

아인슈타인은 자신의 이론에 '상대성'이라는 딱지가 붙는 것을

---

30 '화엄'이란 온갖 꽃으로 장엄하게 장식한다는 뜻이다. 여기서 꽃은 부처의 행과 덕을 일컫는다. 화엄세계는 하나 속에 일체가 있고 작은 물방울에 시방세계가 들어 있는, 부처 가르침의 광대무변함을 비유해서 표현하고 있다.

마뜩치 않아 했다고 한다. 그래서 본디 광속의 불변성을 뜻하는 '불변성 이론'으로 붙이고 싶어 했다는데 상대성이라는 딱지가 더 그럴싸해서 그게 아인슈타인의 이론으로 굳어졌다고 한다.

내 생각으로 광자는 구비로 내달으며 흐르는 빛의 결이 고비고비에 치달으면서 드러내는 덩이와 같은 것이다. '구비'가 없으면 '고비'도 없다. 직진하는(유클리드 평면에서 움직이는) 빛은 구비와 고비가 없으므로 결을 이룬다고 할 수 없고 따라서 파동의 특성을 지닐 수도 없다.

"$E=mc^2$에서 C^2은 엄청나게 큰 숫자이므로, 아주 작은 질량이라고 해도 이것이 에너지로 전환되면 엄청난 위력을 발휘하게 된다. 제2차 세계대전 당시 히로시마에 투하되었던 핵폭탄의 위력은 2파운드(약 910그램)의 우라늄 중 1퍼센트의 질량(9.1그램)이 에너지로 전환되면서 발생한 것이다."

브라이언 그린의 이 말을 여기에 옮기는 까닭이 있다. C^2이 '엄청나게 큰 숫자'라는 말은 C(빛의 속도)의 제 모습(또는 힘이나 결)을 제대로 못 보고 얼버무린 말이다. 그 까닭은 '1'(하나, 있음)이 지닌 힘과 또 거기에 맞서는 '0'(영, 없음)의 힘이 얼마나 큰지에서 비켜 가는 말이기 때문이다.

현대 물리학자, 그 가운데 특히 천문학을 파고드는 사람들은 아인슈타인의 우주에 구멍을 파고 있는 무리들이다. 그이들은 차원의 숫자를 늘림으로써 구표면(방울겉) 한 점 한 점마다 구멍으로 만들어서 그 안으로 기어들어 그것이 마치 새로운 우주인 것처럼 사람들을 현혹하고 있다. 속 들여다보이는 일인데 그 사람들은 그것이

'겉짓'(속없는 짓, 뻘짓)이라는 것조차 모른다.

아인슈타인은 빛의 빠르기를 1(하나)로 놓았다. 이것이 이른바 빛의 상수다. 그게 아니라면 C^2이라는 딱지는 그냥 낮도깨비일 뿐이다. 1(하나님, 유일신, 있음 바로 그것, 빛의 하느님)이 있어야 그것이 지니는 힘도 1^0에서 1^∞ 또는 1^n에 이르기까지 꼭 같아진다. '나는 빛이요, 생명이니…….' 그야말로 하나님 말씀(로고스)이다.

빛의 빠르기를 '늘셈'(상수)으로 삼아 $E=mc^2$이라는 공식이 나왔다고 한다. 따지고 보면 빛은 무더기로 결을 이루며 흘러서(빛깔 무더기여서) 거기에 프리즘이라는 유리를 들이대 걸러 내면 색색으로 끝없이 갈라져 같은 듯 다르고 끊어진 듯 이어진 알록이, 달록이들이 아른아른 어른어른 줄을 선다. 마치 아직 튀기지 않은 밀가루 꽈배기 반죽을 잡아당겨 길게 펴 놓은 것과 같을 텐데, 살아 있는 자연에는 직선이 없다는데, 굽거나 꼬이면 자로 잴 수 없는데……. 빛의 빠르기를, 그 크기를 어찌 잴 수 있다는 말일까.

자유와 필연의 틈새

되풀이되는 '우연' 가운데 가장 눈에 띄는 모습은 아침마다 해는 동쪽에서 뜨고 저녁마다 그 해가 서쪽으로 기운다는 것이다. 둥글게 울타리 쳐진 우주에서는 필연이란 없다. 필연은 유클리드 기하학 세계에서만 찾아볼 수 있다. 그리고 그런 우주관은 뉴턴의 관성과 중력의 법칙에서 정식화된다.

곡률의 계산은 애초에 불가능한 작업이다. 계산한다는 것은 잰다는 것인데, 구부러진 것을 재려면 자도 구부러져야 한다. 그러나 우주의 에너지들은 저마다 다른 파장을 지니고 있어서 가장 작은 것에서 가장 큰 것에 이르기까지 저마다 다른 잣대가 있어야 잴 수 있다. 무한히 많은 구부러진 잣대로 무한히 다양한 골이나 마루 사이를 잰다는 게 무슨 뜻이 있는가?

사는 데 필요하기 때문에 우리는 반복과 지속을 바란다. 삶의 필요에 따라 우리 두뇌에는 우연을 필연으로 바꾸는 회로와 배선이 깔린다. 그러나 바이러스 수준에서, 이미 정형화된 세포 안의 디엔에이를 녹이는 효소를 만들어 결국 그 세포를 파괴하고, 자기복제를 거쳐 기하급수로 늘어난 새로운 바이러스를 이웃 세포로 스며들게 하는, 파동으로 이루어진 이 힘은 어떻게 잴 것인가?

삶의 파동이 잴 수 없는 것이기 때문에 우리는 지난날을 삶의 흔적(기억의 궤적)으로 되살필 수 있지만, 미래는 코앞의 순간도 측정을 벗어나는 것이다. 우리가 눈으로 볼 수 있는 것은 모두 지난날에 생긴 것이다. 미래는 측정할 수 없다. 눈에 보이지 않는다. 적어도 살아 움직이는 미래에는 어떤 잣대도 댈 수 없다.

자유와 필연의 틈새, 시간의 지속성과 공간의 연장성을 생각한다. 없는 것이 많을수록, 빠지는 틈새가 크면 클수록 틈새는 길어지고 넓어질 것이다(시간과 공간의 연속성은 커질 것이다). 에라토스테네스의체[31]는 구멍이 작을수록 걸러지지 않는 것이 늘어난다(빠진 것이 줄어든다, 없는 것이 없어진다). 빠진 것이 없을수록 끊김이 많이 생긴다(연속성이 줄어든다). 마지막 선택은 있느냐 없느냐 사이의 선택이다.

꿈꾸는 형이상학

그것은 하느냐 되느냐 사이의 선택이기도 하다.

'하느님은 주사위 놀음을 하지 않는다'고? 통일장[32]이 있다고? $E=mc^2$? 에너지는 질량에 빛의 속도를 제곱하는 거라고? 우리가 잴 수 있는 가장 빠른 속도를 지닌 것이자 어떤 속도도 그것을 뛰어넘을 수 없다는 빛의 속도 C에 '제곱'을 한다는 것(C^2)이 무슨 뜻을 지니고 있는가?

'있는 것'으로 보이는 힘(E)과 덩이(m)는 바꿔치기해도 감쪽같은 두 쌍둥이다. 닫힌 우주를 밑자락에 깐, 일반상대성이론이 낳은 관념이자 상징으로 보아도 그만이다. 빛의 빠르기의 곱절(C^2)이라는, 과학의 탈을 쓴 '신화(?)'가 낳은, 불도 물도 잃어버리고 얼음으로 굳어 버린 우주 대신 나는 살아 숨 쉬는 온뉘(우주)를 만나고 싶다. 수비학에서 벗어나는 것이 먼저다. 아울러 열역학, 상대성이론, 양자물리학에서 빠진 것을 덧붙이는 일이 필요하다.

소립자 단위에서 원자와 분자, 그리고 생명체 단위의 각 영역에서 시간과 공간 규정은 저마다 달라진다. 바다 전체가 삶의 공간인 경우도 있고(어쩌면 우주 전체), 하루 또는 몇 초가 생명의 지속 시간일 수도 있다. 되풀이되고 이어지는 이 시공연속체 속에 우리의 기억은 아로새겨지지만 그것은 끊임없이 지워지고 끊어지는, 그래서 늘 우연과 혼돈의 영역으로 사라지는 무규정 속의 한 모습에 지나

---

31 에라토스테네스가 생각해 낸 소수 판정 방법으로, 자연수를 순서대로 늘어놓은 표에서 합성수를 차례로 지워 나가면서 소수 목록을 얻는 것을 말한다.

32 입자물리학에서 기본 입자 사이에 작용하는 모든 힘의 형태와 상호 관계를 하나의 통일된 개념으로 설명하고자 하는 이론. 대통일장이론이라고도 한다.

지 않는다.

큰펑(빅뱅) 이론은 플로티노스의 우주에 바탕을 두고 있는데, 이것은 플라톤의 우주와 다른 것이어서 머지않아 다른 증거들이 나타나 되살펴지게 될 것이다. 우주 생명(또는 온 생명) 이론은 아직 직관의 영역에 머물러 있다. 앞으로 우주 생물학이 크게 유행할 것이다. 아원자(맨톨)에서 광자(빛톨), 전자(그늘톨) 같은 덩이들과 그것들이 일으키는 여러 결들은 산톨(생명 입자)과 산결(생명의 파동)로 이름이 바뀌고 저마다 스스로 살아 움직이고 꿈틀거리는 쪽으로 되풀이(재해석)될 것이다.

꿈꾸는 형이상학

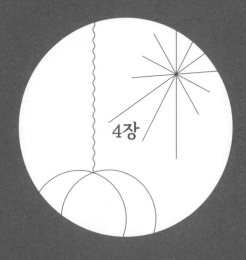

4장

0과 1의 아름다움

모든 상상력의 뿌리는 수학에 닿아 있다.

수학 공식은 아름다운 가락으로 나타나기도 하고

우아한 탄도곡선으로 그려지기도 한다.

수는 형이상학의 좋은 연장이다.

있음과 없음, 함과 됨, 임과 아님, 결과 톨

이 모두를 수의 묶음으로 풀이할 수 있다.

수학의 아름다움

내가 형이상학을 그려 낼 때 가장 자주 쓰는 낱말은 여남은 마디에 지나지 않는다. 있음, 없음, 임, 아님, 것, 힘, 함, 됨, 결(파동), 톨(입자), 돈다(맴돌고, 감돌고, 휘돈다). 이 몇 안 되는 낱말로 가장 작은 것(톨)에서 가장 큰 것(큰집, 우주)을 이어 주는 마디들을 건드리는 일이 내가 하고 싶은 일이다. 마치 해금이나 기타나 바이올린 줄을 건드리는 일과 같다. 아름다운 소리를 빚어낼 수 있으면 좋으련만.

모든 상상력의 뿌리는 수학에 닿아 있다. 건강한 상상력도 건강하지 않은 상상력도……. 수학 공식은 아름다운 가락으로 나타나기도 하고 포탄이 터지는 폭발음으로 나타나기도 한다. 사람을 죽이는 우아한 탄도곡선으로 그려지기도 하고 망델브로 집합이나 줄리아 집합[33]이 보여 주는 아름다운 카오스로 그려지기도 한다. 원점(0)으로 모여 모든 빛을 빨아들이는 우주 중력의 중심을 이루기도 하고, 무한대(∞)로 확산되어 우리가 알 수 없는 곳에 따로 둥지를 틀기도 한다.

땀 흘려 일해서 먹을 것, 입을 것, 잠자리를 마련해 주는 생산자 계급에 대한 플라톤의 업신여김은 손가락질 받아 마땅하지만, 이 우주를 자와 컴퍼스만으로 설계할 수 있다고 여긴 그이의 상상력은 높이 사야 한다. 내가 이 나이에 이르도록 수학에 대한 관심을 버리지 못하는 까닭은, 나로서는 그 방정식을 거의 하나도 알 수 없는 수의 세계가 내 상상력을 가장 크게 자극하기 때문이다. 지수함수, 사인함수, 코사인함수 같은 초월함수들은 얼마나 큰 상상력을 불러일으키는가. 복소수, 변수, 함수도 그것이 옮겨 가는 조그마한 발자국 하나하나에 얼마나 아름다운 그림을 그리는가.

무엇이 나를 아직도 소수에, 리만기하학[34]에, 허수에, 0과 1에 그토록 집착하게 만드는지 나는 아직 모른다. 그러나 새끼를 꼬면서 그리고 그 새끼로 여러 가지 매듭을 지으면서 나는 그 새끼줄 속에 함께 들어가 꼬이고 매듭지어지는 아름다운 우주를 본다. 상승곡선과 하강 곡선, 꼬인 마디마디에서 눈부시게 빛나는 흔들리는 평형…… 망델브로와 줄리아 집합을 한데 모아 놓은, 수학으로 표현된 우주의 문양집을 갖고 싶다. 만일에 그 무늬를 내가 갖지 못하

33 망델브로 집합과 줄리아 집합은 부분 요소들이 전체 모습과 닮은 형태로 되풀이 되어 나타나는 집합을 말한다. 순수한 수학 세계에서만 드러나는 아름다운 모습으로 통계나 컴퓨터 그래픽에 응용한다.

34 기존에 있던 삼차원에 대하여 n차원을 다룬 새로운 공간 기하학. 1854년 독일 수학자 리만이 발표했으며 타원형 비유클리드 기하학이라고도 한다. 유클리드 기하학에서 두 평행선은 모든 점에서 거리가 서로 같으나, 리만기하학에서는 평행선이 없다. 또 유클리드 기하학에서 삼각형 내각의 합은 180°이나 리만기하학에서는 180°보다 크다.

꿈꾸는 형이상학

면 나는 꿈에서라도 그보다 훨씬 더 이쁜 문양집이 되고 싶다.

수는 형이상학의 좋은 연장이다. 있음과 없음, 함과 됨, 임과 아님, 결과 톨. 이 모두를 '0, 1, 2, 3, 4, 5, 6, 7, 8, 9'의 묶음으로 또는 어느 하나로 풀이할 수 있다. 지난날에도 그랬고 지금도 그렇다. 이 땅 별(지구)에 사람이 살아남고 그 머리가 쓰임새를 잃지 않으면 앞으로도 그러리라.

1과 0의 합금

너무나 많은 기계들이 이 지구를 채우고 있다. '먹느냐, 먹히느냐. 더 단순한 부품으로 업데이트 또는 업그레이드 되느냐, 해체되느냐.' 단순한 기계가 의식과 감정까지 단순하게 만들고 있다. 이러다 사람의 세포와 유전자마저 0과 1로 이루어진 계산기로 바뀔지도 모를 일이다. 인간과 그 인간이 만든 세계는 풀 한 포기의 지능에도 미치지 못한다고 나는 여긴다. 그럼에도 사람들은 풀 한 포기를 이루는 바람, 물, 불, 흙을 우연이 끼어드는 장애물이라 여겨 다 없애 버리려 한다. 우리 사는 곳곳이 원소들의 결합으로 이루어진 합금으로 대체되고 있다.

인간의 의식도 정서도 합금화되었다. 불에 녹는 절대온도, 모든 게 티끌의 티끌로 흩어지는 절대온도, 아주 뜨겁거나 아주 찬 게 아니라면, 한데 녹이거나 0으로 돌아가지 않으면 안 되는 그런 세계를 꿈꾸었고 그 꿈은 절반쯤 이루어졌다. 어떤 콩도 이겨 내지 못하고 어떤 풀도 나무도 견디지 못하는, 죽음과 해체 속에서도 버티는 단단히 합금된 유전자 조작콩, 그리고 모든 생체의 부품을 새로운 것으로 바꿔치기할 수 있는 줄기세포, 세포질, 세포핵의 합금화. 그러나 1과 0이 만나면 제3의 것이 나타난다. 필연의 세계는 무너지고, 자율의 영역이 움튼다.

가장 완벽한 합금은 1과 0이 붙어 그 배 속에서 처음에 물의 원소를 만들어 내고, 그 물의 원소는 불의 원소로 바뀌어 바람과 흙의 원소들로 진화하는 것이다. 곰팡이 속에서 풀 한 포기, 나무 한 그루가 움 돋고 그 곰팡이 먼지들이 만나서 새로운 합금을 시작한다. 식물들이 따로 인공의 물질들을 합금할 수 있는 머리를 지니고 있지 않다는 게 얼마나 다행한 일인가. 전체 인류가 쌓은 문명의 기념비들이 강아지풀 한 포기 가치도 없다는 건 또 얼마나 대단한 일인가.

우리 머릿속에서 어떻게 하나(1)가 떠올랐고, 그것이 '있는 것'으로 믿어지며 나중에는 '있는 하나'(유일)가 되어 하나님(유일신)이 되었는지 우리는 알 수 없다. 하나(1)는, '있는 것 바로 그것'은 우리가 생각할 수도 입 밖에 꺼내 말할 수도 없는 것이기 때문이다. 우리는 '여럿'을 빌리지 않고는 생각할 수도 없고 말할 수도 없다.

마찬가지로 우리 머릿속에 어떻게 영(0)이 떠올랐고, 그것이 '없는 것'으로 믿어지며 나중에는 '아무것도 없는 것'이 되어 '모든 게 헛된 것'으로 바뀌는지 우리는 알 수 없다. 0은, '없는 것 바로 그것'은 우리가 생각할 수도 입 밖에 낼 수도 없는 것이기 때문이다. 그런데 우리는 '없는 것'도 있다고 여기지 않으면 여럿으로 이루어진, 눈에 보이고 귀로 듣고 코로 냄새 맡고 혀로 맛보고 살갗으로 느끼고 생각으로 떠오르는 이 누리를 밝혀낼 길이 없다.

꿈꾸는 형이상학

가까운 것에서 먼 것으로(단순한 것에서 복잡한 것으로) 가는 길 가운데 하나는 '없는 것'에서 '있는 것'에 이르는 길이고, 또 하나는 '있는 것'에서 '없는 것'에 이르는 길이다. 우리는 삼각형(세모꼴)의 크기를 줄이고 안에 있는 금을 차례로 지워 코크의 눈송이[35]를 얻을 수도 있고, 망델브로의 프랙털[36]을 얻을 수도 있다. 있는 것이 걷는 길(1), 없는 것이 걷는 길(0), 그리고 있는 것도 없는 것도 아닌 것이 걷는 길(n, ∞)이 빚어내는 뒤엉킴 속에서 빛에 눈이 멀어 우리는 길을 잃는다. 그러나 모든 길이 그렇듯이 눈 밝은 이들은 꼬이고 뒤엉킨 미로 속에서도 살길을 찾는다. 1과 0, 그리고 그 사잇길을 놓치지 말고 꼬인 가닥을 매듭 매듭 잘 살펴야 한다.

시간도 공간도
벗어나는 것

형이상학과 수의 관계에 대해 생각했다. 원점은 0이다. 자연수, 정수, 음수, 양수, 허수, 소수, 복소수⋯⋯. 저마다 다른 모든 수의 계열들은 차이와 다름을 드러내는

---

35 정삼각형의 각 변을 3등분해서 그 가운데 부분을 밑변으로 하는 정삼각형을 그린 다음 밑변 선을 지운다. 이 과정을 되풀이하면 눈송이 같은 모습이 나타나는데 이를 '코크의 눈송이' 또는 '코크 곡선'이라고 한다.

36 잘게 잘게 가지 치면서 닮은꼴을 빚어내는 연속 과정으로, 부분의 모습이 전체와 같은 모양을 지닌 '자기 닮음' 구조를 이룬다. 같은 규칙이 끝없이 되풀이되면서 나타나는 특성인데 고사리 잎이나 눈송이처럼 자연에서도 여러 프랙털 꼴을 찾을 수 있다.

것들을 가장 확실한 방식으로 규정짓는 표기 방식이다. 이것들은 모두 0에서 출발하고 0으로 수렴한다. 1로 수렴되는 것은 없다. 그 것은 확산, 펼쳐짐의 한계를 가리키는 말인데 그 한계는 실재하지 않는다.

이를테면 동그라미(원)를 생각할 수 있다. 0에서 반지름이 1인 원을 그리는데 그 원의 크기는 규정되지 않는다. 되풀이되는 수의 계열이라도 있어야 하는데, 없다. 모든 곡선은 규정된 수치를 받아 들이지 않는다. 다시 말해서 동떨어진 독립된 티(미립자), 톨, 입자, 개체는 없다. 있다면 온갖 흐름, 결, 파동이 있을 뿐이고 이것은 모 두 골과 마루로 드러나는 상징적인 가장 밑(최저점), 가장 위(최고점) 를 때로는 규칙적으로 때로는 불규칙적으로 보여 줄 뿐이다.

미는 힘(압력)이 세면 셀수록 거리는 짧아지고 위아래 높낮이가 커지는, 여리면 여릴수록 거리는 길어지고 위아래가 그에 따라 줄 어드는, 이른바 장파, 중파, 단파, 초단파로 불리는 결의 움직임. 이 움직임을 멈출 수는 없다. 절대온도에서 톨, 티, 입자로 여겨지는 것 은 움직임을 멈춘 고체로 모습을 드러내지 않는다. 그것은 액화한 다. 흐름으로, 결로 드러날 부드러움을 간직한다. 마치 수은처럼. 이 모두가 0과 1, 없음과 있음으로 규정되는 두 극한점 사이에서 벌어 지는 새끼꼬기, 실 잣기, 끈 만들기이고 이것을 빚어내는 힘의 원천 은 0에 있다.

0에서 '없는 것'이 나온다. 온갖 수치들은 모두 없는 것의 정도 를 가리킨다. 여기에 있는 것은 저기에 없다(공간의 차이). 이것에 있 는 것은 저것에 없다(질의 차이). 이것은 이만큼 없는 것이 있는데, 저것은 저만큼 없는 것이 있다(양의 차이). 어제 있던 것이 오늘 없고, 어제 없던 것이 오늘 있다(시간의 차이). 없는 것, 없던 것, 없을 것에서 '없다'는 규정을 받아들이는 데에 있어 어떤 것이든 시간을 벗어나 있다. 여기 없는 것은 저기 있는 것, 저기 없는 것은 여기 있는 것이다. 이처럼 없는 것은 공간의 규정도 뛰어넘는다.

0은 시간도 공간도 벗어난다. 그리스, 히브리 사상은 1에 그 특성을 부여하려고 했다. '스스로는 움직이지 않으면서 움직이게 하는 자'(kinoun akineton), '없는 것에서 모든 것을 빚어낸 자'(creatio ex nihilo), 앞뒤가 끊어진 외마디로서 낱말 로고스(하나님 말씀). 이것이 바로 1이고 그것에 신성을 부여해 하나님(theos), 유일신이라 일컬었다.

플로티노스는 플라톤의 우주론에서 영감을 받아, 퍼지는 하나를 꿈꿨다. 태양신처럼, 그 신이 온 누리에 펼치는 햇살처럼 우주의 어두운 공간을 밝히는 1을 생각해 냈다. 그러니 우리가 밤하늘에서 볼 수 있는 것처럼, 빛은 깨알 같은 별빛으로 흩어지고 온통 어둠이 그 무수한 빛을 감싸는 현상을 설명해야 했다.

누가, 무엇이 그 빛을 삼켰느냐. 전지전능한 1을, '하나'를 무력하게 한 힘은 어디에서 나오느냐. 없는 것, 0이 있다고 보아야 한다. 흑암이, 깜깜한 어둠이 먼저라고 보아야 한다. 그것은 무엇이라고 규정할 수 없으므로 카오스이고 이것을 규정 가능한 코스모스로 바꾸려면, 이것저것을 자로 재고 무게를 달 수 있으려면 1이, 한 자가, 일 인치가, 일 미터가, 한 근이, 일 온스가, 일 그램이 척도이자 재고다는 단위가 되어야 한다.

'모든 것을 하나로, 톨로, 입자로, 개체로 도려내자. 이어진 것을 끊어 내자. 토막 내고 산산조각으로 만들자. 속에 있는 것을 모두 겉으로 드러내자. 원을 삼각형으로 바꾸자.' 그렇게 해서 피타고라스가 나타나고 플라톤, 아리스토텔레스가 그 뒤를 잇고 드디어 인간의 두뇌를 지배하는 수학의 왕국이 건설된다. 논리학이 나타나고 모든 확실성은 검증 가능성에 기대게 된다.

0은 1이 아니고($0 \neq 1$), 0이 아닌 모든 것은 같음, 닮음, 등식($=$)으로 연결된다. ㄱ＝ㄴ＝ㄷ……의 무한 계열이 줄을 잇는다. 자연에서 이어져 있던 것을 머릿속에서 끊어 내고 그것을 수학 공식의 이름으로, 등식으로 인위적으로 이어 낸다. 이것이 정밀과학, 엄밀학문의 탈을 쓴다.

살아서 굽이치는 모든 것이 가루의 가루가 되도록 잘리고 잘려서 그 기능을 잃고 죽어 버린 어떤 것, 움직임을 멈춘 세포, 분자, 원자, 핵, 전자, 쿼크 따위로 둔갑한다. 그것들이 저절로 힘을 지니고 움직여서 파문을 그리고, 자기장이나 전기장, 중력장, 전자기력, 중력처럼 힘이 미치는 마당을 빚어낸다고 한다. 이것이 수학, 물리학, 분자 생물학을 포함하는 현대 과학의 모습이다. 그 어느 학문도 이 덫에서 벗어나지 못하고 있다. 반지름이 10센티미터에도 못 미치는 인간의 두뇌에 온 우주의 운명을 맡겨 놓았기 때문이다. 나는 이것을 거부한다.

내가 이 어릿광대 놀이에 손을 내젓기 전에 이미 베르그송이 그 길을 열었다. "태초에 운동이 있었다." 베르그송의 이 말을 들여다보면 태초에 0과 1로 상징되는 두 힘의 실체가 있었고, 이 두 힘이

꿈꾸는 형이상학

결을 이루어 꼬는 이중나선, 새끼줄 형태로 나타나는 결이 있었다는 말이다. 그런데 베르그송이 말하는 '생의 도약, 삶의 뜀뛰기'는 무엇인가. 그것은 생성 과정보다 해체 과정이 더 빠른, 삶의 힘보다 삶을 없애는 죽음의 힘이 훨씬 큰 무엇인가가 이 세상을 지배한다는 것을 전제한다.

모든 것을 삼키고 뱉어 내는 검은 암컷(현빈, 텅 빈 것, 공), 있는 것과 없는 것을 짝지어 빚어내되 어둡고 또 어두워서 무엇이라고 딱 잘라 입 밖에 내서 말할 수 없는 것, 톨로도 결로도 드러나되 절대온도에서도 흐름을 잃지 않는 그 무엇, 살아 움직이는 결과 티, 끌어모으고 펼치는 것이 자유자재인 힘의 중심, 마치 태풍의 눈처럼 고요한 그러면서도 멈추지 않는, 소용돌이가 그 안에 간직하고 있는 것처럼 보이나 실은 소용돌이를 소용돌이치게 하는 그것, 닐스 보어가 그렇게 부러워해서 자기 문장[37]으로, 가문의 무늬로 간직하고자 했던 태극도형. 이것은 '아무것도 아닌 것'이, '아무것도 없어 텅 빈 것'이 아니다.

살아 숨 쉬는 0, 시간도 공간도 벗어나는 '없는 것'에 대하여 여섯 갈래로 생각을 가다듬어 본다.

1. 없는 것이 있다=빠진 것이 있다=있을 것이 없다=있던 것이 없다=여기 있지 않다.

---

37 닐스 보어는 자기 가문의 문장으로 주역을 상징하는 태극도형을 직접 디자인해서 그려 넣었다. 닐스 보어는 기사 작위를 받는 날 수상식장에도 태극도형이 그려진 옷을 입고 참석했다.

2. 없을 것이 있다＝몹쓸 것, 못 쓸 것이 있다＝군더더기가, 버려도 좋은 것이, 버려야 할 것이, 걸림돌이 있다＝없애야 한다.

3. 있을 것은 없는 것이고, 없을 것은 있는 것이다. 있을 것이 있는 것으로 바뀌는 과정은 창조의, 빚어냄의 과정이고 그 힘은 없음에서 나온다. 없을 것이 없는 것으로 바뀌는 과정은 파괴의, 해체의, 풀어 헤치는 과정이고 그 힘도 없음에서 나온다.

4. 있는 것은 드러남이자 현상이며 겉이고, 갓이고, 끝이고, 것이다. 이것저것을 가리는 말이다. 그 안에는 없는 것, 보이지 않는 것, 규정성을 벗어난 것, 두 번 되풀이되지 않고(반복), 두 찰나 이어지지 않는(차이) 그 무엇인가가 있다.

5. 드러내려고, 자르려고, 한계 지으려고, 끊어 내려고 하지 마라. 어둠은 어둠의 것이다. 아무리 잘라 내도 크기는 없어지지 않는다. 크기를, 공간을 있다고 믿으면 제논의 역설에 빠진다. 결을, 흐름을 잘라 낼 수 있는 시간으로, 속도로 바꾸지도 마라. 과거, 현재, 미래로 이어지는 시간의 화살을 머리에 그리는 순간에도 제논의 역설에 빠진다.

6. 우리 가슴에 모이고 가슴에서 몸으로 퍼져 가는 피의 흐름, 머리로도 손발로도 흐르는 그 두 줄기 흐름이 우리를 살린다. (피가 반드시 붉을 필요는 없다.) 모든 산결(생명의 파동)은, 얼핏 산톨(생명 입자)들을 빚어내는 것으로 보이는 그 힘의 흐름은 흰 그늘이다, 검은 햇살이다, 살아 물결치는 어둠의 빛살이다.

결핍은 대칭의
어머니

내 생각으로 수학이 제구실을 할 수 없는 꼴은 평면에서 원(동그라미)이고, 입체에서는 구(구슬)이다. 원이나 구의 어느 점에서도 중심을 지나 다른 점에 이르는 직선이 나누는 반원은 완벽한 대칭이고, 어떤 크기를 갖는 원이든 크기가 있는 한 무한한 점대칭을 이룬다고 한다. 과연 이것을 '대칭'이라고 부를 수 있을까?

'있는 것'은 하나다. 하나인 것은 대칭을 이룰 수 없다. "'있는 것'은 '있는 것'이다."에서 앞에 '있는 것'과 뒤에 '있는 것'은 같다, 하나다. 따라서 이 문장은 틀렸거나 동어반복에 지나지 않는다. '있는 것 바로 그것'은 따로 자리를 차지하지 않는다. 하나이기 때문이다. 있는 것은 없는 것과 대칭을 이룰 수 있는가? 없다. 있는 것을 그대로 비출 수 있는 거울이나 잔잔한 물이 있다면 있는 것은 그림자 대칭을 가질 수 있겠지. 그러나 '있는 것 바로 그것'을 비출 수 있는 거울도 없고, 따라서 있는 것에는 그림자가 없다. 빈꼴(허상)이나 그리메(영상)가 생기지 않는다.

있는 것에 대칭이 생기려면 있는 것이 둘로 나뉠 수 있어야 하는데, 하나(1)가 둘(2)이 될 수 있는 기적이 일어나야 하는데 그 길은 이미 오래전에 그리스 철학자 파르메니데스에 의해서 막혔다. 둘(2)은 '없는 것'에서 생겨난다. 없는 것은 하나가 아니다. 여럿이다. '없는 것이 있다'는 말은 '빠진 것이 있다'는 말이고, 빠진 것에는 적게 빠진 것도 있고 많이 빠진 것도 있다. 저마다 다르다. 여럿의 최소 단위는 둘(2)이다. 따라서 "'없는 것'이 '없는 것'이다."라는 말은 틀린 말도 아니고 헛소리도 아니며 같은 말 되풀이도 아니다.

모든 대칭(맞남 또는 맞섬)에는 빠진 것이 있다(없는 것이 있다). 물리화학적으로 빠진 것도 있고, 생물학적으로 빠진 것도 있다. 결핍은 대칭의 어머니다. 대칭에 대한 학문적 고찰은 무엇이 왜 어떻게 언제 어디서 얼마나 빠졌는지를 살펴야 한다.

수학은 0(없음)에서 ∞(무한대)를 거쳐 1(있음)에 이르기까지 모든 것을 움켜쥐려고 한다. 무한이 펼쳐지는 자리는 흔히 수학자들이 그렇게 여기는 것과는 달리 무한히 큰 수나 시간이나 공간이 아니다. 그것은 0과 1(없음과 있음) 사이에 자리 잡는다. 헤아릴 수 없는 것은 모두 0과 1 사이에 있다. 나머지는 가정의 영역일 뿐이다.

물리화학에서 무엇이 왜 어떻게 언제 어디서 얼마나 빠지는지를 밝히는 일은 아직 걸음마 단계다. 그 작업을 뒷받침할 수학적 도구도 없다. 고작해야 질량과 에너지 변환 법칙이나 양자역학 따위를 들먹일 뿐이다. 역학은 '힘에 연관된 앎'이라고 할 수 있는데 이힘이 어떻게 '함'과 '됨'이라는 두 가닥으로 꼬여 있는지도 아직 밝히지 못하고 있다. 주섬주섬 주워섬기는 것이라고는 약력, 강력, 전자기력, 중력 따위다. 왜 힘이 그렇게 나뉘는지도 모른다. 하기야 이런 문제는 수학이나 논리적 추론이나 물리화학이 다룰 수 있는 것은 아닐지도 모른다.

생명현상에서는 문제가 더 꼬인다. '꼴'이나 '결'이나 '무늬'만 다루는 것으로 삶이나 살림이 밝혀지지 않기 때문이다. 삶과 살림은 하나로 이어져 있다. (굳이 말하자면 죽음과 죽임도 이어져 있다.) 살아 있

꿈꾸는 형이상학

는 것들은 원핵생물 같은 가장 단순한 것에서부터 가장 복잡한 것에 이르기까지 끊임없이 무엇인가를 빼고 덜어 낸다.

삶은 결핍의 다른 이름이다. 덜 것도 더할 것도 없는 가득함(충만)은 삶의 꼴도 결도 아니다. 대칭은 생명체가 살아남기 위해서 제 안에 있던 무언가를 뺀 나머지 모습이다. 좌우대칭은 그 가운데 가장 흔히 눈에 띄는 한 가지 모습일 뿐이다. 물리나 화학에서 나타나는 대칭은 어쩌다 그렇게 된 현상이지 스스로 뺀 것은 아니라는 점에서 나비의 두 날개로 나타나는 대칭과는 다르다고 볼 수 있다.

이런 이야기를 한 사람이 있었던가?

수 가운데 1 이하의 어떤 단위 수를 상수로 놓아도 어느 테두리 안에 드는 '수학 공식'은 모두 그 수에 수렴하는 경향이 있다는 것을 누군가 밝힌 적이 있던가? 아인슈타인의 이른바 '에너지 공식'($E=mc^2$)은 $E=m$이라는 같은 말 되풀이에 지나지 않고, 이 공식을 그럴싸하게 만드는 것은 'C^2'이라는 수치 놀음에 있다는 것을 누군가 말한 적이 있던가? 이 도깨비 같은 빛의 상수를 하나(1)로 놓을 때 C는 0제곱이 되었건 무한 제곱이 되었건 여전히 1이고, 1 이하의 숫자들은 곱하면 곱할수록 끝없이 줄어들어도 수치로 남아 있는 한 등식(=)을 그 둘레에 끌어모으는 힘을 지니고 있다는, 이런 이야기를 한 사람이 있었던가?

'있는 것'은 아무리 '빠진 것'(없는 것)투성이라 할지라도 주어진 것(데이터)에 들 수 있고, 주어진 것이 있는 한 수학은 그것을 바탕으로 온갖 수의 잔치를 벌일 수 있다. 실수라도 좋고 허수라도 좋고 양수, 음수…… 무슨 이름의 수라도 좋다. 이 모두는 X좌표와 Y좌표의 어느 지점에 놓일 수 있다. 여기서 벗어나는 '수'는 없다. 이 좌표에서 모든 결은 톨로 굴힐 수 있다. 힘은 덩이로 바뀐다(E=m). 아닌가?

1은 0제곱에서 무한 제곱으로 둔갑하면서 빛의 빠르기를 빨아들여 중력의 빠르기로 바꾸고, 이 감도는 힘은 어느 순간 휘도는 힘과 균형을 이루지만 결의 움직임(흐름)을 멈출 길이 없다. 절대온도? 어림없는 계산이다. 물리학, 수학, 천문학 관련 책들을 뒤적이면 뒤적일수록 이 문명의 산물들 대신 다른 생각이 자꾸 떠오른다. 상수, 변수 그리고 0과 1의 관계를 두고 이런 생각을 한 사람이 있었던가?

'등식(=)을 성립시키는 상수는 0과 1 사이 어디에나 숨어 있다.'
'동전을 던져서 앞면이나 뒷면이 나오게 하는 상수는 (통계적으로, 확률적으로라는 단서만 달면) 0.5다. (그러나 억만 번을 던져도 '정확'히 0.5가 될 확률은 거의 0에 가깝다.)'
'어림치는 수치의 얼굴을 한 숨바꼭질에 지나지 않는다.'
'변수의 극한은 0이고, 상수의 극한은 1이다.'
'0에서는 모든 것이 펄펄 끓고, 1에서는 모든 것이 얼어붙는다.'
'0은 수렴의 한계이고, 1은 확산의 한계이다.'

0과 1(없음과 있음) 사이에 있는 힘마당(역장) 속에 어떤 상수도 없다. 모두 변수일 따름이다. 여기저기 이렇게 저렇게 감돌아 뭉친 힘의 덩이를 바탕으로 수리물리학의 필요나 요청에 따라 상수를 끌

꿈꾸는 형이상학

어들이는 게 계산에 편할지는 모르나 그것은 또 다른 변수의 겉모습일 뿐이다.

'빛의 상수가 1이 아닌 것처럼 우주상수도 0이 아니다.' 다시 말해서 0과 1 사이에는 변수가 있을 뿐 상수는 없다. 변수의 크기가 작고, 되풀이되는 상태나 양에 따라서 0 아래 소수점 몇으로 적을 수 있는 '나머지'를 언제 어디서 어떻게 끊어 내느냐에 따라, 수학이 기댈 수 있는 여러 값이 '0점 몇몇 1'에서 '0점 몇몇 9'까지 여러 가지 경우 수로 드러날 수 있다. 하지만 그것은 어디까지나 나머지만 도려냈을 때, 그리고 그것을 등식에 끼워 맞출 수 있을 때만 상수 비슷한 꼴을 갖출 뿐, 그 상수 안에서 흔들리는 변수는 숨은 채로 끊임없이 바뀌고 있다.

0과 1 사이에 낀 것 치고 멈추는 것은 없다. 모두 흔들리고 끊임없이 흐른다. '수'도 바뀌고 물질이라는 것, 생명이라는 것, 톨로 뭉치고 결을 이루어 풀리는 뭇 것들 모두가 움직인다. 살아 춤춘다. 수학 공식도 물리법칙도 함께 널뛴다. 어떤 눈금이 새겨진 잣대를 들이대도 그 잣대가 잴 수 있는 것은 수의 얼굴을 지닌, 법칙의 탈을 쓴 나머지일 뿐이다.

빛의 빠르기는 상수일까

'빛의 빠르기'(C)는 우주상수로 알려져 있다. (이 우주에서 빛보다 더 빠른 속도로 움직이는 것은 없다는 생각이 전제되어 있다.) 그런데 정말 C가 상수일까? 바뀌지 않는 걸까? 나는 그렇게 여기지 않는다.

빛은 결을 이룬다. 결을 이루는 것은 이어져 있다. 이어져 있는 것은 끝이 없다. 동그라미를 그리면서 움직이는 것에 시작도 끝도 없는 것이나 다름없다. 때에 따라서도 달라진다. 이 '때'라는 것도 누리(우주)에서는 크게 뜻이 없다. 이 때를 재는 잣대도 헤아릴 수 없이 많고 그 잣대에 새겨진 눈금도 저마다 다르고, 달라질 수 있다.

우주에는 상수가 없다. 맴도는 것이나 감도는 것이나 휘도는 것에는 상수가 없다. 동심원 또는 타원을 그리거나 구비(힘의 최저점)와 고비(힘의 최고점)를 이루면서 퍼지거나 움츠러드는 결도 마찬가지다. 어떤 것도 되풀이되지 않는다. 그것을 파이(π)로 나타내건 무한대(∞)로 나타내건 마찬가지다.

우리는 '1^0, 1^1, 1^2……1^n, 1^∞'으로 어떻게 쓰든 그것이 '하나'라는 것을 밑에 깔고 그것을 바탕으로 상수라는 개념을 머릿속에 떠올린다. 그리고 그것들을 셈해서 숫자로 표기한다. 다 사람이 하는 일이다. 사람 머릿속에 떠오르는, 사람이 그리는 우주는 '인간의 우주'일 뿐이다. 우리가 저마다 '다르다'고 여기는 이것저것은 하나로 이어져 있다는 점에서 다름이 없다. 그런데도 다르다고 여긴다. 0과 1이, 함과 됨이, 있음과 없음이, +와 −가 갈라서듯이 우리 머릿속에서는 갈라서면서 꼬이는 두 가닥의 새끼줄이 이루는 그물이 생겨난다. 가장 입 밖에 내기 힘든 말, 입 밖에 내기 싫은 말은 '모른다'이다. 시치미 떼는 말이 아닌, 모르는 걸 모른다고 말할 수 있는 용기가 필요하다. 헤아림으로 셈으로 숫자로, 모름을 앎으로 바꿔치기하며 '눈 가리고 아옹' 하는 수작은 언제까지 이어질까?

좁누리(미시세계), 사이누리(중간세계), 한누리(거시세계)에 대해 생각했다. 좁누리에서는 아주 좁은 공간 안에서 '양자요동[38]'으로 제멋대로 날뛰는 결 안에 들어 있는 힘(에너지)이 무한대라고 한다. 그러니까 0 안에는 헤아릴 수 없이 큰 힘이 들어 있다는 말이다. 이것이 아마 순수수동성이라고 부를 수 있는 '됨'의 힘일 것이고, 한누리에 가득 퍼져 있는 '함'의 힘과 맞먹는 힘일 것이다. 사이누리에서도 꽃가루나 나노의 세계에서는 이런 힘의 움직임을 볼 수 있다. '톨'을 머리와 꼬리가 안으로 말려 들어간 '결'이라고 볼 때, 잠들어 덩이 진 힘을 깨우면 순식간에(0초와 1초 사이에?) 고루 퍼져서 한누리를 채울 것이다. 이 하나 마나 한 말을 하려고 다들 왜 그렇게 콩이야, 팥이야 호들갑을 떨까?

아인슈타인이 '인생 최대의 실수'라고 고백한 우주상수(0), 빈 공간을 미시적 혼란으로 가득 채우고 있는 무한 에너지. 그런데, 그러면 말이 안 된다고 해서 또 0에 가까우나 0은 아니라는 것들도 머리를 디민다. 결의 고비와 구비를 죄다 지우고도 남는 힘이 있다는 것이다. 0으로도 1로도 수렴되지 않는 힘, 에너지 항존 법칙을 지켜주는 '찌끄레기 힘'이 무한하다는 거다. 절대온도라는 '−273°C'로 좁누리, 사이누리, 한누리를 얼어붙지 않게 하는 힘. 'E=mc²'으로 힘을 덩이로, 덩이를 힘으로 바꿔치기할 수 있는 힘. 아인슈타인은 이

38 　에너지의 최소량을 갖는 입자들이 진공상태에서 새로운 힘을 만들거나 있던 힘을 없애는 현상을 말한다. 하이젠베르크의 불확정성원리에 따른 에너지 양의 일시적 변화로, 에너지보존법칙이 적용되지 않는다.

것을 '하나(1)님'의 힘이라고 놓고 그에 맞서는 힘으로 우주상수를 놓았다.

결국 있음과 없음 그리고 함과 됨이 인간에게 드러나는 '톨'과 '결'의 힘 문제다. 그리고 여러 모습으로 드러나는 '돌기'(돎)의 문제 이기도 하다. 우주상수를 0으로 놓으나 1로 놓으나 그게 그거다. 돌고 돈다. 윤회다.

수의 실재론?

양음(빛과 그늘)으로 나누든, 사대 (땅, 물, 불, 바람)로 나누든, 오행(목, 화, 토, 금, 수)으로 나누든, 저마다 달리 나누어서 보는 게 사람의 얼이 하는 일이다. 가끔 그게 얼빠진 짓으로도 보이지만, 그것은 예부터 이제까지 사람이 눈에 보이는 것을 바탕 삼아 해 오던 버릇이었다. 0과 1 그리고 ∞(무한대 또는 무 규정성)로 나누는 버릇도 비록 머릿속에서 이루어지기는 했으나 크게 다름이 없다.

이게 '앎놀이'(지적 유희)에 지나지 않았을지라도 사람들을 끄는 힘이 있었다. 그 힘은 어디서 비롯했을까? 아마도 아쉬움을 불러일으키는 빠진 것(없는 것)을 채우려는 바람(희망)이 있기 때문이었을 것이다. 군더더기는 없애도, 치워도 살 수 있다. 그러나 빠진 것, 없는 것을 채우지 않으면 (마치 양을 채우지 않으면 굶주려 죽을 수밖에 없는 것처럼) 살아남을 수 없다. 빈속을 채워야 살 수 있는, 우리 눈에 보이는 뭇산이(생명체)들의 애씀에는 눈물겨운 구석이 있다.

먹거나 입지 않고 잠을 자지 않아도 살 수 있는 것에서 그럴 수밖에 없는 것으로 바뀌는 갈림길. 물질과 기억으로, 생체정보와 인공지능으로 갈라서는 전환점. 그 징검돌은 어디에서 생겨났을까, 비롯했을까? 모른다. '왜' 모르는지도 모른다.

내 수학 실력은 형편없다. 나는 1, 2, 3, 4도 잘 모른다. 1은 나에게 영원히 이를 수 없는 하나님의 영역이고, 2는 그 하나님에 맞서는 빵(0)이고, 3은 0과 1의 불협화음으로 가득한 카오스의 영역일 뿐이다. 나에게 0이 앞서고 그 뒤에 1에서 9까지 나란히, 또는 엇바뀌거나 엇갈려 서 있는 수의 무정부 상태는 얼마쯤 낯이 익다. 그러나 0, 1, 2, 3······이 자연수라는 주장은 아직도 낯설다. (솔직히 말하자면 '말이 안 된다'.) 유리수, 무리수, 실수, 허수 따위의 딱지 붙이기도 마뜩하지 않기는 마찬가지다. +, -, ×, ÷ 같은 힘도 수학자들 사이에 왜 자연스럽게 느껴지는지 의문이다. '나머지'가 놓이는 자리가 바뀜에 따라 n^0과 n^n 사이에 무슨 일이 벌어질지, 어떤 자리에서 '버그'가 생길지에 대해서도 깜깜이다.

어떤 자리에 바이올린 활을 그어야 소리가 아름답게 들리고 또 어느 자리에 그을 때 소음으로 들리는지, 어떤 때는 화음이 이루어지고 다른 때는 왜 불협화음이 나타나는지, 굳이 비례관계를 '수'로 설명하지 않아도 그냥 귀가 알아차리는데, 새들이 우짖는 소리도 곱게 들리거나 귀에 거슬리는 게 있는데, '수의 실재론'이라는 게 무슨 뜻이지? 제 목에 매달린 낟알을 헤아리는 벼 포기가 따로 있나? 스스로 하나임을 증명하려는 하나님이 있나? 하나님도 모르는 '하나'를 누가 알지?

모든 수학은 하나(1)를 바탕에 깔고 있다. 등식(=)이 성립하지 않으면 수학은 끝장이다. 수학의 버팀목은 무엇인가? 있다(1), 없다(0), '있는 것도 아니고 없는 것도 아니다'를 살펴보자. (모르겠다, ∞, 많다, 특정할 수 없다, 카오스, 통계, 확률, 결……처럼 여러 가지로 나타낼 수 있는 말을 줄여서 '없는 것이 있다'고 한다.)

수학은 있는 것(1)과 없는 것(0)을 따로 놓고 가려보는 데서 성립한다. '아닌 것'은 셈에서 설 자리가 없다. ㄱ=ㄴ=ㄷ……이 아닌 ㄱ≠ㄴ≠ㄷ……은 수학의 대상이 안 된다. ㄱ=ㄴ=ㄷ……의 맨 마지막에 나타나는 것은 하나(1)여야 한다. 만일 그 자리에 빔(0)이 나타나면 '아무것도 아님'으로 '꽝'이고, 수학에 바탕을 둔 모든 학문은 보따리를 싸야 하는데, 그 보따리 속에는 그야말로 아무것도 없다.

$$\infty \times \infty = \infty^2, \ (-\infty) \times (-\infty) = \infty^2, \ -\infty \times \infty = -\infty^2, \ \infty \times -\infty = -\infty^2$$

왜 이런 '수학'(?)은 없는가? $1^\infty=1$, $0^\infty=0$이 있다면 그 사이에서 생겨나는 $\infty^\infty=\infty$도 있어야겠지. 그러나 ∞(무한대)는 헤아릴 수 없다. 셈이 안 된다. 그래서 많은 학자들이 '망통'에 빠질 수밖에 없었다. 디지털 세계, 망점으로 이루어진 컴퓨터 시뮬레이션, 현실을 대신한다는 시뮬라크르[39] 모두 헛된 노릇으로 드러날 것이다. 힘은 점으로, 톨로 이루어져 있지 않다. 그건 끝 간 데 없이 이어지는 결이다. 한결같다.

---

39   실제로 없는 대상을 마치 있는 것처럼 만들어 놓은 인공물을 가리킨다.

우리는 '빔'과 '것'이 둘이 아닌 세상에서 살고 있다. 있다면 다 있고(없는 것도 있고), 없다면 하나도 없는(있는 것도 없는) 그런 '때, 데'에 머무르고 있다. 이건 옛 어른들도 했던 말씀이다. 법칙과 규정은 사람들 사이에만 쓸모 있다. 사람이 들고 있는 잣대에 새겨진 그 눈금으로 모든 걸 재려고 들면 안 된다. '수의 실재론'? $1^0=1^\infty$? $0^0=0^\infty$도 마찬가지다. 이걸 뒤섞어 놓은 게 $\infty^0=\infty^\infty$이다. ∞, 이게 바로 '결'의 꼬인 가닥이다. 힘(함과 됨)의 궁극적 원천이자 흐름이다.

빠진 것으로 없는 것

'없는 것'에는 아예 없는, 이른바 공집합도 있지만 '빠진 것'도 그 안에 들 수 있다. 빠진 것에는 거의 없음에 맞닿을 만큼 많이 빠진 것도 있고, 거의 있음으로 가득할 만큼 적게 빠진 것도 있다. 수로 헤아리자면 빠진 것은 무한하다. 끝이 없다. 틈새(시간과 공간에 두루 쓰이는 말)로 보면 어제 빠진 것, 그제 빠진 것에서 수억, 수십억, 수백억 년 전에 빠진 것에 이르기까지, 또 여기에서 빠진 것, 저기에서 빠진 것, 삼엽충이 살던 때 빠진 것, 쥐라기에 빠진 것, 도시에 빠진 것, 시골에 빠진 것, 우리 마을에 빠진 것……으로 헤아릴 수 없이 많다.

이 빠진 것(결핍)에는 이름 붙일 수 있는 것도 있고, 이름 붙일 수 없는 것도 있다. 같은 것, 닮은 것이라고 불리는 것들도 거개가 (쌍둥이로 태어나 누가 누구인지 얼핏 알아볼 수 없는 사람이나, 공장에서 생산된 맥주병 같은 것조차) 빠진 것투성이다. 힘도 빠진 것에서 벗어날 수 없다. 결도 톨도 마찬가지다.

　빠진 것으로 '없는 것'은 '있는 것' 못지않게, 아니 있는 것보다 더 우리 일상에서나 수학, 물리학, 화학, 생물학에 이르는 자연과학, 또 사회과학, 인문학에서 중요한 낱말이다. 철학에서는 더 말할 나위가 없다. 이른바 무한성, 무규정성은 모두 없는 것에 기댄다. 없는 것이 없으면(빠지면) 우리의 사고도 감각기관도 직관도 우주 공간도, 그 안에서 바뀜(변화)을 나타낼 시간도 '없다'. 빈구석이 없으면 그림도 그릴 수 없고 숫자를 쓰거나 가릴 수도 없고 노래나 선율을 들을 수도 없다.

　유전정보가 되었건 데이터로 주어지는 과학 정보가 되었건, 모든 정보는 '있는 것'만 다룬다고 한다. 그러나 그 있는 것들은 없는 것(빠진 것)에 둘러싸여 있다. 이 없는 것이 불확정성원리를 만들어내기도 하고 불완전성정리로 드러나기도 한다. 통일장 이론(아인슈타인이 죽는 날까지 완성시키지 못한 우주론)은 '있는 것'과 '없는 것'의 통일이 이루어지지 않는 한 어림없는 꿈인데, 이 통일은 0이나 1로 수렴되지 않는 한 있을 수 없다.

　'시간'이 없다고? 시간은 공간의 특수형태라고? 시간 없는 '시간 여행자'가 되고 싶다고? 이데아의 세계로 훌쩍 건너뛰겠다고? 모든 이데아는 저마다 허무로 둘러싸여 고립되어 있다. 라이프니츠의 단자처럼. 그리고 그 단자들에는 창문이 없다. 라이프니츠 자신이 한 말이다. 라이프니츠는 수의 실재론에 빠진 나머지 '결톨의 변증법'을 몰랐다. 휘돌고 감돌고 맴도는, 마침내 휘감아 돌아 '없음'의 똥구멍도 간질이고 '있음'(하나님)의 콧수염도 잡아당기는 '힘의 본줄기'

를 놓쳤던 것이다.

독립원자가 지닌
우연성

　　　　　　　0에 가까운 가장 작은 톨에서 1에 가까운 가장 큰 우주까지, 소립자물리학이나 천체물리학에 사람들이 끊임없이 매달리는 까닭이 어디 있을까? 단순한 호기심이라고 보기에는 매달리는 품이 예사롭지 않다. 어쩌면 0과 1이 우리 삶의 밑뿌리를 이루고 있기 때문인지도 모른다. 0과 1 사이에서 '물질'로 일컬어지는 온갖 톨과 겹들의 생김과 흐름뿐만 아니라 '생명'으로 불리는 힘도 널뛰고 춤추고 있기 때문인지도 모른다.

　　플라톤의 우주론《티마이오스》편에서, 같음(1)과 다름(0)의 띠로 이 우주를 빚는 데미우르고스는 살아 움직이는 힘이다. ('하나'로 된 큰 누리를 빚어냈으니 '하나님'으로 부를 수도 있겠지.) 그런데 데미우르고스는 없음(무)에서 이 누리를 창조하는 게 아니라 이데아들을 보고 빚어낸다. 없음(0)에 둘러싸인 수학적 실재들(0.000……1에서 0.999……9)과 양의 차이로 환원시킬 수 있는, 질에서 차이를 지닌 단자들의 중심에 땅별(지구)이 놓이도록 했다. 원형(이데아)으로부터 가장 멀리 있어서 온갖 바뀜과 거짓과 헛것(가상, 시뮬라크르, 그림자놀이)으로 가득한 곳이 데미우르고스의 지구다.

　　데모크리토스에서 루크레티우스로 이어지는 원자론자들은 플라톤의 유한한 우주('수'로 측정될 수 있는 하나의 우주)를 원자와 공간으로 이루어진 무한한 우주로 바꾸어 놓았다. 원자들의 수도, 공간의 넓이도 무한하다. 수직운동(수평운동으로 바꾸어도 마찬가지다)을 하는 원자들(요즘 말로 하면 중력에 따르는 가속운동이겠지), 아니면 유클리드의 직선으로 이루어진 수평 공간에서 평행운동을 하는 원자들(요즘 말로 하면 관성에 따르는 등속운동이겠지). 이 운동들만으로는 원자들의 이합집산에 따르는 크고 작은 톨들로 이루어진 복합체들을 설명할 길이 없어진다.

그래서 '독립원자'들의 뜻밖의 운동이 나타난다. '불확정한 시간'에 '불확정한 공간'에서 생기는 원자의 경사운동(klinamen)이다. 독립원자의 빠르기는 무한하다는데(햇빛보다 훨씬 더 빨라서 무한한 우주 공간을 무한한 속도로 질주한다), 초끈이론[40]에 따르면 고리가 달린(끈이 있는) 이 독립원자들이 우연히 운동 경로를 바꾸기 때문에 무한한 공간 안에서 온갖 것들이 생겨난다. 쿼크든 전자든 뮤온[41]이든 뉴트리노[42]든 가릴 게 없다. 이 가장 작은 '톨'로 여겨지는 것들이 살아 있는 '결'이라고 한들 다를 게 무엇이 있겠는가? 이것들이 달라붙고 또 달라붙어 원핵세포[43]로, 진핵세포로 탈바꿈하고, 이 우주 공간 어느 곳에선가 땅별 같은 별들도 무더기로 생겨난다고 한들 무슨 이론적 하자가 있겠는가?

40 우주를 구성하는 최소 단위를 아주 작으면서도 끊임없이 진동하는 '끈'으로 보고, 이 끈의 움직임으로 우주와 자연의 궁극 원리를 밝히려는 이론이다.
41 현대 물리학에서 물질 또는 장(場)을 구성하는 데 있어 가장 기본단위로 설정된 입자 가운데 하나. 전자와 중성자로 갈라진다.
42 중성자가 양성자와 전자로 붕괴될 때에 생기는 소립자. 전하를 가지고 있지 않으며 질량이 극히 작다. 중성미자와 같은 말이다.

0과 1이 주어지면 그 안에서 중력장도 나타나고 관성계도 나타나고 무한한 우주가 펼쳐질 수 있다. 초끈이론으로도 설명되고 빅뱅 이론으로도 설명되는 무한한 우주. 수학적으로 물리학적으로 생물학적으로 심지어 뇌과학적으로 심리학적으로 진화론적으로 창조론적으로 인문사회과학적으로 언어학적으로 논리학적으로도 파악될 수 있는 무한한 우주. 그러나 '시공'이라는 잴 수도 헤아릴 수도 없는 무규정성(무한성이라고 해도 좋겠지)이 깔려 있는 한, 우리가 필연이라고 부르는 '알 수 있는 것'보다 우연이라고 부르는 '모르는 게' 더 많을 수밖에 없다. 독립원자가 지닌 자유와 그 우연성, 어쩌면 그것은 생명의 특성일지도 모른다.

사람으로 태어났으니까, 사람 탈을 썼으니까, 사람끼리 서로 주고받고 머리를 끄덕일 수 있는 이론 체계가 필요하겠지. 하지만 풀에게 풍뎅이에게 송사리에게 돌고래에게, 전자나 바람이나 빗방울에게 그런 이론을 '검증'받을 수 있나? 0에 기댈 수도, 1에 기댈 수도 있다. 아무리 애써도 이를 수 없는 네버랜드이니까, 두 끝이니까. 거기에서 움터서 결로 꼬이고 톨을 빚어내는 힘이 언제 어디서 무슨 짓을 저지르는지 아무도 모르니까. 살아서도 모르고 죽어서도 모를 테니까…….

43　원핵세포는 체세포분열을 하는 뚜렷한 핵이나 염색체를 가지고 있지 않다. 핵과 세포질 사이를 구분하는 핵막이 없으며 모든 세균류가 이에 든다. 진핵세포는 한 개 이상의 염색체를 가지고 있고 유사분열을 하며, 세균과 남세균을 뺀 모든 동물과 식물 세포가 여기에 들어간다.

무한의 자식들

모든 한계는 0과 1에서 끝난다. 에너지 항존의 법칙에 따라 0은 고려의 대상이 안 된다. 따라서 1에서 끝난다. 0과 1의 자식인 이 별누리 안에서 움직이는 모든 것은 '하나'도 빼지 않고 무한의 자식들이다. 수에 기대도 원형에 기대도 소용없다. 시간과 공간 모두 말아먹어도 별수 없다.

측정과 검증의 기술이야 끊임없이 정밀해지겠지. 당분간 정밀과학이라는 게 판을 치겠지. 그리고 그 많은 정밀과학 가운데 '전쟁과학'으로 둔갑하는 것들도 있고 '인간조정 과학', '생태위협 과학'도 적지 않겠지.

빛의 속도로 바뀌는 것들, 그 속도를 아인슈타인은 상수로 놓았지만 '속도'라는 말 자체가 그것이 변수임을 드러낸다. 그것을 1로 놓아도 마찬가지다. 움직이지 않는 것만이 '하나'가 될 수 있다. 힘의 뿌리가 둘인 이상 온 누리에 움직이지 않을 수 있는 것은 이것도 저것도 아니고, 하나는 없다. 하나님도 없다.

끊임없이 움직이고 흔들려 오차와 확률을 무더기로 쏟아내는 방정식들은 무더기로 쌓일 것이다. 두 거울 사이에서 끊임없이 왕복운동을 하면서 빚어내는, 무한히 복제되는 '나'를 비추는 빛. 광자로 드러나는 그 고비고비들. 그 사이에서 미끄럼을 타고 기어오르거나 기어 내리는 더 많은 그늘 속의 '나'.

'하나'(1)는 '님'으로 불리면서까지 뭇산이들을 품에 끌어안아야 해서('결 이론'에 따르면 빛이고 생명이신 하나님은 전자나 아원자들까지 살아 있는 것들, 뭇산이로 빚어냈다) 끝없이 품(오지랖이라고 해도 좋다)이 넓어질 수밖에 없다. '없음'(0)은 별누리의 한가운데 웅크리고 앉아 '없는 힘'을 써서 없는 것들(이것들은 헤아릴 수 없이 떼가 늘어난다)을 늘려야 하기 때문에 없는 듯이 엎드려 있어야 한다. 그리고 '나 없어!' 하고 손사래를 쳐야 한다.

그 사이에 사람이라는 엉뚱한 '산이'가 나타났다. 또 그 가운데 '있는 나라'의 '있는 놈'들이 앞장서서 '사람이 뭇 것을 재는 잣대다(인간은 만물의 척도다)'라고 제 눈에 안경인 잣대를 흔들어 대고 아무 데나 들이대는데, 그 잣대에 새겨진 눈금은 또 그것마다 다르다. 플랑크상수(h)가 새겨진 미시세계를 재는 잣대 앞에는 0이 줄을 서 있고, 아인슈타인이 빛의 상수라고 내세우는 잣대는 빛의 속도를 넘거나 따라잡을 게 아무것도 없다는, 모든 걸 빛의 빠르기로 보는 '눈빛'에 기대 흰소리를 지껄여 1이라는 눈금만 새겨져 있다고 한다.

이렇게 저마다 새겨진 눈금이 다르고 그것을 읽는 말도 다른데도 '통일이론'이 가능하다고 한다. (잣대라고는 먹이를 씹는 어금니밖에 없는 소가 웃을 일이다.) '하나님은 주사위 놀음을 않는다?' '하나'(1)야 그렇겠지. 그러나 그 뒤에 '님'이 따라붙으면 하나님은 주사위 놀음의 대가다. 암과 수(0과 1)가 합궁을 하니 그 찰나에 '암'의 배가 뻥 터져서 헤아릴 길 없는 온갖 것들이 생겨났다. 그리고 '수'는 그것들을 허겁지겁 주워 담고 감싸느라고 점점 배가 빵빵해지고 있다.

촌사람이 손에 쥐고 있는 잣대에는 도시 사람들이 머리에서 재는 잣대와는 생판 다른 눈금이 새겨져 있다. 부지런히 놀리는 손발과 눈이 잣대다. 그 잣대로 저도 먹고 남도 먹여 살린다. 그런데 도시에서 머리만 굴리는 이들은 어떤가? 머리로만 눈금을 헤아리면서 먹고산다. 이를테면 이 누리가 태어난 지는 137억 년이 넘게 흘렀다는데, 부풀어 오르는 우주의 저 끝에 보이는 어느 별이 우리 눈에서 410억 광년이나 떨어져 있다고 한다. 말이 되건 말건 수학적으로 엄밀히 계산하면 그렇단다.

빛은 시작도 끝도 없다. 이어져 있는 흐름(결)이기 때문이다. 그래서 어디가 먼저고 어디가 나중이라고 가려볼 수 없다. 끊어서 볼 수가 없기 때문이다. 빛에 올라타거나 스스로 빛이 되면 과거도 현재도 미래도 사라진다. 시간도 공간도 사라진다. 그늘도 마찬가지다. '사건의 지평44' 같은 것은 없다. 중력으로 빚어진다는 '검은구멍'(블랙홀)은 빛을 잡아먹지 않는다.

0을 상수로 놓을 수 있다. 1을 상수로 놓을 수도 있다. 그러나 그렇게 하는 것은 부질없는 짓이다. 모든 끝(한계)은 변수가 될 수 없음이 너무나 자명하기 때문이다. 그런데 참 끝은 둘밖에 없다. 있음(1)과 없음(0)이 그것이다.

꾀가 있는 물리학자들은 그래서 상수를 0에 가장 가까운 곳, 그러나 0은 아닌 곳에 놓거나 1에 가장 가까운 곳, 그러나 1은 아닌 곳에 놓는다. 이 세상에 빛보다 더 빠른 것은 없다고 한다. 그러면 당연히 빛의 속도는 상수가 되고, 그것은 1이 된다. 천 곱절 만 곱절을 해도 1이다. 그런데도 빛의 속도(C)는 '정확하게 초속 18만 6,000마일'이라고 고집한다. 또한 플랑크는 우주상수가 1.38×10^{-123}이라고

---

44 블랙홀의 바깥 경계로서 어떤 사건이 그 경계 너머에 있는 관측자에게 영향을 미치지 못하는 곳을 이른다. 사건의 지평에서는 중력이 너무 강해 빛조차 빠져나가지 못한다고 한다.

한다. 요즈음에는 '다중우주'의 상수가 10^{500}이라고 주장하는 물리학자도 있다. 계산해 보니 그렇고, 그 계산이 어떤 조건을 충족시킨다는 것이다. 차원이 다른 10^{500}의 우주? 나도 모르고 하나님도 모를 일이다. 도대체 무슨 생각들인지, 아인슈타인도 플랑크도 와인버그도……

통일장이란 무엇일까? 시간도, 공간도, 우주고 뭐고 깡그리 사라지는 '무의 세계'(?). 아인슈타인은 그 무의 세계를 끌어안고 지금쯤 빛의 무한 곱절 속도로 어디론가 날아가고 있을지도 모르겠다.

셈에서 벗어난 무엇

'곱한다'는 것은 곱절 또는 갑절한다는 뜻이다. 둘(2)을 곱절하면 넷(4)이 된다. 그러면 끝은 둘에서 넷으로 늘고 끝이 넷인 것은 왼 끝, 오른 끝, 위 끝, 아래 끝으로(가로축과 세로축으로) 나타낼 수도 있고, 같은 빗금으로 이루어진 세모꼴(삼각형) 두 개가 모여 이룬 바른네모꼴(정사각형)로 보일 수도 있고, 줄(선)로 이루어진 가장 작은 '것'(입체)으로 빚어질 수도 있다. 반반한꼴(평면)이 드러나는 것이다. 우리가 눈으로 보는 것, 우리 눈에 보이는 것은 바로 이것이다.

우리 생각이 따라가는 것도 마찬가지다. 다른 한쪽으로 보면 이것은 '있음'과 '있는 것', '없음'과 '없는 것'이 있음과 없음에서 가지치는 것과 같다. 셋(3)을 곱절하면 아홉(9)이 나온다. 여기에서 셋은 있음(또는 있는 것)과 없음(또는 없는 것)이라는 두 끝 밖에 그것을 갈라놓고 이어 주는 것이 그 사이에 있음을 뜻한다. 있음에 들지도 않는 이것은 '있지도 없지도 않은 것'(끝이, 겉이, 갓이 없는 것)으로 불리기도 하고, 어떨 때는 '있는 것' 어떨 때는 '없는 것'으로 드러나기도 한다. 이것을 '결'로 부르기로 하자.

'함'과 '됨'으로 갈라서기도 하는 힘인, 그 힘의 움직임인 이 결은 펼쳐지기도 하고 오므라들기도 한다. 이것을 한자를 빌려 신축성이라고 하자. 이 신축성은 있는 것과 없는 것의 '갈마듦'(번갈아드는 것)으로 볼 수 있다. 이 갈마듦은 '곱은줄'(곡선)로 나타난다. 곱은줄은 헤아림에서 벗어난다. 가까운 값(근사치)으로만 잴 수 있다. 넷(4)까지는 헤아릴 수 있으나 나머지 다섯(5)은 그 안에 헤아릴 수 없는 어떤 것을 지니고 있다. (따지고 보면 4도 그 안에 헤아릴 수 없는 어떤 것이 깃들어 있다.)

셋(3)을 곱절해서 나타나는 이 아홉(9)이야말로 모든 '잼'(측정)과 '헤아림'(셈)의 바탕이 된다. 9에서 비롯되는, 되풀이되면서 이어지는 가름(분리)과 이음(연속)에 대해서 살펴보자.

1에서 9까지 9로 나누면 저마다 다른 셈의 끝과 되풀이, 이어짐과 나머지가 드러나는데(0.1111……1에서 0.9999……9까지) 여기에 0이 덧붙어서 십진법의 모든 숫자가 차례로 아홉(9)까지 드러난다. 되풀이됨과 이어짐이 없으면 데(공간)도 때(시간)도 드러나지 않는다. 이런 모습을 앎과 맞서는 모름으로, '가지런함'(질서)에 맞서는 '흩음'(무질서)으로 부를 수 있다. 이 흩음 또는 흐트러짐은 검음(흑암)이나 혼돈(카오스), 또는 그늘(음)로 불리기도 하고, 그 밖에 질료(hyle)나 '바닥에 깔린 것'(hypodoke) 같은 이름으로 불리기도 했다.

꿈꾸는 형이상학

'때데한몸'(시공연속체)이라는 말에 이미 누리(별누리, 검누리)에는 사람 눈에 비치는 것과는 달리 잴 수 없는, 헤아릴 수 없는, 셈에서 벗어난(측정 불가능한) 무엇이 있음을 드러낸다. 사람들은 이것을 먼 옛날부터 우리 귀에 익은 이름으로 불러 왔다. (보기를 들면 우연, 자유운동 따위다.)

　나는 《철학을 다시 쓴다》에서 동일률이 어디에서 어떻게 깨지는지 밝히는 데 힘을 쏟았다. 함과 됨으로 드러나는 힘은 우리 눈에 톨의 움직임으로밖에 드러나지 않는다. 눈보다는 귀가 조금 더 밝아서 결의 움직임을 받아들이지만, 그것도 어디에서 어디까지, 얼마에서 얼마까지라는 틈새에 지나지 않는다.

　사람이 느끼고(감각), 알 수 있는(지각) 것은 얼마나 적은가. 작아질수록 그리고 커질수록 사람의 헤아림에서 그만큼 벗어나는 앎의 테두리가 좁아진다. 미시세계(작은 것), 거시세계(큰 것)에서 드러나는 티끌 같은 조약돌 하나 집어 들고 그것을 앎의 모두인 것처럼 뽐내고, 자랑하고, 떠들어대고, 기리는 모습은 '알음알이 놀이'(지적 유희)와 진배없어 보인다.

왜, 무엇 때문에, 어떻게

　　　　　　자다가? 아니면 깨어 있는 채 머리를 굴리다가? 수학, 물리학, 화학, 생물학, 인간학, 컴퓨터와 로봇 공학으로 이어지는 결과 톨의 뭉침과 펼쳐짐, 그리고 생물학에서 이른바 단성생식과 양성생식에 이르기까지 끊임없는 생각들이 머릿속을 맴돈다.

물리학, 화학, 생물학을 이어 주는 결에서 '끈끈이' 같은 것, 이를테면 들뢰즈의 끌개(attractor)[45]가 어떻게 더 큰 힘, 더 더 큰 힘으로 스스로 감아 돌면서 저마다 다른 톨들을 빚어내고, 그것들을 잇는 사이에 베르그송이 '기억'으로 부르는 틈새를 만들어 유전자의 꽈배기에 칸을 짓고, 그 마디가 안에서 생기는 힘 또는 밖에서 더해지는 힘에 따라 떨어져 나가 그 틈새를 다른 것이 메꾸어 돌연변이가 일어나는지, 왜 모든 산톨들이 더는 갈라지지 않거나 몸집을 불리지 못하고 작은 씨앗으로 목숨을 이어 갈 길을 찾는지, 암수가 갈라지고 저마다 반씩만 틈새에 욱여넣은 '뒷삶알'(유전자)이 어떻게 가지를 쳐서 저마다 꼴과 크기가 다른 산티, 또는 산톨들로 바뀌게 하는지, 여기서 '흩음'과 '되풀이'라는 힘의 결이 무슨 몫을 맡는지……. 이 모두를 등식과 부등식으로 또는 원자, 분자, 무기물, 유기물, 원시 생물, 고등 생물에 이르는 흐름 모두를 아우를 수 있는, 그리고 해와 별 또 별과 별 사이를 채우는 '성간 물질'로 부르는 것들이 이 모든 틈새에서 어떤 힘을 미치는지 가닥을 잡는 첫 발걸음을 내디뎠다.

물이 생겨나 땅별의 겉을 감싸고, 안에서 달아오른 무르녹은 '물렁이'(액체)가 밖으로 터져 나오면서 물 밖으로 드러나 '단단이'(고체)로 굳어지고, 뿌리내릴 데가 마련되면서 바다에 살던 산티

---

45 모든 운동 과정을 자기에게 끌고 오는 장소이자 특이점을 말한다.

꿈꾸는 형이상학

들이 어떻게 다른 모습으로 바뀌는지에 이르기까지, 이것을 0에서 9까지(더 촘촘히 말하자면 0.000∞1에서 0.999∞9까지) 숫자를 빌려, 원자와 분자, 전자와 소립자의 개수를 빌려, '기억창고'들의 칸막이와 그 칸막이에 뚫린 구멍들을 빌려서 한데 얽어내는 일은 쉽지 않다. 더구나 '형이상학도'로서 몇 마디 안 되는 낱말들(앞서 이야기한 있음, 없음, 임, 아님, 것, 결, 톨, 함과 됨으로 갈라서는 힘들)을 어떤 때는 수로 나타내고 어떤 때는 도형으로 그리고, 또 어떤 때는 정의나 공리 같은 것을 밑에 깔고서 잇고 따고 붙이는 일을 하기에는 더더욱 벅찬 느낌이 든다.

꿈인지 깨어서인지 모르겠으나 내가 화두를 붙든다. 셋이다. 있음, 없음, 그리고 힘. 이 세 화두가 갈래를 친다.

힘은 '함과 됨'이고 있음은 '것'이며 없음은 '빔'이다. 있음과 없음에서 나오는 힘은 '결'이고 이 결의 뭉침은 '톨'이다. 이렇게 해서 것, 빔, 결, 톨이 나온다. 빛은 프리즘으로 가르면 그 안에 끝없는 빛깔 바꿈이 펼쳐지는데, 결과 톨로 바뀌는 빛은 결과 톨의 특성을 둘 다 지니고 있다. 그러므로 이 빛이 어떻게 해서 어떤 때는 결로, 또 어떤 때는 톨로 바뀌는지, 이 빛 가운데 어떤 것은 왜 검은구멍(블랙홀)으로 빠져들어 가고, 어떤 것은 왜 똑바로 가지 않고 끌어당기는 무게의 중심에서 비켜서 굽는지를 풀어 헤쳐야 한다.

그리고 검은구멍으로 소용돌이치면서 휘말려 들어간 것들은 헤아릴 수 없이 큰 힘을 지닌 꼭짓점에서 크기마저 잃고 오직 힘으로만 똘똘 뭉쳐 있다가 그게 어느 틈에 펑 하고 터져(빅뱅) 하얀빛으로 쏟아져 흩어지고, 무엇 때문에 여기저기서 길이 막혀 톨로 바뀌고 그 돌들이 엉켜서 별구름(성운), 별떼(성단), 그리고 낱 별들의 무리를 이루는지, 원자와 아원자 크기에서는 무슨 일이 벌어지고 있고 산돌은 어떻게 빚어지며 그때 결의 움직임은 어떻게 달라지는지, 또 4라는 숫자에 담긴 뜻은 2+2=4와 2×2=4(덧셈과 곱셈에서 같은 모습으로 드러나는 것)를 풀이할 때 '공간화의 1차 단계'(빈자리 마련)로 드러나 0을 가운데 두고 위아래와 왼쪽, 오른쪽으로 펼쳐지는 수학의 기초 이론 형성에 절대 지표를 마련하는 것을 넘어서서 그 밖에 어떤 힘(더하기와 곱하기는 힘의 구실이다)을 지니고 있는지, 그리고 $2^3=8$과 $3^2=9$가 맡은 몫은 안과 밖이 나뉘는 돌을 빚는 데 끼치는 힘의 움직임 밖에 또 어떤 것이 있는지……. 이런 생각들이 머릿속에 떠도는데 이것을 누구나(천체물리학, 수학, 이론물리학, 화학, 생물학 영역들에서도) 쉽게 알아들을 수 있도록 하려면 어떻게 추슬러야 하는지 같은 떠돌이 알음알이로 머릿속이 어지럽다.

형이상학과 수의 관계를 헤아려 보기 위해 1에서 9까지 수로 드러나는 힘을 하나하나 되살펴 보고자 한다.

수로 드러나는 힘

　1 : 하나, 있음. (있음+하나=유일, 여기에 이르면 신의 경지다.) 0과 가장 멀리 떨어져 있는 또 하나의 끝. 0이 '됨'의 막바지라면 1은 0쪽으로 가는 '함'이 움트는 곳이다. 하나가 있음, 임, 것의 그루터기다. 힘이 '함'으로 드러나는 곳이기도 하다.

　2 : 0+1=2. 끝(0과 1)이 둘이므로 0과 1의 이어짐(관계)에서 2가 나타난다. 두 끝이 마주하고 있는 자리가 다르므로, 그런데 이 자리

　　　　　　　　　　　　　　　　　　　　꿈꾸는 형이상학

가 잇닿아 있으므로 이 사이(틈)에서 크기(공간)가 생긴다.

3 : 0과 1 사이에 있으면서 0도 아니고 1도 아니어서, 0과 1을 갈라 세우며 그 둘을 이어 주는 결 또는 너비가 생겨난다. 결의 움직임, 너비가 펼쳐지는 이 사이, 틈, 공간, 운동을 두루 3이라는 숫자가 머금고 있다. (2±1, 또는 2±0은 3.)

4 : 자리(공간)를 마련하는 숫자. (2+2=4, 2×2=4.) 더하거나 곱하면, 어떤 힘이 주어지면, 그 힘이 어떻게 쓰이더라도 0에서 위아래, 왼쪽 오른쪽으로 가지가 뻗어 반반한 자리(평면)가 나타난다.

5 : 두 끝(0과 1)과 결로 드러나든, 자리로 드러나든 그 사이를 채우고 비우는 세 번째 것(제3자)이 더해진 숫자. 2+3=5. 동그라미의 바탕(원의 기초)이 되는 숫자로 볼 수도 있다.

6 : 결로서 3과 자리로서 3이 이어진 것. 3(결)+3(자리)=6. 반반한 자리를 빈틈없이 메꾸는 6각형(여섯모꼴)은 여기서 드러난다. (자리를 잡을 때 '평면 공간의 형태'로서는 그렇다. 중국인들이 옛날에 우주를 '육합'으로 불렀던 것을 다시 풀이해 봄 직하다)

7 : 움직임으로 드러나거나(결로서 3), 자리로 드러나거나(자리로서 3), 시간과 공간의 숫자 상징인 6에 하나(1)가 더해진 수가 7이다. (또는 '2+2'나 '2×2'+3=7.) '빔'과 '결'을 묶어서 '하나'에 가깝게, 카오스를 코스모스로 이끄는 힘이 여기에서 나온다. 플라톤의 데미우르고스가 얼굴을 디민다. '하나님'은 쉬고 있는데, 그이가 지어 낸 것들은 저마다 자리를 바꾸거나 뭉치거나 흩어진다.

8 : 01×01×01(2×2×2, 또는 4×2)=8. 톨이 빚어지고 톨들이 저마다 '안'과 '밖'을 지니게 되는 것을 드러내는 수. 2^3. '것'들이 나타

나고, 이것저것이 갈라지고, 모이거나 한데 엉긴다.

9 : 3×3 또는 3+3+3=9. 마지막 수. 되풀이되는 이어짐. 한가운데에 자리 잡아 모든 것을 끌어당기고, 모든 것으로 흩어지는 크기 없는 끝(영점)으로서 0을 뺀 다른 모든 숫자는 9로 나누면 끝없이 이어지는 같은 수로 되풀이되고, 나머지도 같은 숫자로 떨어진다.

수로 드러나는 힘에서 '9'가 코스모스로 드러나느냐 카오스로 드러나느냐는 0과 1의 차례가 '010101010'(여기서는 0이 5번, 1이 4번 되풀이된다. 자리가 다르므로 되풀이되는 0이나 1은 같은 것으로 볼 수 없다)이냐, '101010101'이냐에 따라 달라진다. '010101010'을 또는 '101010101'을 가운데 두고 어떤 풀이를 하느냐는 문화권이나 개인에 따라 다를 수 있다. (내 생각으로) 그리스에서 출발하는 서구 전통에서는 '101010101'을 코스모스를 나타내는 9로 보는 듯하다. 안팎(안과 밖)을 이루는 이 수의 나열(01, 또는 10)은 고리 모습을 띤다. 따라서 이 고리에서 0을 먼저 집느냐, 1을 먼저 집느냐일 뿐이지 모습이 달라지지는 않는다. 달라지는 것은 생각의 흐름뿐이다.

지금까지 수학에 대한 논의는 0차원(점), 1차원(선), 2차원(평면)을 바탕 삼아 주로 평면 공간에서 이루어졌다. 우리의 의식은 현실 차원에서 한 차원씩 빼는 추상을 함으로써 주어진 것(데이터)에 대한 그림을 얻는다. 아무것도 보이지 않던 어둠 속에서 끝(갓, 겉)이 하나 보이고 그것이 새끼를 쳐서 네모꼴이 드러난다. 기하학 도형으로 눈앞에 그릴 수 있는 $4(2^2)$가 나타나면 거기에서 '입체'를 그리는 일은 어렵지 않다.

꿈꾸는 형이상학

0(2), 1(1), ∞(3), 여기에서 0을 왜 2라고 하는가. 0은 '없는 것'인데 '없는 것'은 '없는'이라는 한계 하나, 또 '것'이라는 한계 하나를 같이 지니고 있기 때문이다. ∞를 3으로 여기는 것은 이것이 있는 것도, 없는 것도 아니기 때문이다. (∞는 무규정성을 나타내기도 한다.)

0이 한가운데 숨고 1이 울타리를 두르는 그 '틈새'(때와 데, 자리와 힘의 흐름)에는 저마다 맴돌아 톨로 보이고, 결로 굽이쳐 이어진 '실'(초끈)로 보이기도 하는 맴돌이, 휘돌이, 감돌이들이 얼마나 될까? 아마 헤아릴 수 없을 것이다. 0.111……에서 0.000……1까지 틈새는 끝 간 데가 없고, 0.999……에서 0.000……9에 이르기까지도 마찬가지다.

게다가 0의 힘이 점점 더 커져서 1은 끝으로 끝으로 나날이 밀려나고 있다. 다만 2, 3, 4, 5, 6, 7, 8이 나타나면서, 그리고 마지막 띠 9가 더해지면서 아래위, 왼쪽 오른쪽, 앞뒤, 안팎으로 여덟 개의 차원과 그 모두를 감싸는 '1' 그리고 한가운데 웅크리고 있는 '0'까지, 어떤 것은 드러나기도 하고(갓, 곁, 끝에 있는 것은 그것들을 감싸는 1의 힘으로 그나마 쉽게 드러난다) 어떤 것은 숨바꼭질하듯이 속에 꼭꼭 감겨서 숨어 있다.

음수, 양수, 허수, 실수, 복소수에 이르기까지 모든 수의 조합은 0에서 1 사이에 들어 있다. 빔이라고도 없음이라고도 끝이라고도 불리는 곳, 하나의 점으로 나타난 이 '원점'(수학에서는 0으로 나타낸다)이 바로 음이자 양이다. 공이자 색이고, 유이자 무이며, 있음과 없음이 한데 달라붙어 있는 곳이다.

0(없음)이라는 점과 1(있음)이라는 점. 결과 톨의 온갖 바뀜(변

화)은 이 안에서 일어난다. 우주에서 힘의 '본샘'(원천)은 0과 1의 꼬임에 있다. '없음'에서 싹트니까 무한하고, 무규정적이다. '있음'으로 드러나니까 유한하고, 규정적이다. 그 사이는 무규정성과 규정성이 뒤얽힌 '뭉친 결'(톨)과 '풀어진 톨'(결)로 가득한, 빛과 그늘로 이루어진 작은 누리 큰 누리들이 가득 채우고 있다. 생명계니 물질계니 하는 것들은 그때그때 드러나는 바뀜에 붙이는 딱지일 뿐이다.

꿈꾸는 형이상학

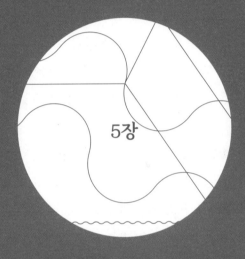

5장

살아 있는 힘

운동이 지배하는 세계는 모순이 끼어든다.

있음과 없음이 한 덩어리가 되어

'있는 것'도 아니고 '없는 것'도 아닌 무규정성이

형이상학적 실체로 자리 잡는다.

있는 것도 없고, 없는 것도 있다.

힘의 본모습은 바로 이것이다.

힘의 본모습

맨톨(아원자)은 밖에서 미는 힘이 있어야 움직이고, 이미 움직이고 있다면 밖에서 멈춰 세우는 힘이 있어야 움직임을 그치는 것들이다. (원자에서 아원자에 이르는 모든 물리학적 실체들이 그렇다.) 산톨(생명 입자)은 스스로 움직이고(움직이는 힘이 안에 있고), 스스로 멈출 수 있는(삶의 기운이 그 안에 스며 있는) 것들이다. 스스로를 결(파동)로 바꾸기도 하고, 톨(입자)로 바꾸기도 하는 것이다.

왜 물리학자들은 맨톨이 우주 구성의 기본 물질이라고 고집을 부릴까? 그러면서도 그 사이에 힘이 끼어든다고, 이를테면 끄는 힘, 미는 힘이 그 안에 깃들어 있다고 여길까? 이들에게는 이 힘을 설명할 힘이 없다. 그저 우연이라거나 중력이라거나 약력, 강력, 전자기력이라는 말로 얼버무릴 뿐이다. 이 편견을 굳혀 주는 데 수학이 끼어든다.

수는 불변의 실체를 나타내는 등가물로, 하늘에서 떨어진 기계신[46]으로 나타난다. 수는 모든 것을 고정시키고 등식(=)을 따라 자리바꿈을 한다고 여긴다. 여기에서 등식은 힘이다, 부등식(≠)이 힘이듯이. 수치가 자리바꿈을 하고 제 모습을 키우거나 줄이는 데에는 반드시 등식이 징검다리 노릇을 해야 한다. 등식이 성립하지 않으면 수학은 무너진다.

　운동이 지배하는 세계는 그것이 우주의 팽창이나 수렴이라는 말로 표현되건, 생성과 소멸의 순간이 파악 불가능한 극소 미립자의 모습을 띠건 상관없이, 강제로 가속(덧빠름)시키든 정지점에 이르도록 하든 관계없이, 맨티의 움직임이든 산티(생명 입자)의 움직임이든 가리지 않고 그 세계는 모순이 끼어든다. 있음과 없음, 임과 안임(아님)이 한 덩어리가 되어 '있는 것'도 아니고 '없는 것'도 아닌 것, '인 것'도 아니고 '아닌 것'도 아닌 무규정성이 형이상학적 실체로 자리 잡는다. 끊기지 않고, 끊임없이 서로 겯고 틀면서 힘마당이 결로 드러난다.

　'아리스토텔레스의 신'(스스로는 움직이지 않으면서 다른 것들은 움직이게 하는 것)을 끌어들이든, 기독교의 유일신(하나인 있음)을 내세우든, 불교의 없음(무, 공)을 가운데 놓든 운동과 이어진 이 모순은 풀리지 않는다. '='이 수학자들이 그토록 감추고 싶어 하는 보이지 않는 힘, 모든 것을 등가물(같은 것)로 바꾸는 힘이라면 '≠'은 드러난 힘, 모든 과학적 등가물은 헛소리(가설)가 뒷받침한다는 것을 적나

46　고대 그리스 연극에서 쓰인 무대 기법. 기중기 같은 기계를 써서 갑자기 신이 공중에서 나타나 위급하고 복잡한 사건을 해결하는 수법이다.

라하게 드러내는 힘이다.

모순은 산티만이 지니는 고유한 힘이다. 이 세상에 등질인 것은 없다. 모두 저마다 다른 질을 지니고 있는 고유명사다. 온 우주도 서로 다른 질들로 엉켜 있고, 이것들이 모여 생명체의 구조를 이루고 기능을 결정한다.

있음과 없음에서 나오는 힘의 결이 걸고 틀어서 있는 것과 있을 것, 없는 것과 없을 것, 빠진 것과 군더더기로 여겨지는 온갖 현상을 빚어내는데, 이 두 힘의 가닥이 끈을 잇고 마디를 만들어 산결(생명의 파동)로 드러나기도 하고 산톨로 응결되기도 한다. 산티가 있음과 없음을 이어 주는 징검다리 노릇을 하고 이것을 우리는 산결이라고 부른다.

입자와 파동 논쟁은 뒤로하고 먼저 온 우주를 생명계로 보자. 하나님(유일신), '있음' 안에 깃든 힘도 산힘(생명력)이고 공, 무(열반), '없음' 안에 깃든 힘도 산힘이다. 있는 것도 없고, 없는 것도 있다. 힘의 본모습은 바로 이것이다.

다른 것은 늘 바뀐다

톨과 결은 함(능동)과 됨(수동)을 이루는 힘이다. 결이 톨을 만나면 밀어붙이기도 하지만 비켜서기도 한다. 톨의 크기와 결이 지닌 힘의 크기에 따라 저마다 다르다. 바람의 세기에 따라 물결은 잔잔해지기도 하고 거칠어지기도 하듯이 힘은 뭉치기도 하고 흩어지기도 한다.

앞 밭의 감나무도, 산에 있는 넓은잎나무들도 잎을 떨구고 헐벗은 몸으로 다가올 겨울을 맞고 있다. 나도 저 나무들을 닮아야 한다. 내 살과 뼈가 잔톨(소립자)로 바뀌었다가 그 톨이 다시 결로 바뀔 때까지 얼마나 많은 세월이 흐를까. 몇억 년, 몇십억 년, 몇백억 년? 언젠가는 티끌 같은 톨로 바뀌었다가 그것이 다시 결로, 함과 됨을 이루는 힘으로 바뀌는 날이 오겠다는 생각에 마음이 편해진다.

우리가 이것, 저것으로 부르는 모든 대상은 심지어 '없는 것'조차 톨과 결로 이루어져 있다. 톨은 저마다 떨어져 있고 이것들을 하나로 이어 주는 끈은 결이다. 원자나 아원자 같은 아주 작은 것들도 마찬가지다.

홀로 떨어져 있는 것으로 보이는, 이를테면 '원자'로 불리는 것조차 겉은 끊임없이 원운동을 하는 것으로 보이는 전자가 둘러싸고 있고, 그 안에서 양성자 또는 중성자로 불리는 것들이 결의 힘으로 이어져(묶여) 있다. 이른바 반감기[47]로 불리는 방사성물질들은 톨이 결로 바뀌어 그 힘이 밖으로 뻗치기도 한다.

우리가 얼이나 넋으로 부르는, 결로 이루어진 삶의 힘은 어떤 때와 데에서는 여리게 나타나기도 하고, 다른 때와 데에서는 세게 나타나기도 한다. 그것이 한데 모여 더 세지기도 하고 엇갈려 더 여려지기도 한다. 또 그 가운데 어떤 결들은 엉겨서 톨을 이루기도 하고 톨로 갈라진 힘이 다시 결로 풀려 이어지기도 한다. 이 힘은 두

---

47 방사성물질이 붕괴하거나 다른 원소로 변할 경우, 그 물질의 원자 수가 처음보다 반으로 줄 때까지 걸리는 시간을 가리킨다.

갈래로 갈라지기도 하고, 본디 달랐던 두 힘이 하나로 엮이기도 하는데 그 가운데 주는 힘은 '함'으로 받는 힘은 '됨'으로 불린다. 때와 데에 따라 '함'이 '됨'으로, 거꾸로 '됨'이 '함'으로 바뀌기도 하는데, 결의 고비(힘의 최고점)와 구비(힘의 최저점)마다 꼭지에서 바닥으로 내려가는 힘과 바닥에서 꼭지로 치오르는 힘은 하나로 엮인 둘로 볼 수 있다. 함은 있음에서 나오는 '있는 것'의 힘으로, 됨은 없음에서 나오는 '없는 것'의 힘으로 갈라 볼 수 있겠다.

톨과 결은 본디 하나이나 그것은 두 힘 '함'과 '됨'이 엮이고 풀리는 마디(응집력)에서 생기므로 하나이면서 둘, 둘이면서 하나인 한 쌍으로 볼 수 있다. 힘으로 뭉뚱그리면 하나이지만, 함과 됨의 결로 이루어져 있으므로 갈라서 보자면 둘이다. 음과 양, 원자와 공간, 유와 무, 전자와 양성자, 형상과 질료, 숨과 몸…… 무엇이라 부르든 아랑곳없이, 이것저것을 갈라서 볼 수밖에 없는 사람의 의식에 비치는 누리의 모습은 여기에서 벗어날 수 없다.

같은 것은 바뀌지 않고 다른 것은 늘 바뀐다. 우리는 '같은 것'을 '있는 것'으로 부르고 '다른 것'을 '없는 것'으로 부른다. 빠짐(결핍)이 바뀜을 낳고 이 바뀜은 산이(생명체)를 저마다 다른 것으로 바꾸어 내는데, 이 '돌연변이'가 어느 끝에 이르면 어떤 종에 드는 산이들은 모두 사라지기도 하고 또 새로운 종으로 탈바꿈하기도 한다.

사람의 염색체에서 XX는 같음을 드러내고 XY는 다름을 드러내는데 여기서 Y라는 딱지를 단 염색체가 본디는 빠짐, 다시 말해서 '없는 것'의 다른 이름이라고 할 수 있다. 벌이나 개미가 오랫동안 평화로운(결 고른) 떼살이를 할 수 있는 까닭은 이 모둠살이(공동체)가

암컷들(XX염색체를 지닌 것들)의 힘으로 이루어지기 때문이라고 볼 수도 있다.

살아 있는 것들은 저마다 무늬가 다르다. 무늬는 톨에 새겨진 결이다. 사람의 손가락 끝마디에 새겨진 지문이 저마다 다르듯이, 피나 머리칼에 새겨진 유전정보가 하나도 같은 것이 없듯이, 저마다 달리 생겨 먹은 산이들은 그 다름으로 말미암아 살 때와 데가 어느 울타리 안에서만 주어진다.

'함'의 힘이 '됨'의 힘보다 넘치는 곳에서는 결 고른 삶을 바라기 힘들다. 힘이 들어오면 거기에 맞서야 하고 맞서기 어려우면(힘겨우면) 고른 결이 흐트러진다. '힘이 든다'는 말은 깊이 되새겨 보아야 한다.

알 수 없는 끝

'있을 것'은 있고 '없을 것'은 없는 게 좋다. 있을 것은 '있음'에 닿아 있는 아직은 '없는 것'이고, 마찬가지로 없을 것은 '없음'에 닿아 있는 아직 '있는 것'이다. 있을 것은 아직 톨로 바뀌어, 또는 쓰임새로 바뀌어 눈앞에 드러나지 않은 결이다. 없을 것은 아직 결로 바뀌어 사라지지 않은 톨이거나 '쓸모없음'이다. 있을 것이 있는 것으로, 없을 것이 없는 것으로 제자리를 찾아가는 데에는 두 겹으로 꼬인 힘이 있어야 한다. 하나는 '할 수 있음'이라는 힘이고 또 하나는 '될 수 있음'이라는 힘이다.

함이 미치는 힘을 됨이 받아들이고, 됨이 바라는 힘을 함이 미

꿈꾸는 형이상학

칠 수 있어야 한다. 결을 뭉쳐 톨로 바꾸는 것도, 톨을 풀어 결로 바꾸어 내는 것도 이 두 겹의 힘이다. 이 둘의 힘이 모여야 한다. 이 힘이 어떨 때(어느 틈, 어느새)는 뭉치고 또 뭉쳐 회오리치고 소용돌이쳐서 '있음'에 가까워지면, 톨도 결도 벗어나 틈새가 없고 크기도 잃어버리는 끝꼭지(극한점)를 이룬다. 큰펑(빅뱅) 이론을 내세우는 사람들은 큰집(우주)의 한가운데, 우주 중력(그런 것이 있다면)의 중심점이 오그라들 대로 오그라들면 함과 됨이 더는 견디지 못하고 뒤흔들려 '펑' 하고 터져 나가, 지금 우리가 겪고 있는 부풀어 오르는 틈새(시간과 공간)가 생기고 그것이 벌어지게 된다고 이야기한다. 그럴듯한 생각이다.

큰집은 하나일까, 여럿일까. 하나에 다가서지만 하나가 아니고 둘에 닿을 둥 말 둥 하지만 둘도 아니다. 그 사이에서 흔들리고 있는 '셋'이다. 이 '셋'은 1도 아니고 2도 아니며 있음(유)도 아니고 없음(무)도 아닌 것이다. 도가에서는 이것을 감암(현빈)이라고 부르고 불가에서는 빔(공)이라고 이르며 유가에서는 가없음(무극)이라고 일컫는다. 어떻게 부르든 이것은 덧없음(무상)이다. 결이 두 겹으로 꼬인 덧없는 힘이다. 이 힘이 꼬이고 또 꼬여 엉클어질 대로 엉클어지면 톨로 뭉치고, 톨로 뭉친 힘이 느슨하게 풀리고 또 풀리면 결을 되찾는다.

톨로 뭉친 힘이 있음 쪽으로 치솟고 또 치솟으면 '살아 있음'으로 바뀌어 빛과 그늘(양음)을 그 안에 함께 담고 있는 여러 모습(전자, 양자, 중성자, 중간자…… 수소, 헬륨, 산소, 우라늄…… 무기물, 유기물, 미생물, 식물, 동물, 인간……)으로 펼쳐진다. 결로 흐르는 힘이 차츰 '구비'를 잃고 잠잠해지면 '죽어 사라짐'으로 바뀌어 이른바 엔트로피가 끝없이 펼쳐진다. 다시 말해 없음 쪽으로 갈앉고 또 갈앉는다. 있음에 맞닿아도 흔들리지 않고 없음에 맞닿아도 흔들리지 않는다. 기독교에서는 '있음에 맞닿음'을 구원으로, 영생으로 부르고 불교에서는 '없음에 맞닿음'을 적멸로, 선정으로 부른다. 이 둘 다 믿음이다. 사람 머리로는 파헤칠 수 없는 '알 수 없는 끝'이다.

사람이라는 잣대는 끝을 잰다. 그러나 큰집 안에 모여 큰집을 이루고 있는 어떤 것에도 끝이 없다. 끝 비슷한 것들만 있다. 그래서 우리는 비슷한 것에서 '닮은 것'을 찾고 닮은 것에서 '같은 것'을, 같은 것에서 '인 것'을, 인 것에서 '있는 것'을 찾아 나선다. 자리(공간)에서도 때(시간)에서도 어느 하나 같은 것이 없는 '홀'로 떠도는 중생들의 덧없는 몸짓이다.

이어짐과 끊어짐

비가 내릴 때, 물이 좁은 물길을 타고 가파르게 흐르면서 생기는 비눗방울 반쪽 같은 우주들을 생각한다. 어둠 속에서 떠오르는 반구의 우주들, 생겼다 터지는 방울들. 빛에 따라 여러 모습으로 드러나지만 과학자들이 수학 모델로 빚어내는 그런 우주는 '착시 효과'라고 보아야 하지 않을까. 마치 비눗방울의 겉을 이루는 물의 얇은 막에 빛이 닿을 때, 움직이는 액체 상태가 빚어내는 갖가지 빛의 결이 드러내는 환각처럼……

불교에서 말하는 '원융무애'(모든 이치가 무르녹아 하나가 됨)는 마음의 모습을 그린 말이기도 하고 살아 있는 별뉘(우주)를 그린 말이기도 하다. 우주는 빛 알갱이 하나하나, 수소 원자 하나하나가 그러듯이 굳어 있지 않고 녹아 있는 것들이 이어져 흐름을 이루는, 이런저런 꼴로 드러나는 결들이 엮여 이루는 살아 움직이는 액체 상태다. 빛은 허공을 가로질러 우리 눈에 닿는 것이 아니다. 시간과 공간은 이 연속체의 결을 인간의 관점에서 파악한 하나의 틀에 지나지 않는다. 인간의 소멸과 함께 사람 마음의 그림자인 별뉘는 사라진다.

지렁이에게는 지렁이의 우주가, 풀벌레에게는 풀벌레 그 나름의 우주가 펼쳐진다. 우주의 본디 모습은 없다. 비어 있다. 크기도 결도 없다. 우주만큼 크게 키운 눈으로 살펴도, 티끌의 티끌만큼 작은 눈으로 살펴도 가장 큰 것도 작은 것도 찾을 길이 없다.

살아 있는 모든 것은 마치 바람에 일렁이는 바다의 물이 밀려가고 밀려오는 것처럼 보여도 제자리에서 구비와 고비를 이루듯이, 보이지 않는 끈으로 이어져 서로 스며들면서 낱낱의 모습을 띤 하나로 삶의 춤을 추고 있다. 우리의 눈길이 머무는 곳마다 낱낱으로 갈라서는 이것저것은 눈길이 하나로 이어져 닿듯이 서로 잇닿아 있다. 닿음이, 겉으로 스침이, 그것을 이 꼴 저 꼴로 나누어 드러내는 것에 지나지 않는다. 그리고 닿는 것은 모두가 물방울의 겉을 이루는 점처럼(이 점은 임의의 것이고 실재하지 않는다) 크기도 없고 꼴도 없다.

우리의 모든 감각기관은 겉, 갓, 끝, 것을 뚫고 들어갈 수 없다. 우리의 눈길은 마치 혀가 수박 겉을 핥듯이 우주의 겉껍데기를 핥고 있을 뿐이다. 우주는, 별뉘는 제 속을 인간의 감각이나 의식에 드러내지 않는다.

"원자가 한 상태에서 다른 상태로 변화할 때 광자라고 부르는 빛의 입자를 방출한다고 알고 있는데……."

"그렇습니다."

"그렇다면 광자가 원래 원자 속에 들어 있다가 방출되는 것이냐?"

"아니요, 광자가 원래 있다가 방출되는 것은 아닙니다."

"그렇다면 광자는 어디에서 온 거지? 어떻게 해서 생긴 것이냐?"

나는 광자의 수는 보존되는 것이 아니라 전자의 운동에 의해 생성된다는 것을 아버지께 설명드리려고 애썼지만 잘 할 수가 없었다. 그래서 이렇게 말씀드렸다.

"그것은 제가 지금 내고 있는 소리와 비슷합니다. 소리가 제 몸속에 원래 있었던 것은 아니지 않습니까?"

아버지께서는 그런 점에서 나를 만족스럽게 생각하지 않으셨다.

—《남이야 뭐라 하건!》(리처드 파인만 글, 홍승우 옮김, 사이언스북스, 2004)에서

책에서 옮겨 온 이 이야기는 파인만이 아버지와 주고받았던 대화다. 파인만은 20세기에 가장 뛰어난 물리학자이자 수학자로 알려져 있다. 아마 아인슈타인에 버금가는 사람일 것이다. 책에서 본 이 내용이 뭔가 만족스럽지 않아서, 나도 '남이야 뭐라 하건' 파인만한테 딴죽을 좀 걸어 봐야겠다.

'원자가 한 상태에서 다른 상태로 변화할 때'? 저절로야, 아니면 다른 힘에 밀려서야? 어떤 힘이 그 상태를 바꾸어 놓았을 텐데 그게 함(제힘)이야, 됨(남의 힘)이야? '광자라고 부르는 빛의 입자'도

꿈꾸는 형이상학

그래. 이거 입자(톨) 맞아? 그게 어떻게 튀어나와(방출)? 그리고 우리 눈에 와 닿아? 그 빛톨에 꼬리가 있어, 없어? '광자의 수는 보존되는 것이 아니라 전자의 운동에 의해 생성된다'고? 무슨 소리야, 광자의 수라니. 그리고 수가 보존되지 않는다니? 수학 망했네! '전자의 운동에 의해 생성된다'? 전자라는 '잔톨'(이것도 알갱이다, 싸라기다)이 먼저 있고, 그것이 움직인다? 움직이는 건, 움직이게 하는 건 힘인데 그 힘 어디서 생겼지? 그리고 그 힘이 빛톨(광자)을 낳았다? 만들어 냈다? 차라리, '태초에 힘(에너지)이 있었고, 그 힘이 함과 됨으로 갈라서고, 함이 하니까 됨이 되었다' 하고 말하는 게 더 졸가리 있는 소리 아냐?

나도 이럴진데 물리학에 대해서 일반 상식만 주워들었을 파인만의 아버지도 속으로 '그게 뭐야' 하고 투덜거릴 수밖에 별수 없었겠지. 이런 문제는 파인만이나 호킹이 다룰 문제가 아니다. 있음, 없음, 임, 아님, 함, 됨에 얽힌 문제이고 이음과 끊음, 이어짐과 끊어짐을 다루는 일인데 이 몫은 형이상학에 주어져 있다. 등식으로 얼버무릴 문제가 아니다.

모순에 빠지지 마라

'있다'도 움직씨(동사)고 '없다'도 움직씨다. 움직임은 힘이 이끌어 낸다. 힘에는 함과 됨, 다시 말해 '하는 힘'이 있고 '되는 힘'이 있다. 함으로 드러나는 가장 큰 힘은 '오롯이 스스로 함'(순수능동성)이고, 됨으로 드러나는 가장 큰 힘은 '빠짐없이 받아들임'(순수수동성)이다. '있는 것'도 움직이고 '없는 것'도 움직인다. 있는 것은 '있는 힘'으로, 없는 것은 '없는 힘'으로 바꾸어도 상관없다.

힘은 덩이로 바뀔 수 있고, 거꾸로 덩이가 힘으로 바뀔 수도 있음은 이미 아인슈타인의 공식 $E=mc^2$을 통해서 밝혀진 바 있다. 함은 미는 힘이고 됨은 당기는 힘이다. 됨은 미는 힘을 받아들인다. 빨아들인다고 해도 같은 말이다. 함은 힘으로써 됨에 빠진다. 됨은 힘으로써 함을 끌어당긴다. 함이 힘을 펼칠 수도 있고 이때 결이 이루어진다. 또 함이 힘을 퍼뜨릴 수도 있는데 이때 빛 알갱이(광자)로 드러난다. (이 빛 알갱이를 빛톨로 부르자.) 이 빛 알갱이에는 무게가 없다(질량이 없다).

힘으로서 빛(그것에 C라는 딱지를 붙이자)은 결로도 드러나고 톨로도 드러난다. 함으로서 힘이 어느 빠르기에 이르면(C^2) 덩이로(m) 바뀐다. 거꾸로 이 덩이가 어느 빠르기에 이르면 힘으로 바뀌는데 덩이는 '된 힘'(됨이 받아들여 함을 한데 모은 힘)이고 덩이가 되는 힘은 '한 힘'이다. 덩이 꼴을 하고 있느냐 결 모습을 지니느냐는 힘의 빠르기에 달려 있다.

'있는 것'도 있고 '없는 것'도 있다. '있는 것'은 덩이로 있는 것과 힘으로 있는 것을 두루 가리킨다. '없는 것'은 덩이로 없는 것(힘만으로 있는 것)과 힘으로 없는 것(받아들이는 힘만 있는 것)을 두루 가리킨다. 있는 것과 없는 것(더 엄밀하게, 빽빽이 말하면 '있음'과 '없음')이 맞닿으면 이음매(=, 등식)로서 인 것(이를테면 벌레는 곤충이다, ㄱ=ㄴ)을 드

꿈꾸는 형이상학

러내기도 하고 끊음매(≠, 부등식)로서 아닌 것(안+인 것, 이를테면 개는 소가 아니다, ㄱ≠ㄷ)을 드러내기도 한다.

결은 이음매가, 톨은 끊음매가 드러나는 좋은 보기이다. 우리가 흔히 '이다, 아니다'로 말하는 이 이음씨는 '있다, 없다'와 마찬가지로 움직씨, 다시 말해서 힘을 나타내는 말이다. '없는 것이 있다'는 '빠진 것이 있다'는 말이기도 한데, 이 말을 바꾸면 '없는 힘이 있다, 빠진 힘이 있다'가 된다. 빠진 힘은 빼는 힘이기도 하다. 하는 힘이 빠지면, 흐트러지면 그에 따라 되는 힘의 마당이 넓어진다. '하는 힘'(함)이 늘고 줄어듦에 따라 '되는 힘'(됨)은 움츠러들기도 하고 널리 퍼지기도 한다.

있는 것과 없는 것을 잇고 가르는 '틈'은 '사이'와 마찬가지로 본디 때와 데(시간과 공간)를 두루 가리키는 말이다. (틈이 있다, 틈이 생겼다는 말은 시간이 있다, 빈 공간이 있다는 말과 같다. '어느새 가을이 되었다', '사이가 벌어졌다'는 말을 눈여겨보자.) 틈과 사이는 좁혀지기도 하고 벌어지기도 한다. 있는 것(힘)과 없는 것(힘)이 만나면, 서로 맞닿으면 결이 이루어지는데 결에는 고비와 구비가 있게 마련이므로, 어떤 고비에서는 힘이 덩이지기도 하고 어떤 구비에서는 덩이가 풀려 힘으로 바뀌기도 한다.

'있는 것이 없다'(1=0), '없는 것이 있다'(0=1)는 저마다 뜻이 있는데 이 말은 논리나 수학에서 다루는 도구로는 풀 수 없다. '있다, 없다'는 이음씨로 이어지지 않는 말은 논리에서도 수리에서도 벗어나기 때문이다.

'있다, 없다, 이다, 아니다, 한다, 된다, 힘, 것, 돈다'. 이 낱말들은 형이상학의 밑돌이 되는 말이다. 수학, 물리학, 그 밖의 과학에서 다룰 수 없거나 다룰 길이 없거나 다루기를 꺼리는 말이 이 가운데 들어 있는데, 그 말은 바로 '없다'라는 말이다.

'없는 것'이라는 말은 '없다'와 '있다'가 맞닿아 생겨난 말인데 '0, 공, 무……'로 나타내는 이 말을 꼼꼼히 들여다보아야 볕뉘에서 일어나는 일들을 제대로 파헤칠 수 있다. 칸토어도 괴델도 이 '없는 것'에 매달리다 넋(?)이 나갔다. 이 말이 '살아 움직이는 힘'을 드러낸다는 것을 깨닫지 못했기 때문이다.

하는 힘과 되는 힘이 하나로 뭉뚱그려진 '없는 것'은 머리로 쉽게 깨치기 어려운 '말머리'(화두)다. 이 말머리를 풀어내 가장 작은 결과 톨에서 가장 큰 결과 톨까지 또렷하게 밝혀내는 일이 우리 몫으로 주어져 있다.

'모순에 빠지지 마라', '논리의 일관성을 지켜라', '온 우주는 등식으로 이루어져 있다'는 말은 차례로 '모순이 있다', '일관성이 없다', '부등식이 있다'는 걸 바탕에 깔고 있다. 힘은 바로 이 모순에서 생긴다. 있을 수 없는 일도 있다. 없을 수 없는 일만 있는 게 아니다. (없을 수 있는 일도 있다.)

맞서느냐,
물러서느냐

과거(어제)와 현재(이제) 그리고 미래(아제)를 풀어헤침(분석)의 눈으로 살피면 '어제'는 이어진 삶의 결을 (박테리아 수준에서 아인슈타인이나 호킹 같은 사람에 이르기까지 산 것들은) 톨로 바꾸어 낼 수 있다(질을 양으로 바꿀 수 있다). 단성생식이나 양성생식에서 세포분열을 통한 몸집 늘리기(성장)도 이런 흐름으로 여길 수 있다. 그 일을 하게 하는 것은 몸(사람의 경우에는 주로 머리)에 새겨진 지난 삶의 자취(기억)다.

'어제'와 '아제' 사이에, 틈새에 끼어 있는 '이제'는 먼 어제에서 바로 어제까지 새겨진 무늬를 보고 먹어야 할지, 뱉어야 할지, 덤벼야 할지, 달아나야 할지를 가린다. 바로 어제 겪었던 일은 무늬가 또렷해서 곧 반응(맞받음)을 불러일으키지만, 오래된 자취는 둘로 나뉘어 있다. 이 길은 되풀이해서 밟고 또 밟았던 길이어서 또렷하지만, 한편으로 몸에서 멀리 떨어져 있어서 바로 얼마 앞서 몸으로 겪은 일이 그 길에 잇대어 있는지 잘 알 수 없거나, 아니면 이미 잊힌 길이어서 망설임을 낳는다. 한편으로는 든든하지만 다른 한편으로는 미덥지 않다.

기억의 갈피를 뒤질 겨를이 없어 망설일 틈이 없을 때는 바로 이제에 기댈 수밖에 없다. 이제와 맞붙어 있는 아제는 아직 몸에 새겨져 있지 않아서 이제로 만나거나 맞설 수밖에 없다. 그 만남은 삶에 도움을 줄 수도 있고, 걸림돌이 될 수도 있다. 맞이하느냐, 맞서느냐, 물러서느냐는 몸에 닿는 느낌으로 헤아릴 수밖에 없다.

이제는 두 팔을 지니는데 왼팔에는 지난 삶의 흔적이 새겨져 있고, 오른팔에는 아무것도 새겨져 있지 않다. 이제는 왼팔을 더듬어 오른팔을 어떻게 움직일지 가늠한다. 이 가늠은 맞아떨어질 수도 있고 틀릴 수도 있다. 틀려도 어쩔 수 없을 때는 몸을 던져야 한다.

만날 수도 있고 맞설 수도 있다. 살아서 한 몸이 될 수도 있고, 어느 한쪽이 죽어서 하나가 될 수도 있다. 살아 한 몸이 되면 왼팔은 더 굵어지고, 어느 한쪽이 먹혀서 하나가 되면 한쪽의 왼팔은 고스란히 사라진다. 어제는 온몸에 흩어져서 여기저기 숨어 있을 수도 있고, 차츰차츰 머리 쪽으로 모일 수도 있다. (단세포생물의 경우는 온몸이 머리지만, 다세포생물은 어제를 머리 쪽으로 모은다.)

1+1=2라는 숫자들이 이어질 때, 또는 '2+2=4, 2-2=0, 2×2=4, 2÷2=1'이라는 연산을 할 때 '더한다, 뺀다, 곱한다, 나눈다'는 '함'이고 이것은 힘의 한 갈래다. 거꾸로 스스로 '더해진다, 빠진다, 나누어진다, 곱으로 된다'고 할 때도 힘이 '됨'으로 바뀜을 나타낸다. 그리고 이어짐(=)은 힘이 사이에 들어 그렇게 하거나 되는 일이다.

질은 양에 따라 달라진다는 데서 양질전화의 법칙을 끌어낸다. 이를테면 화학에서 원자가 하나인 수소(H)가 넷이 모이면 헬륨(H_4)이 되고, 원자들의 숫자가 늘어남에 따라 저마다 질이 다른 원소가 나타난다는 것도 마찬가지다. 이 말에 따르면 1, 2, 3, 4, 5……라는 수는 저마다 양만 다를 뿐 아니라 질도 다르고, 수리물리학자들에 따르면 이런 수는(자연수뿐만 아니라 수 전체로 볼 때도 무한하므로 온 우주는 저마다 다른 양과 질로 가득한데, 이 모든 수는 0을 중심에 둔 무수한 차원으로 확산된다) 그 자체로서 실재성을 지니고 있을 뿐 아니라 그 스스로 우주를 구성한다.

그런데 '연산'이라는 말은 무엇을 뜻하는가? 연산의 법칙을 세우는 주체는 누구인가? 느닷없이 하늘에서 내려온 동아줄(기계신)? 머리 좋은 사람의 머리통? 왜냐하면 사람들 가운데도 '하나', '둘', '많다'는 수밖에 헤아릴 줄 모르는 머리 나쁜(?) 이들이 있기 때문이다.

있는 것은 하나로 있고 없는 것은 여럿으로 있다. 여럿 가운데 가장 적은 수는 '둘'이고 이 둘은 있음(1)과 없음(0)이다. 1과 0을 어디에서 어떻게 끊고 잇느냐(함), 또는 어디에서 어떻게 이어지느냐(됨)는 힘이 하는 일, 또는 힘이 있어서 되는 일이다.

"1을 빛(양)으로 보고 0을 그늘(음)로 보아 빛이 결을 이루면서 (프리즘으로 빛의 결을 나누면 헤아릴 수 없는 가지를 친다) 되게 빨리 (빛의 속도로) 달린다고 하는데, 이놈이 가다가다 덩이를 이룬다 (입자 형태를 띤다)고 한다. 이 덩이가 어찌어찌 한데 모이면 양성자를 이루고 그 둘레를 전자가 돌아 원자를 이루는데, 원자핵 안에 양성자는 혼자, 때로는 떼 지어 갇혀 있기도 하고 가끔은 그 안에 중성자라는 놈이 끼어들기도 하는데 이놈은 전자와 양성자가 한 몸을 이룬 놈이다.

그런데 가만히 보니 양성자나 중성자로 보이는 놈들도 그보다 더 작은 알갱이들이 모여서 이루어진 것이더라. 쿼크로 불리는 이놈들 노는 꼴을 보니 위아래로 뜀뛰기하는 놈도 있고 색을 쓰는 놈도 있는데, 그놈들도 결로 바뀌었다 톨로 바뀌었다 종잡을 수 없다. 어쨌거나 눈에 힘을 주고 보면 '슈뢰딩거의 고양이[48]' 처럼 눈총에 맞아 죽어 버릴 수도 있어 뚜껑을 못 열어 보고 있는데 그놈이 어디서 무슨 짓을 하는지, 뒈졌는지 살아 있는지도

---

48 오스트리아 물리학자 슈뢰딩거가 양자역학의 불완전함을 밝히기 위해서 고양이를 매개로 생각해 낸 가상 실험을 말한다.

모르겠더라. 이 별뉘에서 가장 작은 놈들 노는 꼴도 이런데(이 '양자' 세계에서 이루어지는 물리 현상들) 가장 큰 놈들이 노는 꼴도 그렇지 않을까 해서 머릿속으로 숫자를 잔뜩 헤아려 보니 그 힘이 그 힘이더라.

전자기력, 강력, 약력, 중력이 이 결 저 결을 뭉치고 모아 덩이로 만들고 그 덩이를 펑 터뜨려 흩뿌리기도 하는데, 뭉치고 모아 한 덩이로 만들면 크기도 꼴도 힘도 없어져 버리고(또는 힘만으로 똘똘 뭉치고) 펑 터지면 (스스로? 또는 짓궂은 장난꾸러기가 있어서?) 그 소리에 놀라 때(시간)라는 놈도 데(공간)라는 놈도 마치 놀부 박에서 튀어나오듯이 튀어나와 '내가 우주다', '아니다, 내가 우주다' 하고 저마다 흰소리를 치는데, 그런 놈들이 하나만 있는 게 아니라 수수억, 수수조가 있더라."

이것이 호킹 같은 과학자들이 만든 영화 '스페이스 오디세이'(내 마음대로 붙인 이름이다)의 가상 시나리오(내가 썼다)에 나오는 '별들의 전쟁'이다. 참 볼만한 구경거리다. 이 사람들은 어지간히 뻔뻔스러워서 그게 뜬 눈에도 보이는 허깨비인 줄도 모르거나, 아니면 알고 있으면서도 '가설'(거짓말)이라는 말을 쏙 빼고 '사실'이라고 우겨 댄다. 소가 웃을 일인데, 우리는 소만도 못해 웃지도 못한다.

이다, 아니다(잇고, 끊는다)가 다 때맞추어야 하고 자리를 제대로 잡아야 하는데, '있는 것이 있을 때 있을 데 있고, 없는 것이 없을 때 없을 데 없어야' 다시 말해서 '빠진 것도 없고 군더더기도 없어야' 아름답다고 하는데, 이이들 눈에는 어째서 빠진 것과 군더더기만 보이는 걸까? 산이 물 위에 둥둥 뜨고, 물이 산꼭대기에서 출렁거리

꿈꾸는 형이상학

는 모습이 자꾸만 눈에 어른거린다.

양과 질

　　　　　　　　　곡선으로 이루어진 결이 시작도
없고 끝도 없는 운동, 다시 말해 '힘'의 고리임을 눈에 보이게 드러내
는 것은 여러 모습의 동그라미다. 이 원은 달걀꼴을 하고 있을 수도
있고, 동심원이나 타원을 이루기도 하고, 말 안장처럼 포물선을 이
룰 수도 있다. 어쨌거나 이것은 '이어짐'을 상징하는 그림이다. 모든
게 모든 것과 이어져 있고, 두 끝이 없다는 점에서 '있음'과 '없음'으
로 갈라서는 절대 지점은 우리 머릿속에서나 그려지는 것이지 실재
한다고 보기는 어렵다.

　있음과 없음까지도 한 고리로 만드는 것을 말로 나타내자면 바
로 '없는 것'이 되는데 여기에서 '없는'은 '없음'을, '것'은 '있음'을 나
타내는 말이다. 결이 되었든 톨이 되었든 움직임이 밖에 드러나거
나 안에 숨겨져 있거나인데, 이 움직임은 한편으로는 '있는 것'으로
다른 한편으로는 '없는 것'으로 규정된다. 한때 에테르가 우주 공간
을 채우고 있는 것으로 여겼다가 나중에 실험과 관찰을 통해 없는
물질로 밝혀진 일은 '없는 것'이 실험과 관찰의 대상이 아니라는 것
밖에 다른 뜻을 지니고 있지 않다.

　힘은 '함'(능동)으로 나타나기도 하고 '됨'(수동)으로 숨기도 한
다. 대체로 빛은 함의 힘을 드러내고 어둠은 됨의 힘으로 그려진다.
함은 빛으로 톨의 결을, 됨은 어둠으로 결의 톨을 드러낸다고 보면

안 될까?

이어져 펼쳐지는 힘의 마당은 어떤 것이 되었건 둥근꼴을 띤다. 크면 큰 대로, 작으면 작은 대로 함과 됨이 뒤엉켜 오므라들거나 부풀어 오르는 이 마당은 힘이 모이고 흩어지는 곳이자 그것이 결과 톨로 드러나는 자리이기도 하다. 아원자의 움직임이 되었건 우주(그것이 여럿이건 하나이건)의 움직임이 되었건 다를 바 없다. 하나인 여럿이고 여럿인 하나다. '있는 것'으로 보면 하나이고 '없는 것'으로 보면 여럿이라고 할 수 있다. 굳이 그럴싸한 말을 빌자면 '1과 0의 변증법'이라고나 할까? 바뀌는 힘을 '밑에 깔지'(가설) 않으면 변증법이라는 말을 쓸 수 없고 그럴 필요도 없다.

잴(측정할) 수 있는 것은 양이다. 크기를 지닌 것만 잴 수 있다. 뭉친 결, 그래서 톨로 바뀐 것은 잴 수 있다. 빛 속에 드러난, 두 번 넘게 되풀이되는 것만 잴 수 있다. 그러나 질은 어떨까? 흐름 속에서 달리 드러나는 것, 그러나 이어진 것, 그것도 잴 수 있다고 보아 시계가 생겨났다. 초로, 분으로, 시로, 또는 그보다 더 작은 것으로 갈라서 잰다. 그러나 그 알맹이를 이루는 질을 재는 것이 아니라 공간화된 텅 빈 무엇인가를 잰다. 그 안에 무엇이 어떻게 드러나는지는 아랑곳없다.

무엇인가 움직이지 않는, 붙박아 놓을 수 있는 것이라고 여기는 것이 질이다. 질이 다르다는 것은 이것과 저것이 따로 떨어질 수 있다는 것이고, 그것들이 서로 다르다는 말이다. 이것을 헤아릴 수 있다는 말은 '빠진 것', '없는 것'에는 정도가 있어서 얼마나 빠졌는지를 재면 그것이 무엇인지를 알 수 있다는 말이다.

양질전화의 법칙이라는 것은 빠진 것이 얼마나 빠졌는지를 알면 그것이 무엇인지, 어떤 꼴을 갖추고 있는지를 알 수 있다는 믿음에 바탕을 두고 있다. '결'로 따지면 촘촘하게 달라붙어 빠르게 떠는 것과 느슨하게 풀려 천천히 떠는 것을 앞뒤를 싹둑 잘라 이것과 저것은 결이 다르다고 말하는 것이나 다름없다. 이 단순한 도식이 이른바 양질전화의 법칙이라고 할 수 있다.

이때 물질이란 무엇일까? 결과 톨은 어떻게 다를까? 크거나 작은 고리를 이루는 결의 움직임이, 톨로 다져지는 다른 결의 움직임과 이어지는 길을 어디에서 찾을 수 있을까? 절대온도(-273℃)에 이르러 제자리에서 널뛰기를 하는 결들이 어느 한쪽으로나 다른 쪽으로 퍼져 나가는 전자기의 이어받기 운동이나 빛의 운동과는 다르다고 해서 그것을 멈춤(정지)이라고 볼 수 있을까? 아원자의 운동과 우주의 운동은 어느 점에서 같고 어느 점에서 다를까? 이른바 산결이라고 할 수 있는 마음결이 '시방(十方)을 삼킨다(含)'고 할 때 그 움직임은 어떤 것이고, 그 빠르기는 '때데없음'(절대 동시성과 동일성)을 알기 위해서 빛과 어둠을 어떻게 뛰어넘을까? '검은구멍'과 '흰구멍', '벌레구멍'들의 저편에는 그것과 이어지는 또 어떤 출렁이는 고리가 있을까? 또는 생겨날까? 이것을 $E=mc^2$ 못지않은 또는 그보다 더 단순한 공식이나 수식으로 드러낼 수 있을까? 그럴 필요가 있을까? 블랙홀 맨 밑에 보이지 않는 점으로 다져진 질량도 아닌 질량, 그저 하나로 다져진 '힘' 바로 그것의 온도는 섭씨 몇 도로 표시되어야 할까? (눈금을 숫자로 드러내야 할까?)

셈과 잼의 신격화

암돌알(전자)이 겉을 감싸 도는 빈 터(공간) 가운데에 웅크리고 있는 티알(핵)이 있다. 언젠가 이 티알은 딱딱이(고체)가 아니라 물렁이(액체)일 것이라는 '미뤄생각'(추측)을 내세운 사람 이야기를 들은 적이 있다. 그것들이 어떻게 서로 몸 붙이고 떨어질 생각을 않을까?

하나는 왼돌이(좌회전)를 하고 또 하나는 오른돌이(우회전)를 하는데 그 사이가 끈으로 묶여 있어서 저마다 제자리에서 맴도는 만큼 더 단단히 달라붙는 것이 아닐까. 그걸 더 작게 나누어 보면 위아래로 감돌이 하는 놈, 왼쪽 오른쪽으로 휘돌이 하는 놈, 제자리에서 맴도는 놈이 있는 것으로 보여, 이 뭉친 결이 티알 가운데 티알로 여겨지는 것이 아닐까. 저마다 다른 이 결의 움직임을 '여린힘'(약력)으로 보는 게 아닐까. 이 힘들이 티알 속에서 소용돌이치고 있는 것이 아닐까.

그리고 수티알(양성자)이 암돌알과 짝을 이루어 멀리서 서로 끌어당기는 사이에, 암수 힘을 저 안에 갖추고 있어 따로 암돌알이라는 짝이 없어도 되는 홀티알(중성자)은 수티알 속에 끼어 있어 제자리 돌이를 하다가, 밖에서 다른 홀티알이 뛰어들면 그 힘에 못 이겨 있던 자리에서 뽑혀 나오는 사이에 떨림과 흔들림이 커지고, 그 사이가 벌어져 짓눌리고 다져진 힘의 결이 그 티알의 '크기와 빛 빠르기 제곱'(mc^2)으로 펼쳐져 나가는 게 아닐까?

제자리 돌고, 감돌고, 휘돌고, 소용돌이쳐서 감기고 풀리는 힘의 결들이 어떻게 톨로 뭉치는지, 이 톨들이 떨어진 듯 이어지고 이

꿈꾸는 형이상학

어진 듯 떨어져 빈터를 빚어내서 큰평이 있은 뒤에 안에서 밖으로 줄달음쳐 한쪽으로 달리는 결의 움직임으로 드러나는지, 때와 데가 어떻게 한배에서 태어나 굽이치는 힘의 마당을 펼치는지, 그리고 그 마당들의 크기와 기울기가 왜 달라지고 사이가 벌어지고 있는지, 빛을 내뿜고 삼키는 소용돌이는 어떻게 생겨나는지는 아직도 수수께끼다. 그것들이 우리 마음결에 거울처럼 비쳐서 우리가 그걸 헤아리고 재는 힘은 또 어디서 비롯한 것인지도 깜깜이다.

헤아림(셈)과 잼의 '신격화'와 수의 '실체화'. 이것과 저것으로 갈라진 틈새를 메우고 이어 주는 끈($=$). $E=mc^2$. 아무도 따라잡을 수 없다는(그 '아무'가 톨로 크기를 지닌 한) 빛 빠르기(C)의 곱절이라는 공식은 그래서 '항하사'나 '부지기수'나 '무가내하[49]' 들처럼 막무가내다. $E=mc^3$, $E=mc^n$, 어떻게 써도 결과는 마찬가지다.

$E=mc^2$, 아무리 따져 봐도 틀려먹었다. 사람 머리로는 $E=mc^3$이라고 해도 된다. 하늘 머리로는 $E=mc^n$이겠지만 헤아릴 수 있고 잴 수 있는 것은 고작 $E=mc^2$밖에 안 되니까 '수학' 공식에는 이게 들어맞겠지. 그러나 위아래, 왼쪽 오른쪽만 헤아리고 재는 걸 넘어서서 앞뒤, 안팎, 올 데 갈 데까지 따지면 이게 안 맞는다. 시방세계에는 안 맞는 공식이다. '이미'까지는 잴 수 있겠지. 그러나 '아직'은 잴 수 없다. 있었던 것, 있는 것을 재는 잣대에 새겨진 눈금으로는 '있을 것'을 잴 수 없다. 있을 것은 아직 '없는 것'이고 없는 것은 잴 수 없다. '있을 것이 없다', '없는 것이 있다', '빠진 것이 있다'는 같은

49　달리 어찌할 수 없음. 막무가내와 같은 말.

뜻이다. 이건 바람(소망)이다. 바람이 채워야 할 '때, 데'다.

빛과 소리는 이어진 결로 이루어져 있다는 점에서 같다. 프리즘을 거쳐 나오는 빛이 여러 빛깔로 갈라지듯이 두 끝에 갇힌 이어진 줄 속에는 헤아릴 수 없는(무한한) 소리들이 숨어 있다. 끈의 길이, 굵기, 됨됨이에 따라 저마다 다른 그 '소리빛'(음색)은 어디에서 무엇이 어떻게 끊어 내느냐에 따라 달리 드러난다. 소리빛이 있다면 '빛소리'도 있다.

원(동그라미)은 되풀이되는 수치가 나오지 않는다. 이어지는 수마다 다르다. 곧은줄(직선)로 이루어진 작디작은 세모꼴을 겹치고 또 겹쳐서, 가르고 또 갈라서 '끝'없고, '갓'없고, 제대로 잴 수 없는 '겉'을 애써 재겠다고 온갖 수를 다 쓰고 갖은 공식 다 들이댄다. 사인, 코사인, 탄젠트…… 그러다 마침내 ∞까지 나오게 된다. ∞라는 기호의 모습을 보면서 이런 생각이 든다.

'아하, 이 맞닿아 있는 것으로 그려진 두 동그라미 가운데 하나는 있음이고, 다른 하나는 없음일 수 있겠구나. 하나는 주둥이고 또 하나는 똥구멍일 수 있겠구나. 대칭으로 그려진 이 두 놈들을 하나로 겹치면 0처럼 보일 테고 그건 빔, 없음을 나타내는 꼴일 수 있겠구나.'

수 놀음, 확률이나 평균으로 잡히는 '톨'이나 '결'은 이 큰집(우주)에는 어디에도 없다. 거르는 체를 아무리 촘촘하게 짜도 그 구멍은 하늘만큼이나 넓다. 그리고 그 체는 네모꼴이 아니다. 그렇다면 재도 재도 끝자리가 떨어지지 않는 꼬인 가닥, 초끈으로 이루어져 있나? 디엔에이(DNA), 아르엔에이(RNA)? 염기 서열? 꼬인 실 두 가

꿈꾸는 형이상학

닥 사이에 똬리 틀고 있는 콩깍지 같은 방? 머리가 거미가 되어 하늘에 줄을 치지만, 그 힘은 만화에 나오는 '스파이더맨'의 힘만큼 덧없다. 그걸로는 흙 한 줌에 바글거리는, 땅별(지구)에 사는 사람 수에 버금하는 작은이(미생물)들조차 걸러 낼 수 없다.

유클리드 기하학의 평면은 재기에는 맞춤하지만 그만큼 쓸모는 떨어진다. 수학의 한계다. 꼼꼼한 잼(정밀한 측정)은 어떤 때는 구멍이 숭숭 뚫린 체와 같아서 그 사이로 빠져나가 버리는 것이 그만큼 많다. 이어진 결로 이루어진 것은 그 체에 걸리지 않는다. 걸러지지 않는다.

유클리드를 본떠서 나도 열 개쯤 공리를 만들어 볼까? 아리스토텔레스 논리학의 '원리'에 대해 내가 쓴 《철학을 다시 쓴다》에서 딴지를 걸었으니 이번에는 '공리' 차례. 이른바 '개똥철학자'가 정리한 '딴지학의 열 개 공리'다.

딴지학의 열 개 공리

1. 점(point)은 '있음'과 '없음'이 겹쳐 있는 자리다. (굳이 말로 하자면 '없는 것'이다.)

2. '있음'과 '없음'을 늘여서 갈라놓으면 저마다 딴 점을 이루고, 이 점들에 틈새가 생긴다. 이것을 '선'이라고 부른다.

3. 틈새는 굽어 있다. 따라서 두 점(있음과 없음)을 잇는 선은 직선이 아니다.

4. 틈새는 오가는 결로 메꾸어진 힘마당이다.

5. 힘마당이 때와 데(시간과 공간)를 낳는다.

6. 결이 말려서 뭉치면 톨을 이룬다. 결은 됨됨이(질)를 이루고 톨은 크기(양)를 이룬다.

7. 점 '없음'에서 점 '있음'으로 가는 결은 '됨'의 힘이, 점 '있음'에서 점 '없음'으로 가는 결은 '함'의 힘이 이룬다.

8. '함'과 '됨'이 꼬이면 마디가 생긴다. 이 마디는 크기로, 마디 사이의 결은 됨됨이로 드러난다. (사람에 따라 이것을 '초끈'이라 부른다.)

9. 모든 힘이 '있음 점'에 맞닿으면 '큰펑'(빅뱅)이 일어나고 '없음 점'에 맞닿으면 '잠잠함'이 드러난다. (사람에 따라 이 잠잠함을 멈춤이라고 부르기도 하고, '-273℃'라고 부르기도 하고, 엔트로피의 극한이라고 부르기도 한다.)

10. 새로 생겨나거나 없어지는 것은 없다. (사람들은 '결'에 기대 이것을 에너지 보존의 법칙이라고 부르기도 하고 '톨'에 '빠르기'를 곱해 질량 불변의 법칙이라고 부르기도 한다. 아인슈타인은 빛의 빠르기를 바탕으로 mc^2이라고 했으나 이것은 밝음 속에서 잣대의 눈금에 새길 수 있는 가장 빠른 움직임이 '빛'이어서 그런 것이고, '큰펑'에서 별누리가 오늘 우리가 보는 것으로 부풀어 오른, 또는 그렇다고 믿는 때, 데의 빠르기와 크기는 C로 잴 수 없다.)

살아 있는 힘

크기가 없는 있음으로 다져진 더 뜨거울 수 없는 함힘(능동에너지)이 터져 나오면서, 힘살(에너지 빛살)이 됨힘(수동에너지)을 밀어내면서 됨힘 마당을 방울처럼 키운다. 함힘은 됨힘의 작은 방울에 갇혀 톨의 모습을 지니기도 하고, 힘이 뻗

꿈꾸는 형이상학

치는 데에 따라 끝없이 늘어나 끈끈이처럼 이어지면서 올이 점점 가늘어져 한참 지나면(135억 년? 이런 시간 개념은 그야말로 고무줄 같아서 아무 쓸모가 없다. 135억 년이라고 불러도 되고 '바로 이제'라고 해도 된다. 나중에 이것을 '끈때'라고 부를 수도 있겠다) 그 힘은 줄어든다.

뜨겁던 이 힘은 차츰 덥다가 뜨뜻미지근하다가 미지근하게 식어 가는데, 그것이 더 늘어지지 않고 멈추는 자리를 물리학자들은 켈빈온도[50]라는 색다른 이름으로 부른다. 결을 이루면서(이 결을 이루게 하는 힘은 됨힘에서 나온다) 퍼져 가는 이 힘은 산힘(살아 있는 힘, 생명력)이다. (하나인 임, 하나님이자 기독교 성서에서 빛과 생명으로 그려진 힘이라고 보아도 된다.) 빛살이 움직임을 멈춘다는, 그래서 빛살의 끝장이라는 이 '끝'은 첫 하나(있음)와 마찬가지로 크기가 없으므로 무엇이라 이름 지을 수도 없는데, 다만 산힘은 끝까지 산힘이자 함힘으로 남아 있어 굳지 않는 녹음(용해)으로 머문다.

이때 방울꼴의 됨힘은 함힘을 있는 대로 다 받아들여 가장 크게 부푸는데, 낱(낱)으로 흩어지는 함힘들은 꼬이고 비틀리고 휘감아 돌면서 크고 작은 결을 이룬다. 이 결들이 맞닿아서, 어떤 때는 높낮이가 나란했다가 다른 때는 더 높거나 낮아지기도 하는 물결처럼, 또 때에 따라 세기도 하고 여리기도 하는 바람결처럼 뒤엉키고 소용돌이쳐서 별무리를 이루기도 한다.

큰 방울 안에 작은 방울들이 맺히는데, 모든 방울 안에는 크기

---

50 열역학 제2의 법칙에 따라 정해진 온도. 영하 273.15도를 기준으로 보통의 섭씨와 같은 간격으로 눈금을 붙였다. 단위는 켈빈(K)이다.

없는 가온(중심)이 있다. 여기에 자리 잡은 산힘의 끌어당김으로 저마다 크고 작은 방울들이 가까이 또는 멀리 있는 방울들과 힘겨루기를 하고, 어떤 방울들은 더 뜨거워질 수 없는 꼭지에서 비눗방울처럼 터지기도 하고, 어느 힘살들은 그 가온으로 빨려 들어가기도한다. 됨힘이 틀 짓는 큰 방울을 보지 못하고 멀리, 가까이 있는 작은 방울들의 힘살, 그 가운데서도 함힘의 움직임만 살피는 이들은 그 방울들이 여기저기 널려 있다고 여겨 '우주는 하나가 아니고 여럿이며 끊임없는 생성과 소멸의 과정에 있다'는 결론을 이끌어 내기도 한다.

함힘, 산힘, 끊임없이 꿈틀거리는 힘은 끝없이 이어져 있어서 그 꼴이 똬리이거나 낙타 등 꼴(단봉낙타나 쌍봉낙타의 등을 머리에 떠올려 보라)이거나 동그리결(동심원)이거나 아랑곳하지 않고, 비록 겉모습은 굳은꼴(고체)로 여겨져도 속살은 물렁이(액체)로 쉬지 않고 겯고 돈다.

되풀이되는 꼴이 있고, 늘어져 있는 결이 있고, 겉으로 드러나는 크기가 있는 것으로 눈에 비치니, 헤아리기 좋아하는 이(수학자)들은 '연산 법칙'을 세우고 대수이론, 기하학, 해석학, 실수, 허수, 복소수 같은 온갖 수들을 머릿속에서 끄집어낸다. 이 일은 이어지고 되풀이되는 것들의 다름을 어떻게 해서든지 그럴듯하게 풀이하려는 바람을 드러내는 것이다. (들뢰즈가 '차이와 반복'이라고 이름 지은 것도 마찬가지다.) 되풀이되는 다름으로 저마다 다르게 되풀이되는 하나들(개체, 종, 수, 크기, 꼴……)이 있다고 보는 것이다.

그러나 그이들은 함힘과 됨힘으로 드러나는, 있음과 없음의 크기 없는 물렁이의 닿음(접촉점)과 문질음(힘 바꾸기와 섞기)에서는 죄다 깜깜이들이다. 왜냐하면 '등식'으로만 모든 것을 헤아리려는 이 사람들 머릿속에서는 '없음'도 '빔'도 자리 잡을 수 없는 낮도깨비이기 때문이다. 그러니 '있는 것'도 아니고 '있지 않은 것'도 아닌 '없는 것'이 지닌 힘을 어찌 가늠할 수 있겠는가.

증명되지 않은
공리

　　　　　　　작은 것(톨)과 작은 끈(결)들의 움직임, 또는 그 움직임을 일으키는 힘이나 저절로 움직이는 힘만 눈여겨보면 맞닿을 때 튕겨 나오는 모습만 보인다. 그러나 결은 서로 모여 더 큰 결을 이루기도 하고 엇갈려 더 작은 결로 바뀌기도 한다. 그러다 평평해지기도 한다. 고비와 구비가 물결치며 조그마한 빛과 그늘을 이루면서 어떤 때는 맴돌기도 하고, 또 어떤 때는 다른 작은 결들을 끌어당겨 더 큰 고비와 구비가 이루어지는 더 큰 맴돌이를 만들기도 한다.

　　맞닿아 맴돌이들을 이루며 퍼져 가는 동그라미들을 보려면 잔잔한 연못에 돌을 던져 보면 된다. 고비와 구비는 낮아지지만 결의 길이는 늘어난다. 중력이나 전자기력이 미치는 힘도 다를 바 없다. 결들이 감돌고 휘도는 소용돌이를 일으켜 '보이는 것'(흔히 물질로 부르는 것)으로 뭉쳐 덩이가 지거나, 큰 거품 작은 거품으로 부풀어 올라도 힘의 이어짐에는 끊임이 없다. '우주 공간의 제일성', '중력의

고른 분포', '우주 공간운동이 보여 주는 전체 우주 온도의 한결같음'
따위는 공간을 뛰어넘는, 따라서 빛의 속도로 잴 수 없는, 끝과 끝이
이어져 하나로 무르익는 '순간즉영원'을 머리에 떠올리지 않으면 풀
수 없는 실타래와 같다.

　사람들이 '톨'에 (크거나 작거나 가리지 않고) 그렇게 끈질기게 매
달리는 까닭은 그것이 밖으로는 끊임없이 널뛰기를 하거나 바뀌는
것처럼 여겨져도 안으로는 힘이 고르게 퍼져(평형을 이루어) 멈춰 있
는 듯이 보인다는 데 있다. 멈추지 않고 흐르는 결에는 처음이나 끝
이 없어서 잣대를 댈 수 없다. 광자, 전자, 아원자로 일컬어지는 것
들을 따지고 보면 빛에 드러나는 결의 마루라고 할 수 있는데, 이것
은 밀어 올리는 힘의 꼭짓점으로 볼 수 있다. 나머지는 그늘에 가려
있거나 깊은 어둠에 잠겨 있어서 (빛이 들지 않아서) 잴 수 없다. 빛의
밝기로만 어둠의 크기를 어림칠 수밖에 없다. 결이 스미지 않은 톨
은 없다. 결은 톨 속에 끊임없이 스며들거나 거기서 스며 나온다. 한
누리(거시세계)에 멈춰 있는 것은 없다. 좀누리(미시세계)에서도 마찬
가지다.

　결이 바뀌어 지난 결이 드러나지 않는 걸 가리켜 우리 말로 '어'
라 이르고, 결이 바뀌지 않거나 자취가 이어지는 걸 '이'라고 한다.
그리고 틈새를 타고 결이 이르지 않음을 가리켜 '아'라고 이른다. 결
의 고비나 구비에서, 또는 이음새에서 앞선 것은 '어'가 되고, 뒤서는
것은 '아'가 된다. '어'(·ㅣ)와 '아'(ㅣ·)에서 '아래아'로 통하는 톨꼴누리
(·)는 하나로 뭉쳐 있다.

　'이'(ㅣ)는 톨을 여읜다. 모든 톨은 덧붙이에 지나지 않는다. 모

　　　　　　　　　　　　　　　　　　　　　　꿈꾸는 형이상학

든 몸은 덧붙은 것이고 마음도 그 덧붙이의 그림자다. 해도 달도 별도 티끌도 마찬가지다. 꼬인 결의 마디들이다. '함'과 '됨'으로 갈라서는 힘은 감돌아 커질수록 세기는 커지고 덩이는 줄어들어 마침내 빔(0)으로 드러나는 가온만 남고 꼴도 없어진다. 잴 수 없는 '더위'로 드러난다.

함과 됨이 맞붙어 갈라 세울 수 없는 '이'(현재), 0과 1이 무르녹아 '있다'고도 '없다'고도 할 수 없는 이 원융무애를 불교에서는 일원상으로 그리고 기독교에서는 유일신으로 기린다. 노자가 남긴 《도덕경》에서 그려 낸 유무상생의 원점, 가맘소(현빈, 검은 암소)도 마찬가지다.

더위(열)와 추위(열의 사라짐)가 결의 흐름을 바꾼다는 말은 앞뒤가 안 맞는 말이다. 절대온도 따위는 없다. 힘은 사라지지 않는다. 힘은 숨어 있다. 함과 됨으로 갈라서 꼴을 빚지 않은 힘. 빛의 빠르기보다 헤아릴 수 없이 더 빠른, 그러나 타오르지도 얼어붙지도 않는 힘. 어떤 수치로 붙잡을 수도 없고 직관으로 깨우침에 이를 수도 없는 힘. 아직은 삶과 죽음으로 갈라서지도, 뭇산이들과 덩이들을 살림과 죽임으로 갈라 세우지도 않는 힘. 맴돌고 감돌고 휘도는 그 모든 힘의 한가운데. 왼쪽과 오른쪽, 앞뒤, 위아래, 안팎으로 올 데 갈 데 없으므로 등식이 사라지고 자리 잡을 틈도 없으므로 '수치 계산'이 아무런 힘을 쓰지 못하는 힘이자 자리가 바로 '이'다.

자, 여기에 나온 알맹이 낱말들을 주워 보자. 이, 어, 아, 결, 톨, 힘(함, 됨), 돈다, 하나, 빔. 이 말들로 못 풀어낼 우주론, 물질과학, 생명과학이 없다. 뱃사람, 농사꾼, 잔심부름꾼 같은 사람들이 죄다 알아들을 말로 '노가리'를 풀 수 있다.

　중력, 강력, 약력, 전자기력 모두 '힘' 하나만으로도 버겁겠지. 과학의 탈을 쓴 무지의 행렬, 그것을 뒷받침한다고 나서는 온갖 수치들의 행렬, 그 뒤를 따라 전자파까지 들먹이는 유전자의 행렬……. '피리 부는 사내'의 뒤를 따라 강시처럼 좀비처럼 흡혈귀처럼 굴비 두릅에 엮이듯이 줄을 선 온갖 행렬들의 '행렬'을 떠올린다. '어마무시 새별'(초신성)이니 '검은구멍'(블랙홀)이니 '흰구멍'(화이트홀)이니 '큰펑'(빅뱅)이니 '끈끈이줄'(초끈)이니 하는 말도 이른바 '과학 거짓말'(가설)을 밑자락에 깔고 들어가는 증명되지 않은 공리일 뿐이다. 실험을 통해 검증된다고? 잣대의 눈금을 누가, 어디에, 언제, 어떻게 새기느냐에 따라 실험과 검증의 결과는 달라질 수 있다. 뉴턴역학과 양자역학이, 그리고 뉴턴의 중력이론과 아인슈타인의 중력이론, 그 뒤를 잇는 이른바 중력자(중력을 전달한다는 가상 입자) 이론이 얼마나 같은 현상을 달리 저울질하는지 눈여겨보면 된다.

철학이 짊어져야
할 몫

　　　　　　무게를 지닌 것들은 모두 그 안에 그만한 힘을 숨기고 있다. 머리카락 1밀리미터에 감추어진 힘은 기관차 한 대를 끄는 힘보다 더 크다. 톨이 결로 바뀔 때, 그 결이 빛의 곱절 속도로 퍼질 때, 이 별누리를 서로 끌어당기는 톨들이 모두 결로 바뀌어 무게를 가진 것들이 죄다 사라지고 서로 다른 결을 가진

　　　　　　　　　　　　　　　꿈꾸는 형이상학

힘들이 저 구비 이 구비를 메꾸어 잔잔해질 때, 모든 닫힌 울타리가 무너져 온 누리가 잠잠해질 때, 없음 바로 그것이 얼어붙은 모습으로 맨 얼굴을 드러낼 때, 그 텅 빈 바닷속 어디에선가 산티들이 무게 없는 불꽃으로 눈을 뜨고 밑으로 밑으로 누리의 가온으로 모여든다. 그리고 크기 없는 하나로 뭉치는 순간…… 보아라, 끝 간 데 없는 없음 속에 피어나는 저 눈부신 꽃. 그 안에 때와 곳의 씨앗이 움트고, 산결이 춤추며 펼쳐질 길을 튼다.

'나 여기 있어, 나도 여기 있어, 나도, 나도.' 깜깜한 어둠 속에 아기별들이 날아오른다. 힘의 죽음이 낳는 힘. 산티 하나하나의 바늘 끝에서 서로 부둥켜안고 춤추고 노래하는 산톨과 산결의 어우러짐. 스밈과 몸 바꿈. 톨이 결로, 결이 톨로, 힘없는 이들이 한데 모여 힘 있는 이로 거듭나는 바로 이때 이곳. 우리는 힘이 없어 모이고, 모여서 하나가 되어 낡은 누리 깨뜨리는 새로운 힘으로 거듭난다. 눈이, 귀가, 코가, 혀가, 몸이, 얼이 한데 엉겨 언제인지도 어디인지도 모를 그 어둠 속에서, 누리가 태어나기 앞서 누리로 움 돋는 바로 이제, 여기에서 꽃으로 떨어져 새로운 씨앗으로 자란다.

결(숨결, 바람결, 물결……)은 이어져 흐르는 힘이 지나는 길이다. 구비와 고비를 맞는 '것'도 '힘'이다. 결이 다른 여러 힘들이 하나의 누리, 또는 여러 누리를 가로지르거나 뭉치거나 풀리고 있다면 이 힘들이 언제, 어디서, 왜, 어떻게 세지거나 여려지는지, 휘거나 갈라지는지, 번쩍이며 터져 나오거나 가뭇없이 어둠 속으로 사라지는지 밝혀내야 한다. 이 일을 이른바 양자역학이나 천체물리학이나 무기, 유기화학이나 진화론, 창조론이나 업데이트된 오늘의 생물학이나 '기억이론'들에만 맡겨 놓을 수 없다. 그렇다고 믿음의 울타리 안에서만 맴돌면서 서로 맞서는 종교에 기댈 수도 없다. 수학에, '수비론'으로 바뀌고 있는 등식에 기댈 수만도 없다.

'모순'을 무릅쓰고 철학이 짊어져야 할 몫이 있다. 시공연속체가 무엇을 뜻하는지, 우연과 필연, 자유와 강제(또는 억압)가 다만 인간적 차원뿐만 아니라 존재론적 차원에서 무엇을 빌미로 어떻게 맞서거나 무엇을 징검다리로 만나는지(또는 만날 수 있는지) 낱낱이 (또는 한 덩이로) 살펴야 '한다'. 그래야 '된다'.

이 일에는 갖가지 걸림돌이 있다. 이미 많은 이들이 이 걸림돌에 걸려 넘어지거나 물 밑에 갈앉거나 산산조각이 나기도 했다. 앞으로도 그럴 수 있으리라. 그러하리라. 그렇게 되리라. 그러나 빛과 그늘 속에서 고비를 맞기도 하고, 구비에 잠기기도 하면서 숨결이 이어질 때까지 이 몫을 그만두지 않는 이들이 앞을 이어 왔듯이 뒤를 이을 것이다.

주어진 것은 삶이다

우리가 굳이 '언어'라는 표현을 쓰자면 톨은 시각언어를 통해서, 그리고 결은 청각언어를 통해서 가장 잘 그려질 수 있다. 다시 말해서 어떤 것을 글로 드러내는 게 알맞냐, 말로 들려주는 게 더 알맞냐인데, 수학과 물리학 같은 학문용어는 '톨의 움직임'(입자의 운동)을 그리는 데(기술하는 데) 알맞고 생물학이나 사회학, 예술, 문화 같은 영역을 다루는 말은 '결의 움직임'(파동 운동)을 그리는 데 알맞다.

수학의 등식이나 방정식은 종이나 칠판에 적어야 알아볼 사람이 있지 그냥 말로 하거나 읽어 주어서는 같은 전문가조차 알아듣지 못한다. 그 까닭은 그 학문이 모두 좌표를 둘러싼 공간 지각에 연관된 학문이기 때문이다. 그와는 달리 생명 공동체의 여러 현상들, 사람들이 모여 살 때 벌어지는 갖가지 일들, 사람들이 함께 어울려 살면서 벌이는 춤, 노래, 놀이 같은 것은 글이 없던 때부터 입에서 귀로, 몸짓으로, 코와 혀끝으로 물려 내려왔다.

수학자나 물리학자가 어떤 이론을 펼칠 때 '밑바닥에 까는 숨은 자락'(흔히 '가설'로 표현된다) 가운데 '대응이론'이 있다. 모든 것은 일대일로 바꿀 수 있다는 것이다. 이를테면 '가장 큰 하나인 우주와 가장 작은 하나인 미립자는 1:1로 대응한다, 미립자의 정확한 운동을 잴 수 있으면 천체의 운동도 그릴 수 있다'고 가정해서 만들어 낸 이론이 원소설[51]과 주기율표[52]다. 이에 따르면 가장 작은 원소인 수소(H)는 한가운데 씨(핵)가 하나 있고, 전자기적으로 양성을 띤 이 핵을 가운데 두고 전자기적으로 음성인 전자가 '각운동'을 하며 돌고 있다. 1:1 대응이다. 원소들의 '질 차이'(결 다름)는 핵과 그것을 둘러싸고 있는 양성자와 중성자 그리고 전자 개수라는 양으로 환원시킬 수 있으며, 어떤 원소가 전자와 양자의 1:1 대응 관계를 벗어나면 핵

---

51 물질에서 더 이상 쪼개지지 않는 입자가 원소라고 주장하는 이론.
52 주기율에 따라서 원소를 배열한 표. 원소를 원자 번호의 차례대로 왼쪽에서 오른쪽으로 배열하고, 비슷한 성질의 원소가 나타날 때마다 그것을 위아래로 겹치도록 배열했다. 1869년에 발표됐다.

안에서 그 대응 관계를 뒤져내면 된다고 한다.

전자와 핵을 이루는 양성자와 중성자의 크기가 다르고, 그래서 힘이 달리는 전자가 궤도를 벗어나 모두 핵 안으로 투신자살(?)을 하면 어떻게 하느냐고 걱정을 늘어놓는 사람들을 달래는 장치도 있다.

"아, 핵 안에는 센 힘만 있는 게 아니라 여린 힘도 있어. 센 힘은 여러 핵이 찰싹 달라붙는 끈끈이 같은 힘이고 빈틈없이 둘 사이를 메우고 있어서 아무리 서로 밀어내고 싶어도 그 사이에서는 힘이 0(제로)이 되는 거야. 물론 밖에서 센 힘이 들이닥쳐 이놈들을 갈라놓으면 엄청난 힘으로 서로 튕겨 내고 연쇄반응을 일으키지. 원자폭탄, 수소폭탄은 이 원리를 이용해서 만드는 거야. 중간자라든지 쿼크라는 보였다 안 보였다 하는 (물론 안 보일 때가 많아) 더 작은 톨들이 있다고 가정할 수밖에 없는 건 비정상(?)인 전자의 각운동을 합리적으로 설명하는 데 필요해서야. 이놈이 자살하거나 탈출하거나 몸부림치는 때가 가끔 있거든. 스트레스 받아서 그렇다고? 그런 말은 쓰지 마. 여기, 이 동네에서 그런 말을 쓰면 '정신이 비정상'이라는 말을 들어."

수학자와 물리학자, 화학자 그리고 덩달아서 분자생물학자와 두뇌생물학자 들까지 모두 숫자의 신격화에 빠진다. 그리고 본디 수학이 아닌 통계까지 수학으로 둔갑시켜 확률 이론을 늘어놓고 오차 범위로 정밀성을 나타낸다. 가끔 '무한'을 수학화하려는 골치 아픈 사람들(칸토어나 괴델 같은 이들)이 나타나 폭탄을 던지기도 하지만 아직도 끄떡없다. 스스로 수수께끼를 내고 자기밖에 풀 수 없다고 자랑하다가도 무슨 소린지 몰라서 꿀 먹은 벙어리가 되거나 그 이

꿈꾸는 형이상학

론에 맞추어 실험으로 뒷받침한다고 죽을 둥 살 둥 매달린다. 그 실험이 성공하면 '천재'의 영광을 나눌 수 있기 때문이다. 말이 안 통한다. 입 벌려 물으면 칠판에 도표를 그리고 숫자를 가득 채운다.

수학자, 첨단물리학자, 천체물리학자, 유기화학자 들에게 왜 그렇게 투덜대느냐고? 이이들이 인류 세금을 갉아먹는 것으로도 모자라 전쟁광인 군산복합체에 빌붙어서 살아가기 때문이다. 거개가 그렇다고 볼 수 있다. ('예외'는 어디까지나 예외일 뿐이다. 일류대 배지를 달고 으스대던 사람들이 대한민국에서 '거대한 범죄집단'을 구성하고 있는 것이나 마찬가지다.)

나에게 내 글에는 '구체적 데이터'가 없다고 말하는 사람이 있다. 구체 수치도 들어 있지 않고 믿을 만한 인용이나 주석, 누구 책이나 논문의 어느 대목을 끌어다 내 생각을 뒷받침한 구절도 눈에 잘 띄지 않는다는 뜻이겠지. (내 글이 이런저런 '저명한' 학자, 교수, 문필가들의 글로 짜깁기되지 않았다는 말과도 비슷할 것이다.) 그 사람들에게, 이른바 '학문하는' 사람들에게 구체적 데이터는 남의 글 속에 있고, 데이터베이스는 인터넷 정보 저장고나 도서관의 서가에, 이를테면 눈으로 쳐다보아도 제목조차 보이지 않는 수많은 책들이 사람 손길이 닿지 않는 곳에 꽂혀 있는 '지혜의 숲'에 있을 테니까.

나에게 구체적 데이터는 그런 곳에 있지 않다. 내 눈으로 본 것, 내 귀로 들은 것, 내가 몸으로 겪고 손발로 찾아낸 것, 맛보고 냄새 맡은 것, 이런 것이 나에게는 '꼴을 갖추어 주어진 것'(구체적 데이터)이다. 나는 내가 꾼 꿈을 적어 놓는다. (그러나 그걸 글로 옮기는 순간 내 눈에, 귀에, 코에, 살갗에 와 닿았던 온갖 꼴과 빛깔, 느낌은 다 빠져나갔다. 그것들을 하나하나 글로 적으려면 나는 하루 내내, 아니 이틀 사흘을 뜬눈으로 밝혀야 했으리라.) 나중에 어떤 사람에게는 이것이 구체적 데이터로 보일 수도 있으려나.

　이 세상에 구체적 데이터는 없다. 주어진 것은 삶이다. 잘 살면 된다. 있을 것이 없으면 빠진 것을 채우고, 없을 것이 있으면 그 군더더기를 덜어 내면서 있을 것만 있고, 없을 것은 없는 삶을 꿈꾸며 하루하루 살아가면 된다.

꿈꾸는 형이상학

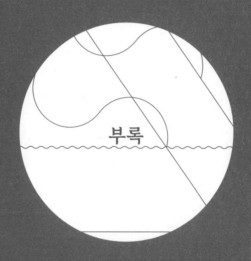

부록

형이상학 더하기 1

0과 1 사이

0, 1, 2, 3, 4, 5, 6, 7, 8, 9가 저마다 어떻게 우리 머릿속에 눌어붙는지를 밝히는 일은 숫자의 탄생 배경과 연관하여 흥미로운 고찰이 될 것이다. 먼저 좌표의 축과 연관해서 0은 '불가피한 요청'으로 받아들여지고 있다. 0을 중심에 놓고 정수를 비롯한 모든 수가 배열되기 때문이다. 이 점에서는 음수도 양수도, 허수도 실수도 마찬가지다. 심지어 복소수도 0점을 비켜 갈 수 없다.

우리는 1이 단위로서 '있는 것'과 연관되고 0이 모든 수열이 나열되는 원점으로서 '없는 것'과 연관된다는 것을 알고 있다. 그러나 '있음'(존재)과 '없음'(무)이라는 철학적 논의에 상관없이 수학에서도 0과 1의 위상과 기능의 차이가 자명하다는 전제를 깔고 '수'와 연관된 모든 논의가 진행된다는 점에는 이론의 여지가 없다. 다른 말로 1은 0과 다르다. 모든 1이 '같음'(tauton)의 울타리에 든다면 모든 0이 '다름'(heteron)의 울타리 안에 있다. 이때 모든 1의 집합이 '1'이라는 숫자로 표기된다면, 다시 말해 여러 '하나'(1)가 1의 집합을 이룬다면 모든 0의 집합은 '0'이라는 숫자로 표기되며

'다름'의 집합으로서 0은 연산 규칙에 따르는 '1+1=2'와는 달리 존재론적인 '2'의 특성을 갖는다. (그렇지 않다면 우리는 0과 1의 연산으로 이루어지는 '2진법'이 무엇을 뜻하는지 설명할 길이 없어진다.)

그런데 '있는 것'으로서 '하나'(1)와 '없는 것'으로서 '영'(0)은 서로 다른 것으로서 이 둘이 다르다는 것을 구별하려면 '같은 것'도 아니고 '다른 것'도 아닌, '있는 것'도 '없는 것'도 아닌 제3의 것이 사이에 들어 0과 1을 갈라 세우는 경계 구실을 해야 한다. 철학에서 흔히 '무규정성', '무한정성'으로 부르는 이 제3자가 수학에서 ∞로 표기되는 '무한대' 또는 '아페이론(apeiron)' 개념이다.

0을 원점으로 해서 좌표축을 그릴 때 가로축과 세로축은 어떤 것을 X축으로 놓고 어떤 것을 Y축으로 놓느냐, 다시 말해 X축과 Y축에 0에서 1에 이르는 어떤 수치를 놓고 가더라도 그것이 양수이든 음수이든 상관없이 그 좌표를 통해서 드러나는 공간은 규정된 수가 확정되는 선과 그 선을 중심으로 전개되는 여러 수열들의 곡선으로 드러나게 된다. (여러 형태의 파동으로 나타나게 될 이 수의 변환에 대한 논의는 이 글의 주제도 아니고 내가 다룰 능력도 없어서 빼기로 한다.) X축과 Y축에 따라 열리는 공간은 규정성을 내포한 무규정성의 영역이므로 0, X(± 1), Y(± 1)^2=3^2으로 표기하고, 1에서 9에 이르는 정수를 3^2으로 나눌 때 어떤 수의 계열이 드러나는지 살펴보자.

1, 2, 3, 4, 5, 6, 7, 8, 9를 3^2으로 나눌 때 어떤 수의 행렬이 나타나고, 무한히 반복되는 이 수열을 임의의 지점에서 인위적으로 끊어 낼 때 '나머지' 수가 무엇인지를 보자. 1부터 시작하면 다음과 같다. (편의에 따라 소수점 아래 아홉 자리에서 끊겠다.)

1) $1/3^2$=0.111111111⋯⋯(나머지 1)

2) $2/3^2$=0.222222222⋯⋯(나머지 2)

꿈꾸는 형이상학

3) $3/3^2=0.333333333\cdots$ (나머지 3)

4) $4/3^2=0.444444444\cdots$ (나머지 4)

5) $5/3^2=0.555555555\cdots$ (나머지 5)

6) $6/3^2=0.666666666\cdots$ (나머지 6)

7) $7/3^2=0.777777777\cdots$ (나머지 7)

8) $8/3^2=0.888888888\cdots$ (나머지 8)

9) $9/3^2=0.999999999\cdots$ (나머지 9)

여기에서 다른 수의 행렬이야 같은 숫자의 무한 반복이라고 치더라도 어떻게 해서 $9/3^2$이 1로 떨어지지 않고 0.999의 연속으로 나타난다고 하는지 의문이 있을 수 있고, 따라서 이런 방식의 나눗셈에 반론이 있을 법하다. 여기에 대한 대답은 이렇다.

"0을 원점으로 1에 이르는 제반 수열이 드러나는 X축, Y축 안에서 성립되는 공간은 그것이 공간이라는 점에서 무규정성의 영역이다. 이 좌표에서 1은 극점이다. 따라서 이 좌표 안의 어느 공간에서도 극점 1은 나타날 수 없다."

0을 원점으로 하는 좌표를 그리면 이런 모습이 될 것이다.

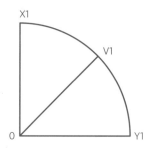

이 좌표에서 X축과 Y축은 바뀌어도 되고 좌표의 방향도 거꾸로 뒤집거

나 돌려도 된다. X에서 V를 거쳐서 Y에 이르는 (그 반대 방향이어도 상관없다) 것을 원의 ¼ 크기를 나타내는 '호'라고 보고, 이 '호'의 모든 '점'(point)은 0에서 1에 이르는 등거리에 있다. 이 좌표(90°)를 45°로 양분하는 직선상에 '나머지'들을 차례로 늘어놓으면 이렇게 될 것이다.

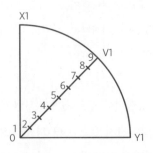

좌표가 달라짐에 따라 이 '나머지' 앞에 '-' 부호를 붙여서 그 나머지가 '음수'임을 나타낼 수도 있다. 여기에서 우리는 0점에서 1에 무한히 접근하는 0.111……에서 0.999……에 이르는 반복되는 '수'들을 얻었다. 이때 대각선 모습을 띤 0→V는 유클리드 평면기하학에 나타나는 이른바 '직선'이다. 그러나 이 '직선'은 '겉보기'일 뿐이고, 이 '직선'으로 수렴되는 0→1, 1→0의 파동 곡선이 무한히 중첩되어 있다. 이 도표에서는 수렴의 방향은 0으로, 확산의 방향은 1로 나타난다. 공간 속에서 두 번 이상 반복되는 것들은 저마다 규정성을 지니게 되므로 우리는 0과 1 사이에서 무규정성을 나타내는 '제3의 것' 곧 3을 제곱함으로써 무규정성의 한 영역인 X축과 Y축을 연결하는 공간좌표를 얻고(원으로 드러날 수 있는 공간좌표의 ¼) 그것을 순차적으로 나눔으로써 반복 수열과 같은 '나머지'도 얻었다. 바로 이 '나머지'가 우리가 무규정성의 전체 영역에서 찾을 수 있는 정수 계열이다.

3^2을 통하여 V선을 찾고, '나머지'를 얻기 전에 이미 1, 2, 3,……9를 미리 규정해 놓고, 그렇게 규정된 숫자를 3^2으로 나누어 똑같은 '나머지' 숫자를

얻는 것이 무슨 의미가 있느냐는 질문이 나옴 직하다. 이에 대한 답변을 하기 전에 우리는 같은 수를 같은 수로 나눌 때도 하나같이 1로 환원되지 않고 0.999……로 무한히 반복되는 수열을 얻을 수 있고, 그 '나머지'들도 나누는 '수'와 나누어진 '수'와 같은 모습으로 드러날 수 있음을 확인할 필요가 있다. 아래의 나눗셈이 그렇다.

1) $1/1=1$, 또는 $0.999\cdots$ (나머지 1)

2) $2/2=1$, 또는 $0.999\cdots$ (나머지 2)

3) $3/3=1$, 또는 $0.999\cdots$ (나머지 3)

4) $4/4=1$, 또는 $0.999\cdots$ (나머지 4)

5) $5/5=1$, 또는 $0.999\cdots$ (나머지 5)

6) $6/6=1$, 또는 $0.999\cdots$ (나머지 6)

7) $7/7=1$, 또는 $0.999\cdots$ (나머지 7)

8) $8/8=1$, 또는 $0.999\cdots$ (나머지 8)

9) $9/9=1$, 또는 $0.999\cdots$ (나머지 9)

이때 $0.999\cdots$는 무한히 촘촘해지는 체의 구멍이고, '나머지'는 그 체에서 빠져나가지 못한 저마다 다른 덩어리로 볼 수 있다. 이 덩어리들이 일정한 규칙성을 띠고 배열될 때 우리는 '하나'(1)로 환원되지 않는 수의 행렬이 있다고 할 수 있다. 또 '하나'(1)를 여러 조각으로 나눌 때 우리의 원초적 의식 속에 들어오는 것은 '있는 것'과 '없는 것'뿐이고, 흔히 '존재'와 '무'로 불리는 이 추상의 가장 높은 단계에서 나타나는 '최고류(最高類)' 개념이 서로 다름을 확인하려면 이들을 나누어야 한다. 다시 말해서 '있는 것과 없는 것은 다르다'는 것을 확정하기 위해서는 이것을 수식으로 나타내야 하는데 이때 나타나는 수식은 '$1\div0$'이 되고 그 결과는 '$1\div0=\infty$'가 된다. 이것이 무규정성, 무한성의 수학적 표현이다.

0과 1의 관계 맺음, 또 1과 0의 관계 맺음과 1과 1, 또 0과 0의 관계 맺음을 수식으로 나타내 보자.

$0 \times 1 = 0, 1 \times 0 = 0$

$0 \div 1 = 0, 1 \div 0 = \infty$

$0 + 1 = 1, 1 + 0 = 1$

$0 - 1 = -1, 1 - 0 = 1$

1ㄱ×1ㄴ=1, (자리를 바꾸어) 1ㄴ×1ㄱ=1

1ㄱ÷1ㄴ=1, (자리를 바꾸어) 1ㄴ÷1ㄱ=1

1ㄱ+1ㄴ=2, (자리를 바꾸어) 1ㄴ+1ㄱ=2

1ㄱ-1ㄴ=0, (자리를 바꾸어) 1ㄴ-1ㄱ=0

0ㄱ×0ㄴ=0, (자리를 바꾸어) 0ㄴ×0ㄱ=0

0ㄱ÷0ㄴ=오류, (자리를 바꾸어) 0ㄴ÷0ㄱ=오류

0ㄱ+0ㄴ=0, (자리를 바꾸어) 0ㄴ+0ㄱ=0

0ㄱ-0ㄴ=0, (자리를 바꾸어) 0ㄴ-0ㄱ=0

계산기에 나타나는 이 관계 맺음의 결과로 얻는 다른 수치들은 일단 자명한 것으로 보아 제쳐 놓더라도 여기에서 두 가지 의문이 떠오른다. 그 하나가 왜 '$1 \div 0 = \infty$'라는 계산 결과가 나올까 하는 것이고, 또 하나가 왜 '$0 \div 0 = 오류$'라는 계산 결과가 나올까 하는 것이다. 수를 다루는 다른 영역의 사람들, 이를테면 보험회사원이나 은행원 또는 물품 판매원이나 수학 교사들 같은 사람들에게는 이런 의문이 부질없는 것이고 '의미 없는'(meaningless)

물음일지도 모른다. 그러나 다른 영역의 사람들, 양자역학이나 천체물리학을 다루는 물리학자나 통계학자, 일부 수학자나 철학자들에게는 그렇지 않다. 특히 존재론이나 형이상학을 다루는 철학자들은 이 의문에 답할 의무가 있다.

수학에서 '÷' 부호로 표시하는 이 '나누기'가 뜻하는 것은 무엇일까? 미친 짓이라는 욕을 먹는 셈 치고, 계산기에 나타나는 수식을 '존재론적 언어'로 바꾸어 보면 '1÷0=∞'는 '있는 것을 없는 것으로 나누면 끝이 없다', 또는 '있는 것과 없는 것을 가르면 (그 사이에) 있는 것도 아니고 없는 것도 아닌 것이 나온다'라는 말이 될 수 있으며, 이것을 우리는 한편으로 '무한'(infinite)으로, 또 한편으로 '무규정'(indefinite)으로 이름 짓는다. 여기에서 우리는 '있는 것'(1)과 '없는 것'(0)의 관계가 '의미 있는' 것이 되려면 반드시 '있는 것'이 앞서고, '없는 것'이 뒤따르는 차례가 지켜져야 함을 엿볼 수 있다. '없는 것'(0)을 '있는 것'(1)으로 나누어 보았댔자 없는 것이 있는 것으로 둔갑할 수는 없으니까. 없는 것은 있는 것이 사이에 들어 어떻게 갈라놓아도 없는 것이니까(0÷1=0).

'무한성' 또는 '무규정성'을 다루기에 앞서 '나눔' 또는 '나뉨'이 무엇을 뜻하는지 먼저 살펴보자. '있는 것'(1)을 둘로 나누면 '절반'(0.5)이 될까? 여기에 있는 절반(0.5)과 저쪽에 있는 절반(0.5)를 보태면 다시 감쪽같이 하나가 될까? (0.5+0.5=1) '일반수학'에서는 '그렇다'고 한다. 그러나 앞에서 우리가 살펴보았듯이 '나머지'가 그렇다는 뜻이고, 3^2으로 나누는 일이 지겨워서 더 나누지 않고 남겨 놓은 몫이 '나머지'라는 것으로 밝혀졌다. 이 말은 '0.5+0.5'가 겉보기에는 '1'이지만, 어떤 '둘'도 보태면 반드시 '하나'가 되리라는 법은 없다는 말이다.

'있는 것'(1)은 '있는 것'(1)이고, '없는 것'(0)은 '없는 것'(0)이라는 관점에 서면 '있는 것'(1)을 '없는 것'(0)으로 나눈다고 해서, 또는 '있는 것'(1)이 '없는 것'(0)으로 나뉜다고 해서 '없는 것'(0)이 '있는 것'(1)의 한가운데 들어서서 '있는 것'(1)을 똑같은 '절반'(0.5)으로 나누라는 법은 없다. '절반'(0.5)은 '나누기'의 특수 사례일 뿐이다. 그나마 '나머지'를 살필 때 그렇다는 것뿐이다.

'나눔'은 제3자의 개입을 뜻하고 '있는 것'도 아니고 '없는 것'도 아닌 이 세 번째 것은 1과 0 사이에 들어서서 온갖 빈터를 열고 갖가지 흐름을 빚어내는데, 우리는 이 빈터를 '공간'이라고, 흐름을 '시간'이라고 부르고 때로는 '정지'와 '운동'을 나타내는 말로도 쓴다. '있는 것'(1)을 '없는 것'(0)으로 나누는 것은 뺄짓이 아니다. 그 결과가 있다. 그러나 그 결과로 나온 것, '있는 것도 아니고 없는 것도 아닌 것'(∞)이 무엇인지 우리는 알 수 없다. 그것이 무엇으로 어떻게 드러나는지, 또 어떤 흐름을 이루고 어떻게 움직이는지 알 길이 없다. '수렴'하고 '확산'하는 경향만을 '통계적'으로 점칠 수 있을 뿐이다.

다음으로 '0÷0=오류'라는 계산기의 '계산 결과'(?)를 살펴보자. 이 계산을 '일상 언어'로 풀이하면 '없는 것'은 '없는 것'으로 나눌 수 없다, 또는 '없는 것'은 '없는 것'으로 나뉘지 않는다는 말인데, 이 말이 무슨 뜻일까?

'없는 것'(0)이 '있는 것'(1)과 '다른 것'이라는 건 분명한데, 그래서 '같은 것'(tauton)이 먼저고 '다른 것'(heteron)이 그다음이라는 것은 알겠는데, 이 '다른 것'(0)이 저 '다른 것'(0)과 갈라지는, 나뉘는 길을 찾는 것이 왜 잘못이라고 할까?

두 가지로 생각할 수 있다. '없는 것'에는 밖에서 어떤 힘을 써도 '없음'이 지니고 있는 '저됨'(자체성 또는 자기동일성)을 바꿀 수 없다. '0×0=0', '0+0=0', '0-0=0'은 '없는 것'(0)에는 어떤 '작용'을 하더라도 그에 따르는 '반작용' 없는, 다시 말해서 모든 작용이 무화되는 측면을 '작용'의 측면, 곧 '×, +, -' 측면에서 확인하는 과정이며, '1×0=0'은 '같은 것'으로서 '있는 것'(1)과 '다른 것'으로서 '없는 것'이 '있는 것도 아니고 없는 것도 아닌 것'(∞)을 사이에 두지 않고 만나면 '쌍소멸'됨을 나타내는 결과를 빚는다는 해석이 가능하다.

그러면 '1/0=∞'는 어떻게 보아야 하는가? '1÷0=∞'를 바꾸면 '1=0×∞'가 된다. 이 도식은 0점(영점)에서 무한에 이르는 온갖 빈터에 갖가지 흐름으로 드러나는 '시-공간'(time-space)은 '있는 것', '하나'(1)라는 극한치에 수렴한다는 해석이 가능하다. (물론 이것은 해석이고, 이에 대한 여러 반론이 있을 수 있다.) 이렇게 볼 때 '1÷0'은 '없는 것'(0)이 '다른 것'으로 '같은 것'(1, '있는 것')에 힘을 미치는 '능동성'을 드러내고, '0+1=1', '0-1=-1'은 '다른 것'으로서 '없는 것'(0)이 '같은 것'으로서 '있는 것'(1)에 어떤 저항도 하지 않는 '순수수동성'의 측면을 보여 준다.

0에서 1에 이르는 수학상의 모든 좌표에서 0이 확산과 수렴의 '원점' 노릇을 하는 것은 0이 지닌 이런 속성 때문이다. 우리가 무한한 확장력을 가지는 것으로 여기는 갖가지 '수열'은 따지고 보면 '원점'인 0('없는 것')에서 출발하여 확장의 한계이자 극한점인 '있는 것 바로 그것'(1) 안에서 이루어지며, 그 수열의 바탕에는 0을 깔고 있다. 다시 말해서 우리가 1, 2, 3……으로 표기하는 정수 계열은 알고 보면 0.1, 0.2, 0.3……의 계열이고, '있는 것'(1)의 테두리를 벗어나지 못한다. (어떤 '상수'도 0과 1 사이의 한계를 뛰어넘을 수 없다. '빛의 상수'나 '중력 상수'까지도.)

양자역학이나 천체물리학에서 말하는 '쌍소멸'의 수학적 표기는 여러 가지일 수 있다. 우리가 보통 '1-1=0'이라고 할 때 이것은 '(+1)+(-1)=0'으로도 표기될 수 있고, 제법 큰 자릿수로 여겨지는 '999-999=0'은 '(+999)+(-999)=0'의 다른 표기이고, 이것은 모두 '하나'(1)인 '있는 것'의 테두리 안에서 이루어지는 연산이라는 점에서 '0.1-0.1=0', '(+0.1)+(-0.1)=0', '0.999-0.999=0', '(+0.999)+(-0.999)=0'의 축약된 표기이다.

이로써 우리는 다음과 같은 공간 표상, 평면에 그려진 동그라미(불교의 한 종파인 원불교에서는 이것을 일원상이라 부른다)를 얻는다.

여기서 바깥 테두리는 '하나'(1)인 '있는 것'이고, 한가운데 있는 '원점'은 크기도 없는 '없는 것'(0)이다. 시각적으로 드러내 보이고자 하니까 바깥 테두리가 점을 감싸고 있는 것으로 나타나지만 사실 '하나'(1)인 '있는 것'도 크기가 없기는 마찬가지다. ('크기가 없다'는 말은 '무한하다'라는 말의 다른 표현이기도 하다.)

'하나'(1, 점)로 옴치면 온갖 모습은 마치 선회하는 삼각뿔의 꼭짓점처럼 사라지고 열에너지로 나타나는 힘은 끝없이 커지며, 한 점에서 시작된 소용돌이가 삼각뿔의 둘레를 돌면서 퍼지고 또 퍼지면 그 과정에서 두 가닥('있는 것'과 '없는 것')의 매듭이 이런저런 모습과 출렁임으로 나타나 우리의 눈길을 끌다가 마침내 모습도 움직임도 사라져 '빔'(0)이 된다. 이 '하나'로 옴침이 극대화하는 점을 우리는 1이라고 표기하고, 그것을 천체물리학자들은 '우주 중력'이라고도 부른다. 그리고 그 과정을 '수렴' 또는 '응집'이라 이른다. 반대로 이 '하나'로 '있는 것'이 터져 나가(Bigbang) 퍼지고 또 퍼지면서 열기를 잃어 가는 과정을 '확산' 또는 '산란'이라고 부르는데, 그 극한 점은 정지점이자 에너지의 무덤인 '열사'가 이루어지는 곳(0)이라는 '전설'이 있다. 'M이론'이니 '다우주이론' 같은 것을 들먹이는 자들도 있는데 이것도 '거짓말'(가설)일 뿐, 내가 이제까지 지껄인 것이나 다를 바 없는 헛소리의 일종이다.

꿈꾸는 형이상학

형이상학 더하기 2

논리연산(Logical Computation→LC) 밑자락 깔기

Ⅰ. 연산자 (An Operator for LC)

1. NaNb (Neither A nor B)

　A→있음, 임, 하나, 빛, 有, 是, 一, 色, to on, einai, esse, be, sein, être

　B→없음, 안임, 여럿, 빔, 無, 非, 多, 空, ouk, meon, none, nonbeing, nicht, neant

2. 두 끝(갓, 겉)→'있음'(임)과 '없음'(안임), '하나'와 '빔', 1과 0(정지점), 논리연산자 두 끝에 새겨진 눈금

3. 1) '있는것'이 없다→'하나'도 없다. (절대 무, das reine Nichts)

　2) '없는것'이 없다→'다' 있다. (다→있는것+없는것)

　3) '없는것'이 있다→'빠진것'이 있다. (결핍존재, privation)

　4) '있는것'이 있다↔'없는것'이 없다. ('순수유' 대 '순수무' : das reine Sein vs. das reine Nichts)

4. 1) '있을것'(아직 '없는것')이 있다.

  2) '있을것'이 없다. ('빠진것'이 있다.)

  3) '없을것'(군더더기)이 있다.

  4) '없을것'이 없다. ('없을것'→이미 '있는것')

5. 아리스토텔레스식 형식논리에 따른 연산 전제 : '있는것'만 (무엇)'인 것'이고, '없는것'은 (무엇이) '안인것'이다.

  1) '있는것'은 '있는것'이다. ('인것'은 '인것'이다.)→principia identitatis, 동일률

  2) '있는것'은 '없는것'이 아니다. ('인것'은 '안인것'이 아니다.)→principia contradictionis, 모순율

  3) '있는것'이거나 '없는것'이거나 둘 중 하나다. ('인것'도 아니고, '안인것'도 아닌 것은 없다.)→principia exclusi tertii, 배중률

6. 상수(constant)는 바뀌지(움직이지) 않는 수인데 엄밀한 뜻에서 (연산의) 가늠 자를 이루는 양극단인 1과 0밖에 없다. 그 사이(틈)에 있는 것들은 모두 변수(variables)다.

7. 이어져 흐르는(바뀌는) 결(wave)을 끊어 내면 (비록 '의식'의 칼날을 들이대더라도) 톨(particle)이 생기고, (크기와는 상관없이) 틈(새)이 드러난다. 이 틈은 '시간과 공간'(틈새)이 '있다'고 칠 때 가정되는 것이고, 이것을 인정하면 어떤 모순이 생겨나는지를 파르메니데스의 제자인 제논은 논증을 통해서 잘 밝혀냈다.

8. 우리(인간)의 감각이 파악할 수 있는 톨의 울타리는 얼추 10^{24}m에서 10^{-14}m까지라고 한다. (이와는 달리 '의식'에 반영되는 영역은 무한하다.)

9. 원뿔 실험의 예 : 이 보기는 데모크리토스에서 들뢰즈에 이르기까지 즐겨 드는 본보기이므로 여기에서 다시 들 가치가 있다. 우리의 의식에 떠오르는 완벽한 원뿔을 우리가 생각할 수 있는 가장 날카로운 칼날인 '의식'

　　　　　꿈꾸는 형이상학

의 칼날로 수평 분할할 때 드러나는 위쪽 '원'과 아래쪽 '원'은 같은가, 다른 가? ('같다'고 하면 '원기둥'이 될 것이고, '다르다'고 하면 매끈한 '원뿔'이 아니라 울퉁불 퉁한 '원추형 탑'이 될 것이다.) 답은 '같지도 않고 다르지도 않다'이다.

10. '같은것'을 '하나'(1)로, '있는것'으로 놓고 '다른것'을 '빔'(0)으로, '없 는것'으로 놓을 때, 또 1을 밖에 두르는 울타리로 0을 '하나'인 구(球)의 중 심점으로 놓을 때 이 안과 밖 사이에 있는 것들은 모두 '같지도 다르지도 않은 것들'이고, 이 안에서 이어져 흐르면서 서로 간섭하여 증폭되기도 하 고 상쇄되기도 하는 결들의 폭과 떨림의 잦기와 높낮이는 서로 다르고, 이 것은 어림치기의 마당이다. (플라톤은 《티마이오스》 편에서 이미 우주의 제작자 데미우르고스를 통해서 이 작업을 했다.)

11. 틈새에 '있다'고 여겨지는 '것'들은 모두 결을 이루어 흐른다(바뀐다). 이어져 있다는 쪽에서 보면 '하나'이고, 이것(있는것)도 저것(없는것)도 아니 라고 보면 무엇이라고 할 수 없는 것(무규정적인 것)이다. 이것은 모든 '규정' 이 빠졌다는 측면에서 '빈것'(공)이라고 할 수 있다. 이 틈새를 깊이가 없이 펼쳐져 그 자리에 머물고 있다(정지해 있다)고, 다시 말해 텅 비어 있다고 칠 때 공간 지각이 생겨난다. (숫자로 표기하면 3+3=6, 닫힌 꼴, 폐쇄된 공간을 이루지 못하고 기하학적 도형으로는 육각형의 벌집을 이루면서 끝없이 펼쳐진다.) 또한 '속' 과 '겉'이 있어 '깊이'가 있다고 칠 때를 숫자로 표기하면 3^2=9, 기하학적 도 형으로는 구인 폐쇄된 공간을 이루는데, 이 폐쇄된 공간이 생겨나려면 '있 음'(1)과 '없음'(0)과 그 사이에 끼어들어 '있는것'도 아니고 '없는것'도 아닌 (NaNb) 제삼의 것(3)이 있어야 한다. '1+3+0=5'에서 이 세 번째 것(5)이 가 로축과 세로축에 하나씩 있어야 펼쳐진 벌집은 폐쇄된 구를 이룰 수 있는 데, 이것을 우리는 '오각형'이라는 기하학적 도형으로 나타낸다. (이것을 더 단순화하면 2+2=4, 2^2=4라는 2진법의 바탕꼴로 환원할 수 있다.)

12. 이어진 흐름은 구비와 고비를 이루는데 베르그송은 이것을 '지

속'(durée)이라고 부른다. 흐름은 두(여러) 겹으로 꼬여 있으나 우리의 감관 지각과 의식에는 위에서 아래, 과거에서 현재라는 한 방향으로 진행하는 것으로 드러난다. (엔트로피의 법칙도 여기에 따른다.)

13. 0.000……1 나머지 1에서 0.999……9 나머지 9의 틈새에 깔려 있는 모든 수는 '무한집합'을 이루는데, 이 '숫자 송이'들은 군론의 바탕이 된다 (칸토어에서 갈루아까지). 여기에서 이런저런 무리를 이루는 차원들은 이런저 런 '진법'으로 저마다 달리 드러날 수 있는데, 10진법에 따라 헤아려지는 차 원들은 모두 2진법으로 환원될 수 있고, 이 2진법의 '틈새'에서 '안개구름' 이 피어나고 펼쳐진다.

14. 덧붙임 : '없는것'이 '없다'는 말이 지닌 뜻

1) '있는것'이 있을 뿐만 아니라 '없는것'도 있다.

2) '같은것'뿐만 아니라 '다른것'도 있다.

3) '하나'(1)뿐만 아니라 '빔'(0)도 있다.

4) '같은것'이 없고(1이 없고) '다른것'만 있다면 모두 비어 있다, 일체 개공(一切皆空).

5) 바뀜만 있고(결만 있고) 바뀌지 않는 것으로 여겨지는 것(톨)이 없다 면 '안인것', '다른것', '없는것'만 있게 되는데, 이러한 '현상'은 우리의 감각 에도 의식에도 없다.

Ⅱ. 논리연산 5진법

1. $(01) \cdot (10) \rightarrow$ (zero/one)+in between+(one/zero)

$(0+1=2)+(NaNb=3)+(1+0=2)=5$

0과 1, 1과 0 사이에 있는 점(·)은 1도 0도 아니라는 점에서 제3의 것이고

이 '틈새'는 1과 0, 0과 1 사이에 있다. 이 틈새를 벌리고 '이것'(같은것)과 '저것'(다른것)을 갈라놓으면 갖은 '꼴'을 빚어내고, 크고 작은 '덩이'(질량, mass)로 뭉친다. 다른 한편 '하나'(1)의 울타리 안에 있는 것은 1의 힘을 통해 하나로 이어지는 결들을 낳고, 구비와 고비를 이루며 흐르는 결은 둥글게 무르녹아(원융) 걸림이 없다(무애). (중국에서는 이 과정을 무극→태극→양의로 추론한다.)

2. 5진법은 2진법에서는 기하급수로 늘어나는 '바이트'(킬로→기가→테라…… 따위)를 알맞게 조정한다. 소리와 꼴 처리에 새로운 마당을 열 수 있다.

3. 1로 수렴하는 NaNb와 0으로 확산하는 NbNa는 '있는것'('인것')도 아니고, '없는것'('안인것')도 아닌 두 겹의 힘으로 꼬이면서 휘돌아 여럿으로 퍼지고 감돌아 하나로 뭉친다.

III. LC의 존재론적 근거

1. 있다(하나, 1).→이다(긍정).

2. 없다(빔, 0).→안이다(부정).

3. 있지도 않고 없지도 않다.→'인것'도 아니고 '안인것'도 아니다(NaNb).

4. 있는것이 있다. (인것이 인것이다.)→동일률의 기초.

5. 없는것이 없다. (안인것이 안이다.)→(비)모순율의 기초.

6. 있거나 없거나 둘 가운데 하나다. (이거나 안이거나이지, 이지도 안이지도 않은 제삼의 것은 없다.)→배중률의 기초.

7. 있는것이 없다. ('인것'이 '안이다'.)→하나도 없다.→(무엇)'인것'은 여럿이다.→모순의 발생.

8. 없는것이 있다. (안인것이 이다.)→모순의 존재론적 근거.

덧붙임. '없는것이 있다'는 말은 다른 말로 하면 '빠진것이 있다'는 말이고, 이것은 '빔'(0)이 있다는 말로써 '안인것'이 '인것'이라면 0도 1과 마찬가지로 '있다'(존재한다)는 말이다. '0집합'도 집합이다. 최초의 군론은 최초의 여럿인 0과 1에 바탕을 두고 있다.

9. 있는것도 있고 없는것도 있다. (인것도 이고 안인것도 이다.)→배중률의 소멸 근거. (0도 1과 마찬가지로 존재의 근거를 갖는다.)

10. 있는것도 없고, 없는것도 없다. (인것도 안이고 안인것도 안이다.)→1도 0이고 0도 0이다(일체개공).

11. 무규정성(apeiron, infinity, indefinite)의 세 갈래

1) 있는것이 없고 없는것이 있다. (인것이 안이고 안인것이 이다.)→1이 0이고, 0이 1이다. apeiron Ⅰ, 색즉시공 공즉시색(色卽是空 空卽是色), Na=Nb

2) 없는것이 있고 있는것이 없다. (안인것이 이고 인것이 안이다.)→0이 1이고, 1이 0이다. apeiron Ⅱ, 공즉시색 색즉시공(空卽是色 色卽是空), Nb=Na

3) 있는것도 안이고 없는것도 안이다. (1도 아니고 0도 아니다.)→Neither 1 nor 0. apeiron Ⅲ, NaNb

12. 5진법의 존재론적 근거는 폐쇄된 공간의 존재론적 근거이기도 하다.

Ⅳ. 중간 결론

$E=mc^2$에서 C^2, 다시 말해서 빛의 빠르기의 제곱을 1(하나)에, 모든 움직임(운동)이 끝나는 한계점에 닿는, 결의 떨림의 가장 짧은 폭이라고 치자. 그러니까 이 폭 안에서 $1^1=1^n=1$이라는 등식이 성립한다고 보자. 거의 정지점에 가까워 상수로 놓을 수 있는 수치들의 줄이음(행렬)은 0.999······ ∞······ 나머지 9에서 0 아래 줄짓는 9들 가운데 C^2, 다시 말해서 덩이가

그 크기를 따지지 않고 모두 힘(에너지)으로 바뀔 수 있는 빠르기가 나타나는 수열이 될 것이다. 그리고 이 수열에 이르면 '$1'=1''$'이라는 항등식이 나타날 것이다. 부등식($\neq$)을 극복하고 항등식($=$)이 보장되는 0 아래 9의 행렬의 위치를 찾아내는 것, 그래서 아인슈타인의 C^2이 어느 자리에서부터 나타나는지를 확정하는 것이 논리연산의 한 축(굴대)이 될 것이다. 그리고 이것이 '있는것'(1)과 '있을것'(없는것으로서 빠진 것, 결핍)이 스치는 접점(tangent)으로서 구실을 할 것이다.

다음으로 톨로 나타나되 질량이 없는 덩이로 여겨지는 광자와 전자라는, '결'과 '톨'의 둘됨(이중성)을 보여 주는 양자의 떨림(요동)을 추정할 수 있는, 수치로 나타내면 '6.63×10^{-34}'라는 이른바 플랑크상수 'h'(이 상수의 단서 또는 조건은 그것이 0이 아니라는 것이다) 문제를 다룰 수 있을 것이다. 다시 말해 '없는것'(0)과 '없을것'('있는것'. 0.000……의 끝없이 이어지는 수열 뒤에 1이 따라붙고 나머지 1이 남는 자리)이 어느 점에서 맞닿아 스치는데 이것은 또 하나의 접점이다.

C^2과 h 사이에 '힘'이 미치는, 다시 말해서 운동이 확보되는 가장 작은 것에서 가장 큰 것까지를 우리(인간)의 눈길이 닿는 '때데한몸'(시공연속체)이라고 보자. 그러니까 0.000……으로 이어지는 수열의 어느 곳에서부터 0의 행렬이 멈추고 하나(1)와 나머지 하나(1)가 나타나고 그것이 플랑크상수로서 기능을 하고, 0.999……의 어느 자리부터 9의 행렬이 멈추고 나머지 3^2이 나타나는지를 헤아려 그 안에서 양자요동과 한뉘(우주)의 운동이 펼쳐지는 결의 폭 바꿈, 장단, 떨림, 잦기, 높낮이…… 들이 일어나는지 (그것이 가능하다면) 재기로 하자. 그리고 테두리가 '하나'로 마무리되든 아니면 0.000…… 끝에 1이 있고, 나머지가 '하나'(1)로 끝나는 테두리를 가정하든 한뉘로 부를 수 있는 울타리가 있다고 치자. 그리고 '있는것'과 '있을것'이 맞닿고 '없는것'과 '없을것'이 맞닿는 '데' 또는 '때'에서 저마다 '있을것'(빠진

것으로서 없는것)과 '없을것'(군더더기로서 있는것)이 드러남으로써 '운동'은 있을것으로서 없는것(결핍)과 없을것으로서 있는것(과잉)이 꼬여서 이루는 이 중나선(겹 꼬여 휘돌거나 감돌거나 맴도는 끈)의 모습을 지닌다고 가정하자.

이 모든 추론은 가설의 영역이다. 이 가설이 항등식을 보장할 수 있어야 그 테두리 안에서 논리연산이 가능하고, 그래야 빛으로든 소리로든, 톨로든, 결로든, 끊어진 것으로든, 이어진 것으로든, 이 한뉘 안에서 움직이는 것이 뜀(도약, élan)으로, 삶과 죽음으로, '이것'도 아니고 '저것'도 아닌(neither nor), '있는것'인데 있다고 볼 수도 없어 '있을것'이 되고, '없는것'인데 없다고 볼 수도 없어 '없을것'이 되는 것들 가운데 마지막 나머지 '하나'나 NaNb를 뭉뚱그린 3^2을 찾을 수 있다고 '나는 믿는다'. 그리고 그 길을 2진법의 겉모습 안에 감추어져 있는 5진법으로 찾아낼 수 있다고 '나는 본다'.

V. 군더더기 말

하나

빛은 고비(꼭짓점)에서 뭉쳐 톨을 이룬다. 이것이 이른바 빛톨(광자)이다.

이 빛톨은 분광기(프리즘)로 풀어 헤치면 '넘빨강살'에서 '넘보라살'에 이르기까지 이어지는 빛깔들의 부챗살을 이룬다. 다시 말해서 빛살은 눈에 보이고 안 보이는 온갖 결이 한데 뭉친 덩이다. 해에서 땅별(지구)에 이르는 빛의 빠르기는 시계로 재면 8분이 걸린다는데, 이어진 결이 동시성을 띠는 데 견주어 고비고비에서 뭉치는 빛톨이 뜸(틈)을 들여오는 계기는 어디에서 비롯될까? 결(이어짐)의 동시성을 톨(끊어짐)의 '계기성'으로 바꿔치기하는 것은 무엇일까?

데워진 '검은 몸'(흑체)은 더위를 모든 결 길이로 내뱉는다는데, 온 누리

꿈꾸는 형이상학

에 이 검은 몸이 골고루 깔려 있으리라는 게, 그래서 빛빠르기(광속)는 바뀌지 않는다는 게 '빛의 상수'를 내세우는 아인슈타인의 가정이다. 정말 그럴까? 중력장에서 빛이 휜다는 건 또 무슨 뜻을 지니고 있을까? 한뉘를 누비는 광속이 일정하다고? 아무리 '실험'으로 '검증'되었다 하더라도 내가 보기에 이 이론은 구멍이 숭숭 뚫려 있다.

검은구멍(blackhole), 흰구멍(whitehole), 벌레구멍(wormhole)은 다 비껴가기로 하자. '흑체'가 고루 깔려 있어 빛의 진행을 동시성에서 계기성으로 바꾸는 구실을 한다는 말도 받아들이기로 하자. 떨림(또는 떪)의 잦기가 뭉뚱그려져 빛톨을 이룬다는 이론도 받아들이자. 별빛이 수백억, 수천억, 수만억 광년을 거쳐 우리 눈에 들어오는 바로 그때 그 빛을 쏘아 보낸 별들은 이미 없어져 버렸을 수도 있다는 말도 믿기로 하자. 한뉘와 여러뉘(다중우주)를 둘러싼 갖가지 이론들, 큰펑(Bigbang)의 시간과 공간 이론도 받아들인다. (0과 1만이 상수라는 내 주장도 거두어들이기로 하자.)

그런데도 남는 게 있다. 사람의 머리(인간의 두뇌), 다시 말해 뭇산이(생명체들) 가운데 머리통만 유달리 크게 키운 산이의 '두뇌'가 어떻게 독점적으로 이런 이론을 내세우고 '검증'까지 할 수 있지? 왜 사람의 머리만 그런 일을 할 수 있는 특권을 누릴 수 있다는 걸까? 이 '인간의 신격화'와 오만은 어디서 생겨난 거지?

또 하나

'하나'(1)를 점으로도, 선으로도, 면으로도, 입체로도 줄였다 늘였다 할 수 있는 탄성체(고무몸)로 한 끝을 이루고 있고, 그것에 마주한 빔(0)을 그에 버금하는 다른 끝을 이루고 있다고 칠 때, 이 둘이 닿아 있는 우주의 표면적은 0.999…… 나머지 9이고, 그와 짝을 이루는 빔은 0.000……1 나머지 1이다. 이것을 각각 U^s와 V^s로 놓자. 다른 한편으로 U^s와 V^s는 U^t와 V^t로 치환

할 수 있다고 가정하자. (이때 s는 'space-공간'을 나타내고 t는 'time-시간'을 나타낸다.)

그리고 이어지는 결(wave, 약자 W)의 빛 머리(photon-광자로 뭉치는 고비)를 W^p로, 그늘 바닥(양자나 전자의 구름이 가장 짙어지는 구비)을 W^q로 놓자. 그리고 p와 q 사이에서 떨림(양자 또는 전자 요동)이 생겨나고 이 떨림의 길이와 폭, 잦기는 저마다 다른, 때 아닌 때와 데 아닌 데에서 지워짐(상쇄)과 커짐(증폭)을 저마다 다르게 보인다고 치자. 그리고 그때마다 톨빛음(형상)의 크기가 저마다 다른 덩이를 이룬다고 보자. 시공연속체라는 아인슈타인의 가정을 받아들이고, 'C^2'과 'h'를 1과 0에 접하는(tangere, 경우에 따라 tingere로 적힘) '상수'로 놓을 때, 이것은 '양자화'한 한뉘의 속살을 이룬다. 그리고 이 '속살'은 인간의 인식 영역을 벗어난다. 다시 말해서 '제3의 영역'(NuNv→neither unus nor vacuum. 1도 아니고 0도 아닌것. 있는것도 아니고 없는 것도 아닌것. 없을것으로 있는 군더더기와 있을것으로 없는 빠진것이 언제 어디서나 드러날 수 있는 벌레구멍)으로 드러나는 '때데한몸'(시공연속체)을 이룬다. 여기에서 가청 거리와 가시 형상, 다시 말해서 귀에 닿는 떨림인 소리와 눈에 닿는 고비로 이루어진 꼴만을 받아들여 그것을 '논리적'으로 '연산'하자는 게 이 글의 노림수다.

다시 또 하나

2진법은 본디 5진법의 축약형이다. 0에서 뚫리고 1에서 막힌다. '$0→\infty→1→\infty→0$'. 0.1, 0.01, 0.001……∞(0의 무한 연속) 다음에 1, 나머지 1. 하나(1)를 셋의 두 축(3^2)으로 나누면($1÷9$), 연속되는 이 수열을 얻을 수 있다. 하나(1)가 울타리가 되고, 그 울타리 안에 끝이 하나고 나머지도 하나인, 0으로 이어지는 무한수열이 펼쳐진다. 2진법이 닫힌 꼴을 드러내는 것은 바로 이 때문이다. 열려 있는데 닫혀 있는 것으로 보인다. 이어져 있는데 끊어져 있는 것으로 보인다. 하나인데 둘로 보인다. 결인데 톨로 보인다. 이것은 삶(생명)의 알몸(본질)이기도 하다.

우리는 전자와 양자로 지칭되는 이른바 미세 입자, 소립자의 울타리 안으로 다가설 때 결로도 톨로도 확정할 수 없는 이 곤혹스러운 영역으로 들어선다. 물질로도 생명으로도 볼 수 없는, 보기 전(관찰 이전)에는 결로 흐르다가 보는 순간 톨로 굳어지는 이 이중성. 금(slit)을 두 개 그어 놓고 톨로 여겨지는 빛을 쏠 때 한 톨이 두 구멍으로 들어가고, 거기서 나뉜 결은 서로 간섭하는 무늬를 이루고, 그 무늬는 결의 흐름을 붙박는 벽에 그려 낸다. 이 결을 톨로 바꾸는 것은 관찰이다. 관찰자의 눈이다. 보는 사람이 나타나는 바로 그때 결은 결이기를 멈추고 톨로 모습을 드러낸다. 금 두 개를 지나기 전이나 지나고 나서나 마찬가지다. 죽은 것도 산 것도 아닌 가사 상태, 또는 가능적 생의 상태로 상자 속에 들어 있는 슈뢰딩거의 고양이는 상자를 여는 순간 주검으로 드러난다. 모든 톨은 죽음의 상태다. 굳어 있다. 물질화한다. 얼어붙는다. 기억을 상실한다.

톨 치고 산톨(생명 입자)은 없다. 톨로 굳는 순간 삶의 결은 사라진다. 개체라는 말로 우리는 살아 있는, 낱낱이 떨어져 살아가는 듯이 보이는 몸들을 가리키지만, 살아 있는 것치고 홀로인 것은 없다. 하나인 것은 없다. 둘 사이에 있고, 이어져 있다. 어제(과거)와 이제(현재)가 결로 이어져 있고, 아제(아직, 미래)라는 더듬이가 있다.

삶결은 비록 가장 밝은 얼눈(심안)으로 비추더라도, 그 눈금이 아무리 촘촘하더라도, 마치 원뿔을 울퉁불퉁한 계단으로 만들거나 아니면 원기둥으로 만드는 것처럼 삶의 매끄러운 흐름을 차단하여 하나를 둘로, 둘을 하나로 바꾼다. 바뀐다.

우리에게 주어진 것(데이터)은 모두 톨로, 주검으로 바뀐 결, 삶의 기억뿐이다. 아제(미래)만이 아직 토막 나지 않은 사랑의 영토다. 자유의 영역이다.

이 자유는 눈먼 자들에게는 우연으로만 보인다. 우리는 사랑마저 물질화하는 잔인한 시대, 미래를 현재화하거나 과거화하는 어리석은 초보 과학의 시대에 머물러 있다.

　사랑을 자유로 보느냐 우연으로 보느냐는 저마다 그 얼눈이 어떤 거름막을 지니고 있느냐에 달려 있으나, 사람 탈을 쓴 뭇산이들은 거개가 '주어진 것', '이제'를 이룬 '어제'에 갇혀 있다. '아제'(미래)는 눈에 들어오지 않는다. 느낌으로 몸으로만 맞이할 수 있다. 미래는 전자현미경으로도, 천체망원경으로도, 입자가속기로도 파악할 수 없다.

책에 나오는 사람들

ㄱ

갈릴레이(Galilei, Galileo | 1564~1642) : 지동설을 주장한 이탈리아의 물리학
자이자 천문학자. '낙하하는 물체는 가속도가 일정하다'는 사실을 밝혀서
'물체의 낙하 속도가 무게에 비례한다'고 했던 아리스토텔레스의 이론이 틀
렸음을 증명했다. 1609년에 망원경을 만들어 달 표면과 태양의 흑점, 목성
의 위성 들을 발견했다. 쓴 책으로 《천문 대화》, 《신과학 대화》 들이 있다.

경허(鏡虛 | 1849~1912) : 근현대 한국 불교를 대표하는 선승이다. 9세 때 청
계사에서 출가했으며 32세에 홍주 천장사에서 혜언(慧彦)의 법을 이은 뒤
로 기행에 얽힌 많은 일화를 남겼다. 연암산 천장암에서 참선 끝에 "사방을
둘러 보아도 사람이 없구나."로 시작하는 오도송을 지었다. 환속 뒤에는 박
난주(朴蘭州)로 이름을 바꾸어 서당에서 아이들을 가르치며 살았다. 수제자
로 혜월, 수월, 만공을 두었으며 쓴 책으로 《경허집》이 있다.

고르기아스(Gorgias | B.C.483~B.C.376) : 고대 그리스의 철학자. 소피스트를
대표하는 사람으로 수사학에 뛰어났다. '일체의 것은 실재하지 않는다. 실
재하는 것은 알 수 없다'는 이론을 근본 사상으로 삼고 있다. 쓴 책으로 《비
유에 관하여》, 《헬레네 송》 들이 있다.

공자(孔子 | B.C.551~B.C.479) : 중국 노나라의 사상가이자 학자. 여러 나라를

두루 다니면서 인(仁)을 이상으로 하는 덕치를 강조했다. 3,000명이 넘는 제자를 두었고 중국 고전 《시경》과 《서경》 들을 정리했다. 공자의 사상이 담긴 《논어》는 공자가 죽은 뒤 제자들이 펴낸 것이다.

괴델(Gödel, Kurt | 1906~1978) : 오스트리아 태생의 미국 수학자. 불완전성정리를 발표하여 논리학과 수학 기초론에 큰 영향을 미쳤다. 불완전성정리에서는 참이지만 증명이 불가능한 식을 내세워, 산술에서 명백한 것으로 여겼던 공리들이 모순이 될 수도 있다는 것을 보여 주었다.

괴테(Goethe, Johann Wolfgang von | 1749~1832) : 독일의 시인, 소설가, 극작가. 독일 고전주의를 대표하는 작가로 희곡 《파우스트》, 소설 《젊은 베르테르의 슬픔》, 자서전 《시와 진실》 들을 썼다. 바이마르 대공국에서 재상직을 지내기도 했다.

그림 형제(Grimm Brother) : 독일의 야코프 그림(Jacob Grimm | 1785~1863)과 빌헬름 그림(Wilhelm Grimm | 1786~1859) 형제를 말한다. 둘 다 언어학을 전공했고, 함께 여러 동화를 썼다. 민중들 사이에 구전된 이야기들을 모아서 펴낸 《그림동화》가 널리 알려져 있다. 언어학 연구에도 힘을 쏟아 독일어 음운 변화의 법칙을 마련했다. 그림 형제가 쓴 책으로 《독일 문법》, 《독일의 신화》, 《독일 영웅 전설》 들이 있다.

ㄴ

노자(老子 | ?~?) : 중국 춘추시대의 사상가. 도(道)를 만물의 근원으로 보았으며 '무위자연' 철학을 강조했다. 도가의 창시자이고 도교 경전인 《도덕경》의 저자로 알려져 있다.

뉴턴(Newton, Isaac | 1642~1727) : 영국의 물리학자, 천문학자, 수학자로 만유인력의 법칙을 발견했다. 광학 연구로 반사 망원경을 만들었고, 빛의 입자설을 주장했다. 수학에서는 미적분법을, 물리학에서는 뉴턴역학 체계를 확립했다. 근대과학이 이루어지는 데 크게 기여한 사람으로 평가받는다.

쓴 책으로《광학》,《자연철학의 수학적 원리》들이 있다.

니체(Nietzsche, Friedrich Wilhelm | 1844~1900) : 독일의 철학자이자 시인. 실존철학의 선구자로 불리며 "신은 죽었다."고 선언했다. 기존에 있던 합리적 철학, 기독교 윤리 같은 부르주아 자유주의 이데올로기를 부정하고 철저한 허무주의(니힐리즘)를 주장했다. 쓴 책으로《비극의 탄생》,《차라투스트라는 이렇게 말했다》들이 있다.

ㄷ

다윈(Darwin, Charles Robert | 1809~1882) : 영국의 생물학자이자 박물학자로 생물의 진화를 주장했다. 1859년 책《종의 기원》을 통해 자연 선택에 따라 생물이 진화한다는 진화설을 발표했다. 쓴 책으로《가축 및 재배 식물의 변이》가 있다.

데모크리토스(Democritos | B.C.460?~B.C.370?) : 고대 그리스의 철학자이자 사상가이다. 원자론을 체계 있게 정리했으며 유물론 학설이 만들어지는 데 영향을 끼쳤다.

디랙(Dirac, Paul Adrien Maurice | 1902~1984) : 영국의 이론물리학자이다. 양자역학을 탄생시킨 사람 가운데 하나로 꼽힌다. 1933년 에르빈 슈뢰딩거와 공동으로 노벨 물리학상을 받았다.

ㄹ

라이프니츠(Leibniz, Gottfried Wilhelm | 1646~1716) : 독일의 철학자, 수학자, 논리학자. 계산기를 발명했고 미적분법의 기초를 세웠다. 단자론을 내세워, 우주는 무수한 모나드(넓이나 형체가 없고 무엇으로도 나눌 수 없는 궁극의 실체)로 이루어지며, 우주의 질서는 신이 예정한 조화 속에 있다는 '예정 조화설'을 펼쳤다. 쓴 책으로《형이상학 서론》,《단자론》들이 있다.

레오나르도 다빈치(Leonardo da Vinci | 1452~1519) : 15~16세기 르네상스를

대표하는 이탈리아의 예술가. 피렌체의 빈민 출신으로 화가, 건축가, 조각가로 두루 활동했으며 〈암굴의 성모〉, 〈모나리자〉, 〈최후의 만찬〉 들을 그렸다. 해부학, 천문학, 물리학, 지리학, 생물학에서도 많은 업적을 남겼고 말년에는 프랑스 왕 프랑수아 1세에게 '왕의 수석 화가, 건축가, 기술자'라는 칭호를 부여받았다.

루크레티우스(Lucretius | B.C.96?~B.C.55?) : 고대 로마의 시인이자 철학자. 고대 원자론에 근거를 두고, '어떤 것도 무(無)에서 생겨나지 않고, 어떤 것도 무로 돌아가지 않는다'는 세계관을 전개했다. 여섯 권으로 된 철학 시 《사물의 본성에 대하여De rerum natura》를 남겼다.

루터(Luther, Martin | 1483~1546) : 독일의 종교 개혁자이자 신학 교수. 라틴어 성경을 독일어로 번역했고 루터파 교회를 세웠다. 1517년 교황청의 부패에 반박하는 95개 조항을 발표해 파문을 당했으나 이로 인해 종교개혁의 발판이 마련됐으며 프로테스탄트 개혁을 촉진시키는 밑거름이 되었다.

리만(Riemann, Georg Friedrich Bernhard | 1826~1866) : 독일의 수학자로 타원함수론과 아벨 함수론을 연구했다. 논문 〈일반 함수론〉, 〈기하학의 기초에 있는 가정에 관하여〉를 써서 함수론과 리만기하학의 기초를 세웠다.

리처드 파인만(Richard Phillips Feynman | 1918~1988) : 미국의 물리학자. 1942년부터 원자폭탄을 만드는 미국의 맨해튼계획에 참여했고, 양자 전기 역학 이론을 개발한 공로로 1965년에 노벨 물리학상을 공동 수상했다. 《파인만 씨, 농담도 잘하시네!》, 《남이야 뭐라 하건!》, 《파인만의 여섯 가지 물리학 강의》 들을 썼다.

릴케(Rilke, Rainer Maria | 1875~1926) : 독일의 시인이다. 삶의 본질, 사랑, 죽음, 종교를 다룬 작품을 많이 썼다. 시집 《형상 시집》과 소설 《말테의 수기》 들을 남겼다.

꿈꾸는 형이상학

마르크스(Marx, Karl Heinrich | 1818~1883) : 독일의 경제학자, 정치학자, 철학자. 과학적 사회주의와 사적 유물론을 처음으로 주장했으며 국제 공산주의 조직인 인터내셔널을 만들었다. 1848년에 엥겔스와 함께 《공산당 선언》을 남겼고 그 뒤로 전 생애에 걸쳐 《자본론》을 썼다. 《자본론》은 마르크스가 죽은 뒤에 엥겔스가 완성했다. 《신성 가족》, 《경제학 비판》, 《철학의 빈곤》, 《고타 강령 비판》 들을 펴냈다.

마호메트(Mahomet | 570?~632) : 이슬람교의 창시자. 610년경 히라(Hira)산에서 신의 계시를 받고 유일신 알라에 대한 숭배를 가르치기 시작했다. 630년부터 군사 원정을 통해 아라비아반도를 통일하고 이슬람 제국을 세웠다.

머리 겔만(Murray Gell-Mann | 1929~2019) : 미국의 물리학자. 우주의 물질을 구성하는 기본 입자 '쿼크'를 발견한 업적으로 1969년 노벨 물리학상을 받았다.

모어(More, Sir Thomas | 1478~1535) : 영국의 정치가. 헨리 팔세 때 대법관을 지냈으나 가톨릭교도로서 왕의 이혼에 반대하자, 국왕의 노여움을 사 반역죄로 처형당했다. 1516년에 유럽 사회를 풍자한 《유토피아》를 발표했다.

바일(Weyl, Hermann | 1885~1955) : 독일 태생 미국의 수학자. 순수 수학을 이론 물리, 특히 양자역학과 상대성이론으로 연결 짓는 데 이바지했다. 쓴 책으로 《공간·시간·물질》, 《군론과 양자 역학》이 있다.

박홍규(朴洪奎 | 1919~1994) : 한국 철학계를 대표하는 형이상학자. 1941년 일본 와세다대학에서 칸트, 헤겔, 하이데거, 야스퍼스 학문을 공부했다. 1945년 경성치과의학전문학교 전임강사를 거쳐 1946년 서울대학교 철학과 교수가 됐다. 희랍철학(그리스철학)과 프랑스철학이 주 전공이며, 사후에 제자들이 박홍규의 강의 녹음 자료를 풀어서 〈박홍규 전집〉 다섯 권을

출간했다.

베르그송(Bergson, Henri Louis | 1859~1941) : 프랑스의 철학자. 삶에서 겪은 체험으로 모든 것을 파악하려는 '생의 철학'과 생명현상은 과학이나 자연법칙을 초월한 또 다른 원리로 말미암아 창조, 유지, 진화된다는 '생기론'을 주장했다. 베르그송의 학설은 철학, 문학, 예술 영역에 두루 영향을 끼쳤다. 쓴 책으로《시간과 자유》,《창조적 진화》,《도덕과 종교의 두 원천》들이 있다.

보어(Bohr, Niels Henrik David | 1885~1962) : 덴마크의 물리학자. 원자 구조의 이해와 양자역학에 기여한 업적으로 1922년 노벨 물리학상을 받았다. 주역을 응용해서 양성자와 전자가 입자와 파동이라는 이중성을 갖는다는 실험 결과를 얻었고, 이를 토대로 상보성원리를 세웠다. 쓴 책으로《보어의 원자 구조론》이 있다.

브누아 망델브로(Benoît Mandelbrot | 1924~2010) : 폴란드 태생의 프랑스 수학자. 부분의 모습이 전체와 같은 모양을 지닌 '프랙털 기하학'의 창시자로 예일 대학교 수리과학과 명예교수를 지냈다. 쓴 책으로《자연의 프랙털 기하학》이 있다.

브라이언 그린(Brian Randolph Greene | 1963~) : 미국의 수학자이자 물리학자. 일반인을 대상으로 최첨단 과학 이론들을 강의하면서 물리학의 대중화에 앞장섰다. 초끈이론을 쉽고 명쾌하고 다루었다고 평가받는《엘러건트 유니버스》와 함께《우주의 구조》,《블랙홀을 향해 날아간 이카루스》들을 펴냈다.

비트겐슈타인(Wittgenstein, Ludwig Josef Johann | 1889~1951) : 오스트리아 태생의 영국 철학자. 논리학, 수학 철학, 심리 철학, 언어 철학 분야에 업적을 남겼다. 쓴 책으로《논리 철학 논고》,《철학 탐구》들이 있다.

꿈꾸는 형이상학

사도 바울(使徒Paul | ?~?) : 기독교 최초의 전도자로 알려진 인물이다. 독실한 유대교도였으나 다메섹에서 예수의 음성을 들은 뒤로 기독교로 종교를 바꾸었다. 평생을 전도에 힘쓰며 여러 곳에 교회를 세웠다. 쓴 책으로 《로마서》, 《고린도전서》가 있다.

석가(釋迦 | ?~?) : 불교의 창시자로 성은 고타마, 이름은 싯다르타. 중부 네팔의 카필라 성에서 정반왕과 마야 부인의 아들로 태어났다. 29세 때 출가하여 35세에 보리수 아래에서 깨달음을 얻어 부처가 되었다. 녹야원에서 수행자 다섯 명으로 교단을 세운 뒤로 각지를 다니며 불교를 전파하다가 80세에 입적했다.

소크라테스(Socrates | B.C.470?~B.C.399) : 고대 그리스를 대표하는 철학자이다. 문답법을 통한 깨달음, 무지에 대한 자각, 덕과 앎의 일치를 중요하게 여겼으며 시민들의 도덕의식을 개혁하는 일에도 힘썼다. 신을 모독하고 청년을 타락시켰다는 혐의로 독배를 받고 죽었다. 소크라테스의 사상은 제자 플라톤이 쓴 《대화편》으로 이어진다.

슈뢰딩거(Schrödinger, Erwin | 1887~1961) : 오스트리아의 물리학자. 양자역학의 불완전함을 밝히기 위한 가상 실험 '슈뢰딩거의 고양이'가 널리 알려져 있다. 물질 파동 개념을 기초로 해서 만든 슈뢰딩거 방정식으로 1933년 노벨 물리학상을 받았다. 쓴 책으로 《파동에 관한 연구》가 있다.

스위프트(Swift, Jonathan | 1667~1745) : 영국의 소설가. 풍자 소설과 역사 소설을 주로 썼다. 사회와 인간에 대한 통렬한 풍자가 담긴 《걸리버 여행기》, 정치와 종교계를 풍자한 《통 이야기》 들을 남겼다.

스티븐 와인버그(Steven Weinberg | 1933년~) : 미국의 물리학자로 텍사스 대학에서 물리학을 가르치고 있다. 1979년 노벨 물리학상을 받았으며 《최초의 3분》, 《스티븐 와인버그의 세상을 설명하는 과학》, 《최종 이론의 꿈》 들을 펴

냈다.

스티븐 호킹(Stephen William Hawking | 1942~2018) : 영국의 이론 물리학자로
우주론과 양자 중력 연구에 기여했다. 로저 펜로즈와 함께 일반상대론적
특이점에 대한 여러 정리를 증명했고, 블랙홀이 열복사를 방출한다는 이
론(호킹 복사)을 제시했다. 21세에 루게릭병을 앓기 시작했으며 76세로 타
계하기 전까지 대중에게 물리학을 알리는 강연자이자 글쓴이로 활동했다.
《시간의 역사》, 《위대한 설계》, 《호두 껍질 속의 우주》 같은 책을 펴냈다.

스피노자(Spinoza, Baruch | 1632~1677) : 네덜란드의 유대계 철학자이자 범
신론계 사상가이다. 대표 저서 《에티카》에서 데카르트의 이론에 반박하며,
마음과 물질은 각각 독립된 것으로서 서로 나란히 대응하는 관계라는 '물
심평행론'을 내세웠다. 쓴 책으로 《데카르트의 철학 원리》, 《신학정치론》,
《지성개선론》 들이 있다.

실러(Schiller, Johann Christoph Friedrich von | 1759~1805) : 독일의 시인, 극작
가. 괴테와 함께 고전주의 예술 이론을 확립했다. 희곡 《오를레앙의 처녀》,
《빌헬름 텔》 들을 남겼다.

ㅇ

아낙시메네스(Anaximenes | B.C.585?~B.C.528?) : 고대 그리스의 자연철학자.
밀레토스학파의 한 사람이며 '만물의 근원은 공기'라고 주장했다.

아리스토텔레스(Aristoteles | B.C.384~B.C.322) : 고대 그리스의 철학자로 소요
학파를 만들었다. 소요학파는 아리스토텔레스가 학원 안에 있는 나무 사이
를 산책하며 제자들을 가르쳤다는 데서 붙은 이름이다. 아리스토텔레스의
사상은 중세 스콜라철학을 비롯한 후세 학문에 많은 영향을 주었다. 쓴 책
으로 《형이상학》, 《오르가논》, 《자연학》, 《시학》, 《정치학》 들이 있다.

아우구스티누스(Augustinus, Aurelius | 354~430) : 초기 기독교 교회를 대표하

는 교부(고대 교회에서 종교에 관련된 훌륭한 스승과 저술가들을 이르는 말)로서 교부철학을 완성시켰다. 교부철학과 고대 신플라톤주의 철학을 종합하여 가톨릭 교리 이론에 기초를 다졌으며, 이는 중세 기독교 사상에도 많은 영향을 끼쳤다. 쓴 책으로 《고백록》, 《삼위일체론》 들이 있다.

아인슈타인(Einstein, Albert | 1879~1955) : 독일의 이론물리학자이다. 상대성 이론, 광양자가설, 통일장이론 들을 발표했으며 1921년에 노벨 물리학상을 받았다. 제2차 세계대전 때는 맨해튼계획(미국에서 진행한 원자폭탄 개발 계획)이 시작되는 데 실마리를 제공하기도 했다.

에라토스테네스(Eratosthenes | B.C.276?~B.C.194?) : 고대 그리스의 수학자, 천문학자, 지리학자. 역사상 처음으로 지구 둘레 길이를 측정했으며 소수를 찾는 방법인 '에라토스테네스의체'를 만들었다. 쓴 책으로 《지리학》이 있다.

에피쿠로스(Epicouros | B.C.341~B.C.270) : 고대 그리스의 철학자이자 유물론자. 원자론에 기초를 둔 에피쿠로스학파를 만들었다. 쾌락은 인생에 있어 가장 가치 있는 목적이자 모든 행위를 이끄는 도덕원리라고 주장했으며 이는 쾌락주의로 통한다. 책 《자연에 대하여》를 썼다.

엠페도클레스(Empedocles | B.C.490?~B.C.430?) : 고대 그리스의 철학자이자 정치가. 우주 만물은 흙, 물, 공기, 불이라는 네 가지 원소로 이루어져 있고, 이 네 원소들끼리 붙거나 떨어지는 과정에서 사물이 태어난다는 이론을 펼쳤다.

예수(Jesus | B.C.4?~A.D.30?) : 기독교의 창시자. 목수 요셉의 약혼녀인 마리아에게 성령으로 잉태되어 베들레헴의 마구간에서 태어났다고 전해진다. 30세 때 세례 요한에게 세례를 받은 뒤로 많은 사람들에게 복음을 전파했으며 나중에 십자가에 못 박혀 죽었다. 그리스도교도들 사이에서는 예수가 죽은 뒤 사흘 뒤에 부활하여 40일간 지상에 있다가 하늘로 돌아갔다는 이

야기가 전해진다.

오펜하이머(Oppenheimer, Robert | 1904~1967) : 미국의 이론물리학자. 중간 자론, 우주선 소나기(우주선이 대기 속 원자핵과 충돌해서 분열 과정을 되풀이하면 서 많은 소립자를 방사상으로 발생시키는 현상) 기구, 중성자별 들을 연구했다. 제2차 세계대전 중 맨해튼계획의 책임을 맡았다.

유클리드(Euclid | B.C.330~B.C.275) : 고대 그리스의 수학자로 기하학의 아버 지로 불린다. 책《기하학 원론》을 써서 유클리드 기하학의 체계를 세웠으 며, 이로써 그리스의 기하학이 완성되었다.

ㅈ

장자(莊子 | B.C.365?~B.C.270?) : 이름은 주(周), 도가 사상의 중심인물이다. 말로 설명하거나 배울 수 있는 도는 진정한 도가 아니라고 가르쳤으며, 자 연으로 돌아가자는 자연철학을 주장했다. 중국 전국시대의 철학자로 맹자 와 비슷한 시대에 활동한 것으로 전한다. 모두 33편으로 이루어진《장자》 를 남겼다.

제논(Zenon, ho Elea | B.C.495?~B.C.430?) : 그리스의 철학자. 파르메니데스가 체계를 잡은 엘레아학파에 속했으며 변증법을 처음 주장한 사람으로 알려 져 있다. 파르메니데스의 가르침을 이어받아 '존재자는 하나'라는 설을 주 장했는데, 이를 입증하고자 '날아가는 화살은 움직이지 않는다'는 역설 논 증을 펼쳤다.

질 들뢰즈(Gilles Deleuze | 1925~1995) : 프랑스의 철학자. 서구의 2대 지적 전 통인 경험론과 관념론을 비판적으로 해명했다. 1966년 저서《차이와 반복》 에서 '일의성, 내재성, 긍정성'이라는 세 가지 개념을 내세우며 경험론과 관 념론을 극복하자고 주장했다. 1969년 미셸 푸코를 이어 파리8대학 철학과 의 철학사 주임교수를 지냈으며, 1995년 자살로 생을 마감했다. 쓴 책으로 《경험주의와 주관주의자》,《니체와 철학》,《칸트의 비평철학》,《천 개의 고

원》들이 있다.

칸토어(Cantor, Georg Ferdinand Ludwig Philipp | 1845~1918) : 독일의 수학자.
집합 개념의 기초를 세웠으며, 무한집합을 분석하여 고전 집합론을 처음으
로 만들었다.

크리시포스(Chrysippos | B.C. 280?~B.C.206?) : 고대 그리스의 철학자. 스토아
철학을 체계화한 주요 인물이다.

토마스 아퀴나스(Thomas Aquinas | 1225?~1274) : 이탈리아의 신학자이자 철
학자. 스콜라철학을 대표하는 사람 가운데 한 명이다. 이성과 신앙이 조화
되기를 추구했으며 방대한 신학 이론 체계를 세웠다. 쓴 책 가운데 《신학
대전》이 널리 알려져 있다.

티마이오스(Timaeos | ?~?) : 고대 그리스의 역사가. 38권으로 이루어진 책
〈역사〉를 남겼으며 이 가운데 1~5권은 이탈리아와 시칠리아의 초기 역사
를, 6~33권은 시칠리아에 그리스계 식민지가 세워졌을 때부터 아가토클레
스의 즉위까지를 다루었다. 또한 34~38권은 아가토클레스 개인에 대한 내
용을 담고 있다.

파르메니데스(Parmenides | B.C.515?~?) : 고대 그리스의 철학자. 존재는 유일
하며 영원불변한 것이라고 주장한 엘레아학파를 만들었으며 존재의 철학
자로 불린다. 존재와 무, 일자(一者)에 대한 파르메니데스의 철학은 서양철
학의 핵심인 존재론과 인식론에 큰 영향을 끼쳤다. 철학 시 《자연에 대하
여》를 남겼다.

파울리(Pauli, Wolfgang | 1900~1958) : 오스트리아의 이론물리학자. 양자역학

을 개척한 학자 가운데 한 사람으로, 원자 구조에 대한 '파울리 배타 원리'를 발견한 업적으로 1945년 노벨 물리학상을 받았다.

페리클레스(Perikles | B.C.495?~B.C.429) : 고대 그리스 아테네의 정치가이자 군인. 민주 정치를 실시하고 델로스 동맹을 이끌었으며 파르테논 신전을 세우면서 아테네의 황금시대를 열었다.

프로이트(Freud, Sigmund | 1856~1939) : 오스트리아의 심리학자, 신경과 의사. 무의식, 잠재의식 들을 기반으로 한 정신분석학 이론을 처음으로 만들었다. 《꿈의 해석》, 《정신 분석학 입문》 들을 펴냈다.

프로타고라스(Protagoras | B.C.485?~B.C.410?) : 고대 그리스의 철학자로 소피스트 가운데 제일인자로 통한다. 민주제 아래 있던 아테네에서 활동했으나 무신론적 사상 때문에 추방됐다. '인간은 만물의 척도'라고 하면서 절대 진리를 부인하고 상대주의를 주창했다.

플라톤(Platon | B.C.428?~B.C.347?) : 고대 그리스의 철학자이자 소크라테스의 제자이다. 소크라테스가 제자들과 나눈 이야기를 대화 형식으로 쓴 책 《대화편》을 여러 권 남겼다. 피타고라스, 파르메니데스, 헤라클레이토스 사상에서 영향을 많이 받았으며, 이데아론을 근본으로 하는 이상주의 철학 사상을 세웠다. 플라톤의 철학은 관념론 철학에 큰 영향을 끼쳤다. 쓴 책으로 《소크라테스의 변명》, 《향연》, 《국가》 들이 있다.

플랑크(Planck, Max Karl Ernst Ludwig | 1858~1947) : 독일의 이론 물리학자. 열역학을 연구했으며, 양자 물리학 이론을 개척했다. 1899년 물질의 양자역학 성질을 결정하는 기본 상수인 플랑크상수를 도입했고, 1900년에는 열복사 법칙을 세상에 내놓았다. 1918년에 노벨 물리학상을 받았으며 쓴 책으로 《열역학 강의》가 있다.

플로티노스(Plotinos | 205?~270) : 이집트에서 출생한 고대 로마 철학자로 신

꿈꾸는 형이상학

플라톤주의자를 대표한다. 태양에서 빛이 사방으로 뿜어져 나가는 것처럼, 완전하고 선한 절대자 신으로부터 현실 세계에 있는 만물이 흘러나온다는 '유출설'을 주장했다. 그의 사상은 중세 스콜라철학과 헤겔 철학에 영향을 주었다. 쓴 책으로 《엔네아데스》가 있는데 이는 사후에 제자인 포르피리오스가 편찬한 것이다.

피타고라스(Pythagoras | B.C.580?~B.C.500?) : 고대 그리스의 철학자이자 수학자. 수를 만물의 근원으로 생각했으며 '피타고라스의 정리'를 발견했다. 피타고라스학파를 세워 수학 발전에도 크게 이바지했다.

ㅎ

하이데거(Heidegger, Martin | 1889~1976) : 독일의 철학자. 실존주의를 대표하는 사상가로서 《존재와 시간》, 《근거의 본질》 들을 책으로 펴냈다.

하이젠베르크(Heisenberg, Werner Karl | 1901~1976) : 독일의 물리학자. 불확정성원리와 원자핵의 구조를 밝혔다. 양자역학을 창시한 공로로 1932년에 노벨 물리학상을 받았다.

헤겔(Hegel, Georg Wilhelm Friedrich | 1770~1831) : 독일의 철학자로 독일 관념론 철학을 완성시켰다. 자연, 역사, 정신에 속하는 모든 세계는 끊임없이 변화하고 발전해 가는 과정이며, 이들은 정반합을 기본 운동으로 하는 변증법 논리로 설명될 수 있다고 주장했다. 헤겔이 펼친 철학 체계는 마르크스와 키에르케고르가 계승, 발전시켜 각각 변증법적 유물론과 실존주의로 나아가게 되었다. 쓴 책으로 《정신 현상학》, 《논리학》 들이 있다.

헤라클레이토스(Heracleitos | B.C.540?~B.C.480?) : 고대 그리스의 철학자. '만물의 근원은 물'이라는 탈레스의 학설에 반대하여 '만물의 근원은 영원히 사는 불'이라는 이론을 펼쳤다. 불은 만물로 바뀌고 만물은 또다시 불로 변한다는 근본 사상을 바탕으로, 만물의 생성과 변화를 지배하는 영원한 법칙을 '로고스'라고 주장했다. 쓴 책으로 《정치학》, 《만물에 대하여》가 있다.

훔볼트(Humboldt, Karl Wilhelm, von Freiherr | 1767~1835) : 독일의 교육자이자 언어학자. 1809년 프로이센 교육장관이 되어 베를린에 프리드리히빌헬름 대학교(지금의 훔볼트대학교)를 세우는 데 이바지했으며 그 뒤에 외교관으로도 활동하며 1815년 파리 조약에 서명자로 참가했다. 아울러 세계 각지의 언어를 연구하면서 비교 언어학의 기초를 마련했다. 쓴 책으로《비교 언어에 대하여》가 있다.

휠덜린(Hölderlin, Johann Chritian Friedrich | 1770~1843) : 독일의 시인. 고대 그리스에 대한 동경을 노래한 작품을 많이 남겼다. 그리스의 운문 형식을 독일어로 승화시킨 시인으로 평가받는다. 서정시 〈빵과 포도주〉, 희곡《엠페도클레스의 죽음》, 집필에서 완성까지 7년 가까이 걸린 소설《휘페리온》들을 남겼다.

우리 말 철학 꾸러미

　누구나 알아들을 수 있는 말로 철학을 하려면 사라지거나 숨어 있는 우리 말을 되찾고, 살려 내는 일부터 시작해야 한다. 오래오래 이 땅에서 싹트고 자라 온 말, 입 밖에 내뱉으면 그대로 글이 되는 '말 꾸러미'에서 여러 생각이 싹트고 가지 칠 수 있다. 그에 따라 제대로 된 우리철학도 꽃피고 열매 맺을 길이 열리게 된다.

　이 책에서는 철학, 수학, 우주학, 물리학, 생물학, 화학 같은 여러 학문에서 쓰는 한자어들을 쉬운 우리 낱말로 바꾸고자 했다. 예부터 전해 내려온 입말을 되살려 삶과 맞닿는 말들로 새롭게 뜻매김하거나, '우주'를 두고 '검누리, 검뉘, 누리, 별뉘, 볕뉘, 온뉘, 큰집'처럼 여러 낱말을 빚어내기도 했다. 우리의 상상력을 자극하고, 생각의 폭과 깊이를 키워 주며, 느낌의 결을 푼짐하게 펼치게 해 주는 '우리 말 철학 꾸러미'를 한눈에 살필 수 있도록 이곳에 모아 담았다. (표에서 묶음표 안은 같은 뜻으로 쓸 수 있는 말이다.)

　우리 사회에서 두루 쓰는 말이 아니기에 더러는 낯설고, 빈틈이 엿보이는 곳도 많을 수 있다. 우리 말로 철학하는 길에 뜻을 같이하려는 벗들이 그 빈구석을 함께 채워 주기를 바라는 마음이다. 많은 이들과 더불어 한 걸음씩, 아름다운 우리 말을 살리고 가꾸는 일을 나누고 싶다.

	우리 말	학문용어
ㄱ	가다그래	우연
	가름	판단
	가없음	무극
	가온	중심
	가온결 (사이결, 샛결)	중파
	가지런함	질서
	같음	동일성
	거다니	무규정성
	검밝 (검박)	흑백
	검은구멍	블랙홀
	결	파동
	결바꿈	변이
	결꼴벗은앎	형이상학
	결느림 (느린결)	엔트로피
	결다름	질차
	결바틈 (바튼결)	역엔트로피
	결자취	궤적
	겹꼬임줄	이중나선
	겹쳐모임	교집합
	고무몸	탄성체
	고비	힘의 최고점
	곧선	수직
	곧은줄	직선
	곱은줄	곡선
	구드미 (굳음이, 굳것, 굳은꼴, 단단이, 딱딱이, 알갱이)	고체
	구비	힘의 최저점
	구슬 (방울)	구
	구슬꼴 (방울꼴, 알꼴)	구형
	구슬겉 (방울겉)	구표면
	군더더기	과포화
	그늘	음
	그늘끄는힘	전자기력
	그늘씨 (검톨, 그늘톨, 암돌알)	전자

우리 말	학문용어
그럼그래	인연
그리메	영상
그림씨	형용사
길닦음이	수도자
꼭그래	필연
꼴없는이름씨	추상명사
꼴있는이름씨	구체명사
꼼꼼함	정밀함
끈끈이줄 (새끼)	초끈
끊음매	부등식
끝꼭지	극한점
끝장	극한

	우리 말	학문용어
ㄴ	나됨	자율성
	낱것 (낱하나)	개체
	낱사람	개인
	낱톨	원자
	남됨	타율성
	너른결	장파
	노그미 (녹음이, 녹것, 녹은것, 물렁이)	액체
	녹은띰	액화상태
	녹은바위	용암
	녹음	융해
	누리빔	우주 공간
	느깸	감각
	늘셈	상수
	늘임	차원
ㄷ	다름	타자성
	단금	온도
	단금끝	절대온도
	더미늘임	삼차원
	덧빠름	가속
	덩이	질량
	데 (빈터)	공간
	동그라미	원

우리 말	학문용어
동그리결	동심원
되풀이	반복
됨	수동
됨힘	수동에너지
두루울	환경
둘됨	이중성
둥글레뿔	원추
뒷삶알 (생각톨)	유전자
따로모임	독립집합
땅별 (눌, 땅누리, 땅별누리)	지구
때	시간
때데없음	절대 동시성과 동일성
때데한몸	시공연속체

	우리 말	학문용어
ㅁ	마당늘임	이차원
	마디	응집력
	맞남 (맞섬)	대칭
	맞담 (맞닿음)	접촉
	맞받음	반응
	맞서남	대상
	맨톨	아원자
	멈춤	정지
	무건힘	중력
	뭇산이 (산이)	생명체
	미뤄생각	추측
	민톨 (홀티알)	중성자

	우리 말	학문용어
ㅂ	바른네모꼴	정사각형
	바탕말	개념
	반반한꼴 (반반한자리)	평면
	볕 (빛)	양
	볕그늘	음양
	별구름	성운
	별누리 (검누리, 검뉘, 누리, 별뉘, 볕뉘, 온뉘, 큰집, 한뉘)	우주
	별떼	성단

꿈꾸는 형이상학

우리 말	학문용어
볕씨 (볕톨)	양자
본샘	원천
비슷가름	유사분열
비슷함	유사성
빈꼴	허상
빛깧바꿈	색변환
빗금운동	경사운동
빛가르개	프리즘
빛결	광파
빛빠르기	광속
빛톨	광자
빠진 것 (빠짐)	결핍
사니	생물
산결	생명의 파동
산누리	생명의 세계
산수미 (산숨)	생명
산알 (산낟, 산좀, 산줌, 작줌)	세포
산줌가름	세포분열
산톨 (맨티, 산티)	생명 입자
산힘	생명력
살눈	육안
살림울	공동체
서로살림	상생
선몸	입체
세모꼴	삼각형
센힘	강력
소리빛	음색
수티알	양성자
아롱사랑	철학
아제	미래
안사니 (안산이)	무생물
알맹이 뜻	핵심 이론
알아챔	인식
앎놀이	지적유희

우리 말 철학 꾸러미

우리 말	학문용어
어둠	혼돈
어마무시 새별	초신성
어제	과거
얼그림 (얼꿈)	이상
얼눈	심안
얼새김 (얼새기)	기억
얼추헤아림	통계
없음	무
여러누리	다중우주
여린힘	약력
오른돌이	우회전
왼돌이	좌회전
울	계
움직씨	동사
움직임	운동
이름씨	명사
이어짐	지속
이음	연속
이음매 (같음표)	등식
이제	현재
있음	존재

	우리 말	학문용어
ㅈ	작은이	미생물
	작티	쿼크
	잔숨 (것골)	물질
	잔톨	소립자
	잼 (재기)	측정
	저됨	자기동일성
	좀누리	미시세계
	좁은결	단파
	좋음	선
	주어진 것	데이터
	줄	선
	줄늘임	일차원
	줄지음	행렬

	우리 말	학문용어
	지워짐	상쇄
ㅊ	참	진
ㅋ	칸톨	분자
	커짐	증폭
	큰펑	빅뱅
ㅌ	톨	입자
	톨빚음	형상
	틀	체제
	틈새	시간과 공간
	티	미립자
	티알	핵
ㅍ	퍼지미 (퍼짐이, 숨겻)	기체
	풀어헤침	분석
ㅎ	한끝	태극
	한누리	거시세계
	한데모임	합집합
	함	능동
	함힘	능동에너지
	헛것	가상
	흐틈	무질서
	흔들더미늘임	사차원
	흰구멍	화이트홀
	힘	동력
	힘마당	역장
	힘줄	역선

꿈꾸는 형이상학

2020년 9월 4일 1판 1쇄 펴냄
2021년 7월 5일 1판 3쇄 펴냄

글 윤구병
편집 김로미, 이경희, 조혜원 | **교정** 김성재 | **디자인** 서채홍
제작 심준엽 | **영업** 나길훈, 안명선, 양병희, 원숙영, 조현정 | **독자 사업(잡지)** 정영지
새사업팀 조서연 | **경영 지원** 신종호, 임혜정, 한선희

인쇄와 제본 (주)상지사P&B
펴낸이 유문숙 | **펴낸 곳** (주)도서출판 보리 | **출판등록** 1991년 8월 6일 제9-279호
주소 (10881)경기도 파주시 직지길 492
전화 031-955-3535 | **전송** 031-950-9501
누리집 www.boribook.com | **전자우편** bori@boribook.com

ISBN 979-11-6314-132-7 03110

이 도서의 국립중앙도서관 출판예정도서목록(CIP)은 서지정보유통지원시스템 홈페이지
(http://seoji.nl.go.kr)와 국가자료공동목록시스템(http://www.nl.go.kr/kolisnet)에서
이용하실 수 있습니다. (CIP제어번호: CIP2020028521)